DORAS GUN CHLÀIMHEAN

Murchadh MacPhàrlain
Bàrd Mhealaboist

DORAS GUN CHLÀIMHEAN

Murchadh MacPhàrlain
Bàrd Mhealaboist

Deasaichte le
Catrìona Mhoireach

A' chiad fhoillseachadh ann an 2022 le Acair.
An dàrna fhoillseachadh ann an 2023 le Acair,
An Tosgan, Rathad Shìophoirt, Steòrnabhagh, Eilean Leòdhais, HS1 2SD
www.acairbooks.com
info@acairbooks.com

Bàrdachd agus sgrìobhaidhean eile Mhurchaidh MhicPhàrlain © Aonghas Caimbeul
Eadar-theangachaidhean na bàrdachd © Catrìona Mhoireach, ach a-mhàin:
Naoi Ceud Deug 's a Ceithir Deug © Raghnall MacilleDhuibh (*An Tuil*, Polygon, 1999)
Mi Lem Uilinn air Mo Ghlùin agus *'S Fhada Leam an Oidhche Gheamhraidh*
© Anna Latharna NicIllÌosa (*Songs of Gaelic Scotland*, Birlinn, 2005)
Òran Cladaich; Mhòrag, Leat Shiubhlainn; Màl na Mara © Shona NicCarmaig
(*Le Mùirn*, Faram Publications, 2016)
Fàili, a Mhurchaidh © Aonghas Pàdraig Caimbeul
Do Mhurchadh MacPhàrlain le Dòmhnall Iain MacDhòmhnaill
© Oighreachd Dhòmhnaill Iain MhicDhòmhnaill (*Chì Mi*, Acair, 2021)
Murchadh MacPhàrlain le Niall Brownlie © Flòraidh NicFhionghuin
Colours of an Island le Màiri NicCarmaig © Aonghas MacCarmaig
Dathan Eilein: an t-eadar-theangachadh le Murchadh MacPhàrlain © Aonghas Caimbeul

Tha na foillsichearan taingeil do BBC Radio nan Gàidheal, An Comunn Gàidhealach, Gasaet Steòrnabhaigh, Comunn Gàidhlig Inbhir Nis, Sgoil Eòlais na h-Alba, Tobar an Dualchais agus teaghlach Ruaraidh MhicThòmais (Gairm) airson cead pìosan a chleachdadh.

Tha còraichean moralta an ùghdair/dealbhaiche air an daingneachadh.

Na còraichean uile glèidhte. Chan fhaodar pàirt sam bith dhen leabhar seo ath-riochdachadh ann an cruth no ann an dòigh sam bith, grafaigeach, eleactronaigeach, meacanaigeach, no mar lethbhreac, teip no clàr, gun chead ro-làimh ann an sgrìobhadh bho Acair.

Deilbhte agus dèanta le Acair

Deasachadh le Catrìona Mhoireach

An dealbhachadh agus an còmhdach le Fiona Rennie (Sradag Creative) às leth Acair.

Chuidich Comhairle nan Leabhraichean am foillsichear le cosgaisean an leabhair seo.

Tha am foillsichear taingeil airson taic-airgid bho Sgioba na Gàidhlig (Comhairle nan Eilean Siar) agus Urras Brosnachaidh na Gàidhlig airson cosgaisean an leabhair seo.

Tha Acair a' faighinn taic bho Bhòrd na Gàidhlig.

Gheibhear clàr catalog CIP airson an leabhair seo ann an Leabharlann Bhreatainn.

Clò-bhuailte le Hussar Books, A' Phòlainn.

LAGE/ISBN: 978-1-78907-122-1

Riaghladair Carthannas na h-Alba
Carthannas Clàraichte
Registered Charity SC047866

Mar chuimhneachan air
mo phàrantan, Iain is Katie Ann

CLÀR-INNSE

1. BUIDHEACHAS x

2. FACAL-TOISICH xiv

3. AM BÀRD xvi

4. DÀIN IS ÒRAIN/POEMS AND SONGS

a) Cogadh, Eilthireachd is Cianalas/War, Emigration and Homesickness 1

Naoi Ceud Deug 's a Ceithir Deug/Nineteen Fourteen
Socair Ort, a Dhòmhnaill, Seall!/Hold On a While Donald, and Look!
Gnè a' Chogaidh/The Nature of War
Chan Fhada gu Madainn/Not Long Now Till Morning
Raoir Reubadh an *Iolaire*/Last Night the *Iolaire* was Torn Asunder
Mar a Chailleadh an *Iolaire*/How the *Iolaire* was Lost
Thig E A-Nochd/He Will Come Tonight
Moladh Leòdhais/In Praise of Lewis
Comann Mo Ghaoil/My Beloved People
'S Fhada Leam an Oidhche Gheamhraidh/The Winter Night Seems So Long to Me
Latha na Dròbh/Market Day
An Còmhnard/The Plain
Fhir-turais gu Tìr nam Beanntan/Traveller to the Land of the Mountains
An Deis Odhar/The Khaki Uniform
'S Lugh' Orm na 'n Donas/Loathsome More Than Anything
Dunkirk/Dunkirk
Bruadar Cogaidh na Caillich/The Old Woman's War Dream
Stad an Saoghal, 's Mise Tighinn Dheth!/Stop the World, I'm Coming Off!
Leag Iad am Bom A-Raoir/They Dropped the Bomb Last Night

b) Dùthchas, Dualchas is Dòigh-Beatha/Homeland, Tradition and Way of Life 109

Seann Taigh a' Chladaich/The Old House by the Shore
Tobar, Tobar Sìolaidh!/O Well, O Well, Yield Water!
Oran Cladaich/The Seashore Song
Duanag Bleoghain/Milking Song
Bean an Iasgair/The Fisherman's Wife

Mùirneag/Mùirneag
Màl na Mara/The Sea's Rent
Bròn Machair Mhealaboist/Melbost Machair's Sorrow
Seann Doras an t-Sabhail/The Old Barn Door
Gille gu Geingealadh/A Lad to Keep the Plough Coulter Clean
Cò Shaoileadh An-Uiridh?/Who Would Have Thought Last Year?
Tha Mise Leam Fhìn/I Am On My Own
Sealgair a' Ghiomaich/The Lobster Fisherman
Balach a' Bhainne/The Milkman
An Ceannaich Sibh Iasg?/Will You Buy Fish?
Prais Bheag nan Trì Chasan/The Small Three-Legged Cooking Pot
Moladh an Arain-coirce/Ode to the Oatcake
Sgadan/Herring
Bi Falbh Mo Chuilein/Be Off, My Faithful Dog
Biodh an Seisean, Biodh a' Chlèir/Let the Session, Let the Presbytery
Dà Chailleach Liath/Two Elderly Ladies
Dùrachd a' Chràbhaiche Leisg/The Lazy Devotee's Wish
Mo Mhìle Beannachd aig Nis/My Thousand Compliments to Ness
Thigibh Disathairne/Come to the Games on Saturday
Is Mise Guth nan Innse Gall/I am the Voice of the Western Isles

c) Cànan, Cridhe is Feallsanachd/Language, Character and Philosophy 207

Cànan nan Gàidheal/The Language of the Gael
Och, Nach Fhaicinn Iad Cruinn/O, To See Them Gathered Together
Freagairt a' Bhàird/The Poet's Response
An Seann Chù Bochd/The Poor Old Dog
Am Fear Teiche/The Escapist
Linn "Greas Ort"/The Age of "Hurry Up"
Chorra-Ghritheach Dhonn/The Brown Heron
Gràdh is Fuath/Love and Hate
Am Mise Fear-Gleidhidh mo Bhràthar?/Am I My Brother's Keeper?
Èiribh Suas a Luchd mo Ghaoil/Rise Up, My Dear People
An Cothional Albannach/The Scottish Assembly
An Rìgh 's an Sgalag/The King and the Servant
Am Botal 's am Misgear/The Drunkard and the Bottle
Nuair a Dh'fhàsas Tu Mòr/When You Grow Up

Thug Iad a Thung Thu/They Took You to Tong
'S Reul Iùil Dhomh h-Ìomhaigh/Her Face to Me is a Guiding Star
Mhòrag, Leat Shiubhlainn/Morag, I Would Go With You
Chaidh Mo Mhurchadh gu Muir/My Murdo Went to Sea
Mi Lem Uilinn air Mo Ghlùin/With My Elbow on My Knee
Thig Mi Gad Iarraidh/I Will Come and Ask For Your Hand
Òran don Bhobaigeadh/Ode to the Hair Bob
'S e! 'S e! Chan e!/It is! It is! It isn't!
Ainglean a' Ghùin Ghil/Angels of the White Gown
Aithris (Chicago 1924)/A Chicago Tale - 1924
An Tè Lìtheach Dhorch/The Dark-Skinned Girl
Deigh mun Àm-sa Bhliadhn'!/Ice at This Time of Year!
O, B' Fheàrr Leam gun Sguireadh!/O, How I Wish It Would Stop!
Cat Dubh Oighrig, O/Effie's Black Cat, O
An Uiseag/The Skylark
Marbhrann/Elegy
Thig am Buachaill' Gu Baile/The Shepherd Will Come Home
Anna Sheumais/Anna, Daughter of James
Mo Sheumas/My James
Aonghas Caimbeul am Bàrd/Angus Campbell the Poet
Turas a dh'Èirinn/A Trip to Ireland
Tìm/Time
Chunnaic Mi Uam a' Bheinn/I Saw, at a Distance, the Hill

5. SGRÌOBHAIDHEAN EILE LEIS A' BHÀRD
a) Dàin Eile   349
Battle of the Bulge
Dathan Eilein - Eadar-theangachadh Gàidhlig de *Colours of an Island*
   le Màiri NicCarmaig

b) Seanchasan - Murchadh an t-Seanchaidh   355
Bàs Taigh-Cèilidh
An Tastan
A' Ghàidhealtachd - An-Dè
A' Cheist
An Talamh Fuar (Manitòba)
Gearradh-Cainnt à Leòdhas

Nithean Neònach
An t-Amadan
Mar a Rinn an Deamhain-Bheag Suas Airson Iomrall na Creamaig Arain
An Sgàthan
They Came, They Saw, They Conquered

c) Litrichean gu Gasaet Steòrnabhaigh - Murchadh am Fear-Coiteachaidh — 391

Ainmean air Ceàrnan agus Sràidean Ùra, *Gasaet Steòrnabhaigh*,
   6 Dùbhlachd 1975
One Pound Per Acre: *Gasaet Steòrnabhaigh*, 8 Cèitean 1976
Òrain Ùra: *Gasaet Steòrnabhaigh*, 17 Dùbhlachd 1977
Imlich-bhròg nan Gàidheal: *Gasaet Steòrnabhaigh*, 18 Gearran 1978
Fir-Chlis: *Gasaet Steòrnabhaigh*, 21 Dàmhar 1978
Grim Reading: *Gasaet Steòrnabhaigh*, 22 Dùbhlachd 1979
Will Stop Paying Sustentation Fund: *Gasaet Steòrnabhaigh*,
   31 Dàmhair 1981
Who Are The Christians?: *Gasaet Steòrnabhaigh*, 30 Faoilleach 1982
Keep NATO Crusader: *Gasaet Steòrnabhaigh*, 15 An Cèitean 1982

6. MARBHRAINN A' CAOIDH MHURCHAIDH — 405
Fàili, a Mhurchaidh le Aonghas Pàdraig Caimbeul
Do Mhurchadh MacPhàrlain le Dòmhnall Iain MacDhòmhnaill
Murchadh MacPhàrlain le Niall Brownlie

7. NOTAICHEAN MU DHÀIN IS ÒRAIN — 413

8. CIAD LOIDHNICHEAN NAN DÀN IS ÒRAN — 445

1
BUIDHEACHAS

Thàinig òrain Mhurchaidh MhicPhàrlain gu m' aire an toiseach ann an 1973 nuair a nochd grunnan dhiubh air a' chlàr *The Great Gaelic Sound of Na h-Oganaich*. Air an dearbh bhliadhna dh'fhoillsich *Gasaet Steòrnabhaigh* naoi deug thar fhichead dàn le Bàrd Mhealaboist anns *An Toinneamh Dìomhair*. Faisg air leth-cheud bliadhna on àm sin tha e na thoileachas mòr dhòmhsa cruinneachadh nas fharsainge de sgrìobhadh Mhurchaidh a thoirt gu aire dhaoine is, gu sònraichte, a chur fa chomhair ginealach ùr de Ghàidheil. Le a dhà uidhir de dhàin 's a bh' anns a' chiad leabhar tha *Doras gun Chlàimhean* a' tarraing ri chèile òrain, bàrdachd agus sgrìobhaidhean eile. 'S e mo rùn is mo dhòchas ge bith cò agaibh a thèid tro dhoras Mhurchaidh, gun lorg sibh òran, dàn, rann, sreath neo, eadhon, dìreach facal a bhios na ulaidh dhuibh. Dh'iarrainn cuideachd gum biodh an clàr a tha an cois an leabhair na bhrosnachadh do sheinneadairean an loinn fhèin a chur air òrain Mhurchaidh, gu seachd àraidh air òrain nach deach a chlàradh thuige seo.

Tha mi fo fhiachaibh do dh'Agnes Rennie, a bha na manaidsear aig Acair, a dh'iarr orm cruinneachadh às ùr de bhàrdachd Mhurchaidh a dhèanamh, an dèidh dhomh sgrìobhadh mun chàirdeas a b' eadar am bàrd agus Mairead NicLeòid ann an *Le Mùirn*. B' e mo dheagh charaid, Iseabail Mhoireach, a bh' air cùl a' phròiseict sin agus tha mi na comain-se airson a cuid brosnachaidh le obair Mhurchaidh. Mo mhìle taing cuideachd do Mhairead NicLeòid airson a taice thar ùine agus a fialaidheachd le litrichean Mhurchaidh thuice fhèin.

Cha bhiodh an leabhar ann mura b' e an stòras de dhàin a rinn am bàrd agus tha mo thaing is mo bheannachd aig Aonghas Caimbeul, *am balachan bàn* air an deach inneas a dhèanamh ann an *Thug Iad a Thung Thu,* airson cead dàin agus rosg Mhurchaidh a chur an clò uair eile. Tha mi an comain Evelyn Coull NicLeòid airson sealladh den tràchdas oilthighe a rinn i air Bàrd Mhealaboist ann an 2003. Mo mhòr thaing don Dtr Fionnlagh MacLeòid airson fhacal-toisich àlainn mu a charaid. Taing do *Gasaet Steòrnabhaigh*, An Comunn Gàidhealach, BBC Gàidhlig, Sgoil Eòlais na h-Alba, Tobar an Dualchais, Comunn Gàidhlig Inbhir Nis, An Lanntair, Teaghlach Ruaraidh MhicThòmais, Liza Mulholland, Catrìona Nicleòid (Inbhir Nis), Catrìona NicLeòid (Loch Portain), Iseabail NicDhòmhnaill, Iain Ailean Rothach, Kathleen NicChoinnich, Bill Lawson, Mairead Mhàrtainn, Malcolm Dòmhnallach, Uilleam MacLeòid, Elma NicAoidh, Seonag Crichton, Calum Dòmhnallach, an t-Oll. Urr. Dòmhnall MacLeòid, Calum Greum, Seonaidh 'Beag' Mac a' Mhaoilein, Calum Ailig Mac a' Mhaoilein, Catrìona Dunn, Mòrag NicLeòid, Dòmhnall Moireasdan, Màiri Nic a' Ghobhainn agus Nan Nic a' Ghobhainn airson an cuideachaidh le rannsachadh agus mo thaing do gach neach a chuidich le fiosrachadh mu dhealbhan.

Tha mi an comain nan seud seo airson cead an eadar-theangachaidhean de chuid de dh'òrain Mhurchaidh a chur san leabhar: Raghnall MacIlleDhuibh airson *Naoi Ceud Deug 's a Ceithir Deug* (*An Tuil,* Polygon, 1999), Anna Latharna NicIllÌosa airson *Mi Lem Uilinn air Mo Ghlùin* agus *'S Fhada Leam an Oidhche Gheamhraidh* (*Songs of Gaelic Scotland*, Birlinn, 2005) agus Shona NicCarmaig airson *Òran Cladaich, Mhòrag Leat Shiubhlainn* agus *Màl na Mara* (*Le Mùirn,* Faram Publications, 2016). Chaidh na h-eadar-theangachaidhean eile a dhèanamh leam fhèin. Ma tha uireasbhaidhean orra neo air *Doras Gun Chlàimhean* chan eil ach mise ri choireachadh.

Bu mhath leam taing a thoirt do na leanas airson cead bàrdachd a rinnear an dèidh bàs Mhurchaidh fhoillseachadh san leabhar:

Aonghas Pàdraig Caimbeul airson *Fàili A Mhurchaidh*; Mairead Chaimbeul airson *Do Mhurchadh MacPhàrlain* le Dòmhnall Iain MacDhòmhnaill agus Flòraidh NicFhionghuin airson *Murchadh MacPhàrlain* le Niall Brownlie.

Ceud mìle taing do Mhairead NicÌomhair a thug sùil gheur air a' chiad dreachd den leabhar. Bha a comhairle is a taic air leth luachmhor dhomh ann a bhith a' toirt an leabhar gu clò. Mo mhòr thaing do dh'Angus Morrison, Mairead Anna NicLeòid, Fiona Rennie is sgioba Acair air fad agus do Chomhairle nan Leabhraichean airson an cuid taice.

Gu luchd mo ghaoil, tapadh leibh airson a h-uile rud.

Ged nach do choinnich mi a-riamh ri Bàrd Mhealaboist tha min dòchas gun deach agam air clach a chur air a chàrn a tha iomchaidh agus dòigheil. Fhad 's a bha mi a' cur crìoch air *Doras gun Chlàimhean* thàinig rabhadh, a-rithist, gu bheil a' Ghàidhlig ann an staing. Mar a sgrìobh Murchadh: *Ma tha èibhleag bheag bheò a' Ghàidheil, air fhàgail air cagailt do chridh', neo sradag bheag bheò de dh'uaill ann an luach do chànain, rèist' bi 'g èirigh is às a leth buail, mun tèid i tur oirnn a dhìth.*

Catrìona Mhoireach
Glaschu
Ògmhios 2022

2
FACAL-TOISICH

Ma choinnich thu ris an duine bha seo, cha tèid e gu bràth às do chuimhne. Le ceum sgairteil 's an ceann an-àirde; an còmhradh daonnan faisg dha – tha a' bhuil; saoilidh mi g' eil mi gu bhith na chuideachd fhathast an-diugh. A threòir 's a mhodh smaoineachaidh soilleir gam leantainn.

Ghlèidh e a leanabas air a sheilbhidh, agus le seo dheidheadh aige air togail gu suilbhir à tobair tìr-fo-thuinn na h-inntinn. Bha i sin nas doimhne na fireann no boireann agus gu mòr le grèim diongmhalta ri cridhe na tìre agus na fairge. Mar sin bruidhnidh a bhàrdachd an riochd fir no tè agus an riochd na talmhainn agus a' chuain: chan eil briseadh-puirt eadar na h-eileamaidean sin dhith. Bha iad gu lèir mar gun robh iad beò, mar gu dearbh a tha – *'S mairg tha strì riut, a chuain* no *'S mi guth gach baile beag is sgìr'*. Agus bha gach nì mun cuairt dha mar gun robh seagh sònraichte aca, mar gun robh iad dha-rìribh le mothachadh aca agus aigne-san an conaltradh riutha – *'S e do ghnè, a chogaidh, bhith sgrios*. Ach thar gach nì a bha na dhòigh 's e gu h-àraid co-fhaireachdainn dha gach beò a th' air thalamh. Dhòmhsa, am facal a tha mar seòl is slighe a bheatha, 's e iochd.

Agus daonnan bha e ag iarraidh fuaigheal ri saoghal nan Gàidheal bho chian agus faighinn ann an tobha ri sealladh-saoghail a bha dol air ais ann an ceum; air ais gu mothachadh far an robh a chuideachd mar cho-choisichean, saoidhean mar Fionn agus Oscar – fada, fada mun do laigh a' phlangaid Chailbheanach air ar tìr. A' chrois a bh' air a' bhalla na stiùidio, 's e crois Bhrìghde.

Bha a mhac-meanmna agus inntinn neo-fhaicsinneach, daonnan fosgailte gus bannadh ri na bha mun cuairt – an comas air an tug John Keats 'negative capability'. Mar gu fàgadh tachartasan làrach is dealbh air aghaidh cèir shùbailte. Agus far an robh e air ais na òige, aig toiseach a thurais, b' e sin far am bu doimhne agus am bu chinntiche alt 's a liut. Dhòmhsa, 's e clach-mhullaich an ulaidh a dhealbh e, *Chunnaic Mi Uam a' Bheinn*. Saoirsinn is neochiontas na h-òige air an amaladh a-steach ri beatha a' tighinn gu ceann. An t-slighe eadar an leanabas is an uaigh. Mar a sgrìobh Samuel Beckett: *We give birth astride the grave*. Saoirsinn neo-chumanta làithean na h-àirigh nach tèid a-chaoidh air fàire no an dìochuimhn', air falbh bho chuingealachd a' bhaile – nèamh air thalamh, ma bha e riamh ann. 'S cas aotrom na h-òige, le meatafor a' chuilein a bha cho luath 's a tha nise na leth-shìneadh air an staran anns a' ghrèin – *Chan fhad gum bi 'n trusadh aig ceann*. Thuirt mi ris mun amhran-sa aon latha: Cha mhòr, a Mhurchaidh, nach eil e cus. Cha mhòr nach eil, a fhreagairt. Bhon toiseach 's ann mar chòmhradh eadar dithis a tha e a' toirt beatha dhan sgeul, fiù 's ann an càs – *Socair ort, a Dhòmhnaill, Seall!* no *A-chaoidh cha bhàth am bàrd thu*. Agus cuideachd an tionndadh sìmplidh a chuireadh e na bhriathran, a tha cumail a bhàrdachd nodha is nochdaidh; chan e cho mòr na tha e cleachdadh de bhriathran, oir tha iad sin mar as trice cumanta gu leòr – ach 's e mar a shnaidhm e iad a tha deàlrach: *pilleadh rium thu, rùin, slàn*. Tha liut shingilte aige air a' ghnè tionndaidh sin.

Ach dhàsan bha uabhasan an t-saoghail ga èigneachadh: buaireadh am measg dhaoine, ach gu seachd àraid cogadh – NATO 's am bomb – *'S lugh' orm na 'n donas*. Bha nithean mar sin gus buntainn ris. Thug mi dha turas leabhar bàrdachd Wilfred Owen: Tha e agam fo mo chluasaig, thuirt e rium a-rithist.

Fionnlagh MacLeòid

3
AM BÀRD

Chuir Murchadh MacPhàrlain, Bàrd Mhealaboist, seachad a' mhòrchuid de a bheatha ann am baile a bhreith is àraich an Eilean Leòdhais. 'S e baile beag croitearachd a th' ann am Mealabost mu dhà mhìle gu leth a-mach à Steòrnabhagh ann an sgìre an Rubha air taobh an ear an eilein. Tha Port-adhair Steòrnabhaigh suidhichte air talamh machrach Mhealaboist; rè òige Mhurchaidh, b' e talamh ionaltraidh do chroitearan Mhealaboist is Bhràigh na h-Aoidhe a bh' anns a' mhachair. Na inbheach bha dachaigh Mhurchaidh air croit aig 26 Mealabost agus bha e a' faighinn cosnadh làitheil ag obair aig a' phort-adhair. Astar goirid air falbh bhon chroit bha an cladach agus an Loch a Tuath, muir anns am biodh Murchadh a' snàmh a h-uile latha na òige is na sheann aois, agus a shamhradh 's a gheamhradh, a rèir a chàirdean is luchd-eòlais. B' i an àrainneachd seo a bha mun cuairt air ann am Mealabost - machair, croit, cladach, muir is mòinteach - a bha na chlach-stèidh dha. Cuir ri sin a dhualchas Gàidhealach, a' Ghàidhlig air an robh e cho mùirneach, is nàdar is suairceas an duine fhèin agus gheibhear beachd air na nithean a bha ga ghluasad gu sgrìobhadh is ga bhrosnachadh gu bhith a' togail a ghuth às leth a dhaoine agus a chànain.

Chualas ciad ràn Bàrd Mhealaboist air a' chòigeamh latha deug den Ghearran 1901. Rugadh Murchadh aig meadhan-oidhche air an diog, a rèir a theisteanas-breithe, do Hannah (Hannah Mhurchaidh

Dhòmhnaill) agus Calum MacPhàrlain (Calum Dhòmhnaill Chaluim Dhòmhnaill, neo "Cally" mar a b' aithnichear e san sgìre). B' e Murchadh an leanabh a b' òige ann an teaghlach de shianar: Seasaidh a bu shine, an uairsin Anna, an càraid Dòmhnall is Màiri, Ciorstag agus, còig bliadhna às a dèidh, Murchadh. B' ann an taigh-tughaidh làimh ri Loch Bhràigh na h-Aoidhe a bha an teaghlach a' còmhnaidh.

Bu ro shuaimhneach mo chadal,
Bu ro aoibhneach mo dhùsgadh
Annads', sheann taigh a' chladaich,
Agus mi air bheag chùram
Gun ghuth air neo-mhaireantas
Aimsir mo shùgraidh.

Dh'fhàg an taigh, agus an togail a fhuair e ann, làrach mhaireannach air cridhe a' bhàird agus b' ann chun na dachaigh seo, far an robh e air a thàladh gu suain le na *tuinn gheal-chìreanach ghàireach*, a bhiodh am bàrd a' dol na chuimhne bliadhnachan mòra an dèidh a fàgail. Ann an 1926 fhuair athair Mhurchaidh croit aig 26 Mealabost agus chaidh taigh geal a thogail air a' chroit. Am beachd Mhurchaidh, ged a b' e nì mòr, math gu cinnteach a bh' anns an taigh gheal, b' e seann taigh a' chladaich a bha na *innis mhilis na cuimhne* dha.

Na bhalachan bha e fhèin agus clann na sgìre air an gairm gach madainn seachdainneach chun na sgoile le glag mòr Sgoil a' Chnuic. Bho thigeadh am Màrt chun na Sultaine cha robh bròg air Murchadh neo air a leithid is bhiodh e a' ruith dhan sgoil air a chasan lurmachd bhon t-seann taigh sìos mu chliathaich chladh Eaglais na h-Aoidh.[1] Anns an sgoil dh'ionnsaich e Beurla, Fraingis agus Laideann ach cha d' fhuair e oideachadh idir ann an Gàidhlig, rud na bheachd fhèin a bha a' dèanamh dìmeas air a' chànan. *Thuirt am maighstir sgoile latha rium "O, MhicPhàrlain, chan eil ceann Laidinn agadsa!" Agus thuirt mi ri Tormod, mo choimhearsnach rim thaobh, "Well, a Thormoid" arsa mise "nach eil sin neònach, tha maighstir-sgoile a' cantainn rium nach eil ceann Laidinn agam, nach neònach nach eil e a' cantainn rium chan eil ceann Gàidhlig agad! Nach iongantach nach eil guth aige air a' chànan a fhuair mi bho mo mhàthair? Dè", arsa mise, "a tha ceàrr a Thormoid?"* Riamh on uairsin bha mi a' dèanamh spàirn *chruaidh airson pàirt de dh'eachdraidh mo dhùthaich 's mo dhaoine is mo chànan fhaighinn.*²

Bha Murchadh mu dhà bhliadhna dheug nuair a rinn e a' chiad bhàrdachd Ghàidhlig; aoir mu bhalaich na bu shine anns a' bhaile. Thuig e gu math luath ge-tà gur dòcha nach robh e glic dha a bhith a' magadh air a cho-choimhearsnaich ma bha e gu bhith beò cuide riutha. Cha b' ionnan an aoir sin agus a' chiad òran coilionta a rinn e aig aois sia bliadhna deug do dh'Ìomhar MacCoinnich, balach à Bràigh na h-Aoidh, a chailleadh sa Chiad Chogadh. Tha *Socair Ort, a Dhòmhnaill, Seall!* air a dhèanamh mar gum biodh an saighdear fhèin a' bruidhinn is am bàs ag iathadh air. Seo a' chiad òran a rinn Murchadh mu chogadh. Bha gràin aige air an sgrios a bha cogadh a' dèanamh air gach taobh agus rinn e sin follaiseach na bhàrdachd is na bheatha gu deireadh a latha.

Thug na dh'fhiosraich e air an stairsich aige fhèin le call na h-*Iolaire* air Biastan Thuilm air madainn na Bliadhn' Ùire 1919 buaidh mhaireannach air Murchadh. Le solas an latha bha e shìos an Tolm far an robh aithrichean is luchd-dàimh a' siubhal mhic is chàirdean am measg nan creag agus ri beul na mara. Uile gu lèir chaidh 201 duine a chall. Chunnaic Murchadh cuirp a' tighinn air tìr, nam measg feadhainn a dh'aithnicheadh e às an sgìre aige fhèin.³ Thuirt e uair gun robh èiginn air a' bhàrd a smuaintean a dheasachadh ann an riochd bàrdachd;⁴ tha fios gu robh e do-sheachainte dha na h-uabhasan a chunnaic e air a' mhadainn ud, is gun e ach seachd bliadhna deug, a chur ann an rannan. Rinn e trì òrain mun chall ged nach eil dearbhadh againn air cuin a sgrìobh e iad. Chaidh *Raoir Reubadh an Iolaire* agus *Mar a Chailleadh an Iolaire* fhoillseachadh anns An *Toinneamh Dìomhair* ach chan eil *Thig E A-Nochd*, a th' air a dhèanamh ann an riochd boireannaich a tha a' feitheamh ri a leannain, air a bhith cho aithnichte.⁵ Is bochd sin oir tha sèist an òrain gu h-àraidh tiamhaidh is bàrdail.

Gur mise nach do shaoil
Gur ann thigeadh tu, a ghaoil,
An ciste chinn-chaol nan clàr;
Neo d' fhaotainn am measg nam fear chalm
Bàit' aig na Biastan an Tolm.

Le sgàil a' bhròin a' laighe air an eilean tha fios gun robh cruaidh fheum aig muinntir Leòdhais air nì-eigin a thogadh an spiorad is a bheireadh misneachd dhaibh. Bha cuid co-dhiù a' coimhead ri uachdaran ùr Leòdhais, am Morair Leverhulme, a bh' air an eilean a cheannach ann an 1918 o Sheumas MacMhathain, airson tomhas de dh'fhuasgladh is de thaic. Bha planaichean mòra aige airson an eilein: sgeamaichean co-cheangailte ris an iasgach, taigheadas is rathaidean a chuireadh ri fhortan fhèin agus a leasaicheadh crannchur nan eileanach. Bha Murchadh am measg gu leòr a fhuair cosnadh à gnìomhachasan Leverhulme. Bha e ag obair ann an taigh-smocaidh ann an Steòrnabhagh an dèidh a bhith ris an iasgach is obair na croite bho dh'fhàg e an sgoil.

Aig a' cheann thall cha do mhair na sgeamaichean ri linn crìonadh anns an eaconamaidh. Dh'èirich strì is aimhreit mu fhearann air an tuath eadar Leverhulme is fir a bh' air tilleadh bhon chogadh is a bha an tòir air fearann, mar a chaidh a ghealltainn dhaibh leis an riaghaltas. Chaidh le na fir is na croitearan agus cho-dhùin Leverhulme Leòdhas fhàgail is aghaidh a chur air Na Hearadh a bha e air ceannach ann an 1919. Ach, mu dheireadh, chaidh oighreachdan Leòdhais agus Na Hearadh an reic aig diofar àmannan, aig diofar phrìsean agus ri diofar uachdarain. Bhàsaich Leverhulme ann an 1925.

Air sàillibh dìth stòrais is gainnead obraichean ann an Leòdhas, air muin buille call na *h-Iolaire* aig deireadh a' Chogaidh Mhòir, chan eil e na iongnadh gun robh mòran dhaoine anns na 1920an deiseil airson cùl a chur ris an eilean. Bha iad an tòir air beatha ùr agus, bha iad an dòchas, talamh agus saoibhreas, air taobh thall a' Chuain Shiar. Dh'fhalbh iad nan ceudan mòra a Chanada is a dh'Aimeireagaidh air soithichean le ainmean a dh'fhàg seula shìorraidh air aigne eileanaich - am *Metagama*, am *Marloch*, an *Canada*. Chunnaic Murchadh an SS *Metagama* a' dol à sealladh far chosta an ear Leòdhais sa Ghiblean 1923. Anns an òran *Moladh Leòdhais* chuir e e fhèin mar gun robh e am measg na bha a' falbh oirre:

Seall air iomadh cnoc àrd 's air gach tràigh agus roinn
Ar màthraichean cràite an dèidh slàn leigeil leinn,
Ri smèideadh len làmhan ri àlach an cuim
'S gur e 'n smuaintean, "Gu bràth am bi an t-àlach ud cruinn?"

Bliadhna an dèidh sin bha Murchadh fhèin air a shlighe a Chanada, a' seòladh à Grianaig air an SS *Athenia* sa Ghiblean 1924.[6] Bha a pheathraichean air a dhol a dh'Aimeireagaidh a Tuath grunn bhliadhnaichean roimhe sin. Le Màiri a' fuireachd ann an Chicago, Anna ann an Detroit agus Seasaidh ann an Winnipeg cha robh e gun theaghlach no luchd-dàimh a bheireadh dhà àite-còmhnaidh. Ach, dh'fheumadh e cosnadh a lorg agus, mar iomadach eilthireach fireann eile ann an Canada, bha e a' ruith obair air tacan thall 's a bhos ann an Ontario is air prèiridhean loma Mhanitòba agus air an rèile leis an Canadian Pacific Railway. Le aithrisean gun robh am pàigheadh na b' fheàrr anns na Stàitean Aonaichte, agus le dìreach $4 na phòcaid, chaidh e thairis a' chrìch aig Easan Niagara agus fhuair e greiseag obrach ann an Cleveland is ann an Chicago.

Ged a bha cosnadh ri lorg bha cruadal is an-dòigh na luib aig àmannan cuideachd. Bha na geamhraidhean air raointean is prèiridhean fuara Chanada trom air bodhaig is inntinn dhuine.[7] Ach, ged a bha sin mar a bha e, mar a rinn Murchadh follaiseach ann an *'S Fhada Leam an Oidhche Gheamhraidh*, b' e an cianalas a bu mhotha a bha ga lèireadh. Bha e ag ionndrainn blàths is càirdeas an taigh-chèilidh. Thàinig e air chuairt ghoirid dhachaigh a Leòdhas ann an 1929, a' bhliadhna a thòisich an 'Depression', agus, an dèidh trì bliadhna dhoirbh eile san Talamh Fhuar, cho-dhùin e fhad 's a bhiodh aige de dh'airgead a bheireadh dhachaigh e gun dèanamh e sin; cha bhiodh an t-acras air aig an taigh co-dhiù. Thill e a Mhealabost ann an 1932, mar a thuirt e fhèin, *cha mhòr cho bochd 's a dh' fhalbh mi, ach beagan na bu ghlice*.[8] Thill e gu obair na croite agus ged nach robh duais mhòr sam bith an luib na saothrach sin bha toileachas inntinn ann dha a bhith air ais na nàbachd fhèin. Mus robh a' bhliadhna seachad bha am bàrd ri tuireadh ann am baile na tràghad; a' dèanamh *Marbhrann* do Raibeart MacBhàtair (Rob) à Mealabost a chaochail air Latha na Nollaige, 1932.

Toilichte is gun robh Murchadh a bhith air ais ann an Leòdhas bha e na adhbhar bròin dha gun robh dòigh-beatha agus seann chleachdaidhean an eilein a' sìoladh às mean air mhean. 'S ann sna bliadhnachean seo, an dèidh dha tilleadh à Canada, a chaidh a' mhòr-chuid de a bhàrdachd air a dhualchas Ghàidhealach a dhèanamh. Thuirt e uair gur h-iongantach gum biodh e air uidhir a' bhàrdachd a dhèanamh nam biodh e air fuireach an Canada; gu cinnteach, cha bhiodh staid a dhualchais is a chànain fa chomhair gu làitheil nam biodh e air fuireach thall. Dh'fhàs a bhàrdachd gu bhith nas poilitigiche agus bha a mhothachadh air ana-ceartas is cruadalachd a' chroiteir tric a' togail ceann na dhàin, mar a bha ceistean mu fheallsanachd is mu cho-fhaireachdainn mhic an duine do a cho-chreutair.

Aig àm an Dàrna Cogaidh bha Murchadh na shaighdear anns an Royal Army Service Corps (RASC) eadar 1942 is 1945. Cha do chòrd an t-saighdearachd ris. *Bha mi car aosta, rag nuair a chaidh mi innte, agus a thuilleadh air a sin bha mi mion-eòlach air an duais a fhuair sinne mar Ghàidheil ann an lorg a h-uile cath a chuir sinn a-riamh, a dh'aindeoin a liuthad cath a chuir iad às leth na rìoghachd. Mar sin, cha do chuidich e mi gu bhith a' tuiteam ann an gràdh leis an airm.*[9] Le beachdan làidir an aghaidh marbhadh a' cho-chreutair cha robh gnè a' chogaidh a' tighinn ri gnè Mhurchaidh, duine a bha truacanta is làn iochd do dhuine is do dh'ainmhidh.

Às dèidh a' chogaidh fhuair e obair anns an stòr aig Port-adhair Steòrnabhaigh agus dh'fhan e an sin gus an do leig e dheth a dhreuchd, aig aois trì fichead 's a còig, ann an 1966. B' ann air an dearbh bhliadhna sin a chaidh a' chiad phrògram rèidio mu dheidhinn Bàrd Mhealaboist a-mach air a' BhBC. Air a riochdachadh le Màrtainn Dòmhnallach, bha am prògram stèidhte air clàraidhean-teip le Murchadh a rinn Kenny Dan Mac a' Ghobhainn à Leòdhas, a bha ag obair aig Roinn an Fhoghlaim aig Siorrachd Rois. Bha Màrtainn is Kenny Dan an àirde a' chuid bu mhotha de dh'oidhche a' feuchainn ris a' phrògram a tharraing ri chèile. Cha robh na clàraidhean aig Kenny Dan ro mhath, tha coltach, agus bha Murchadh *a' crònan ann an guth ìosal, ach na fuinn aige fhèin air fad.*[10] Chaidh prògram eile a dhèanamh goirid às dèidh sin far an d' fhuair Màrtainn cothrom cèilidh air Murchadh ann am Mealabost. A rèir Mhàrtainn, bha an taigh caran troimh-chèile le pìosan pàipeir air an robh bàrdachd sgrìobhte air feadh an àite is Murchadh a' falbh *mar eun a' leum bho gheug gu geug.* Boillsgeadh de dh'inntinn dhripeil a' bhàird is fàrdach da rèir.

Cha b' e seo na ciad clàraidhean a chaidh a dhèanamh de Mhurchadh. Deich bliadhna roimhe sin, ann an 1956, bha an t-Oll. Gòrdain W. MacIllinnein bho Oilthigh Dhùn Èideann[11] air Murchadh a chlàradh a' seinn grunn òrain agus ann an 1957 chaidh a chlàradh le Seumas Ros bho Sgoil Eòlais na h-Alba.[12] Thuig Murchadh cho luachmhor is a bha an teip-chlàradair airson faclan agus fuinn a chuid òrain a chlàradh agus a ghlèideil. Bha e air tòiseachadh air fuinn ùra a dhèanamh oir bha e a' fàs rudeigin searbh mu bhith a' cluinntinn òrain ùra leis an aon fhonn ri òrain aithnichte.[13] Ged nach robh comas aige fhèin ceòl a leughadh neo a sgrìobhadh bhiodh e ri feadalaich air a' chroit fhad 's a bha e ri obair a' feuchainn ri cuimhne a chumail air na fuinn. Tha aon chlàradh le 25 dàn a chaidh a dhèanamh anns an Rubha faisg air deireadh nan seasgadan is b' e am bàrd fhèin a dh'iarr gun deidheadh a chlàradh.[14] Mun àm a chaidh cuireadh a thoirt do Mhurchadh ann an 1967 bruidhinn aig coinneamh de Chomunn Gàidhlig Inbhir Nis air *Bàs Taigh-Cèilidh,* chaidh fàilte a chur air mar fhear a bha *ainmeil mar bhàrd is mar sheanchaidh*.[15] Tha e follaiseach le na clàraidhean seo gun robh Murchadh air tighinn gu aire dhaoine air taobh a-muigh na coimhearsnachd aige fhèin anns na caogadan is seasgadan mar Bhàrd Mhealaboist. Bha fèill air a' bhàrd na eilean fhèin cuideachd agus bha e a' faighinn cuiridhean bruidhinn mu a bhàrdachd ri sgoilearan ann an Sgoil 'IcNeacail tràth sna seachdadan.[16]

Ach 's ann an uair a thòisich Na h-Òganaich a' seinn òrain Mhurchaidh a fhuair Gàidheil is Goill air feadh Alba fìor eòlas air ainm is òrain a' bhàird agus b' ann tro chlàradh-teip a thàinig an co-obrachadh barraichte sin eadar am bàrd agus an còmhlan gu bith. Tha an sgeulachd air mar a thachair e air ìnnse gu mionaideach ann an *Le Mùirn.*[17] Aig Mòd an Òbain ann an 1970 bha Màiread NicLeòid air Bonn Òir a' Chomuinn Ghàidhealaich a bhuannachadh agus, mar a bhios a' tachairt gach bliadhna don neach a ghlèideas am Bonn Òir, air cuireadh fhaighinn seinn aig cuirm-chiùil bhliadhnail Chomunn Leòdhais 's na Hearadh ann an Glaschu. Às dèidh na cuirm-chiùil chaidh Mairead gu pàrtaidh ann an taigh Dhonaidh is Màiri Fhionnlasdain agus b' ann an sin a chuala i airson a' chiad uair Bàrd Mhealaboist a' seinn a chuid òrain air clàradh-teip a bh' aig Donaidh

MacIlleathain à Leòdhas, a bha ag obair na riochdaire aig a' BhBC aig an àm. Bha Mairead air a beò-ghlacadh le na h-òrain aig Murchadh agus ann an 1971 is i a' taghadh òrain a sheinneadh Na h-Òganaich, an còmhlan a chuir i ri chèile le Noel Eadie is a bràthair Donaidh, aig Mòd Shruighlea, chuir i fios chun a' bhàird ann an litir a' sireadh cead *A Mhòrag Leat Shiubhlainn* agus *Òran Cladaich* a sheinn agus beagan atharrachaidh a dhèanamh air na fuinn. Bha Murchadh ro thoilichte cead agus beannachd a thoirt dhi, a' freagairt, *'S mise am fear a tha a' toirt a' chlach a-mach às a chuaraidh, thusa an snaidheadair.*[18] B' e seo toiseach tòiseachaidh sruth de litrichean agus càirdeas pearsanta agus proifeasanta eadar Mairead ann an Glaschu agus Murchadh ann am Mealabost. Bhuannaich Na h-Òganaich a' chiad duais ann an co-fharpais nan còmhlan-ciùil ann an Sruighlea agus fhuair òrain Mhurchaidh àrd-ùrlar agus èisteachd ùr. Lean sin ann an 1972 nuair a chaidh Na h-Òganaich a thaghadh le luchd-amhairc a' phrògram telebhisein *'S e Ur Beatha* gus Alba a riochdachadh aig an Fhéill Pan-Cheilteach an Cill Áirne an Èirinn sa Chèitean. A-rithist, bhuannaich iad a' chiad àite ann am farpais le òran bho pheann Mhurchaidh, an turas seo le *Mi Lem Uilinn air Mo Ghlùin*.

Air an dearbh bhliadhna sin bha *'S Fhada Leam an Oidhche Gheamhraidh* am measg nan òran a sheinn Iain MacAoidh às an Rubha nuair a choisinn e Bonn Òir an t-Seann Nòis aig a' Mhòd Nàiseanta an Inbhir Nis. Bha Murchadh fhèin an làthair aig a' Mhòd is e air cuireadh fhaighinn a bhith am measg nam bàrd aig Oidhche nam Bàrd ann an Taigh-òsta an Stèisein. Còmhla ris bha bàird a bha cliùiteach ann an litreachas na Gàidhlig; Ruaraidh MacThòmais, Somhairle MacIlleathain, Catrìona NicGumaraid is Tormod (Ruadh) Mac a' Mhaoilein. Bha Murchadh làn molaidh do *na bàird mhòra*, mar a bh' aige orra, ach mothachail nach gabhadh comas a dhèanamh eadar na bàird sin a fhuair àrd-fhoghlam is bàird ga leithid fhèin. *Chan eil rian aig duine a dh'fhàg an sgoil aig ceithir bliadhna deug 's a thòisich a' tànachadh shneap bheil fhios agad… an inntinn a bhiodh aige a bhith cho farsaing agus cho breithneachail ri daoine a chaidh tro chùrsaichean oilthighe.*[19] Foghlam oilthighe ann neo às, cha chuireadh duine às leth Mhurchaidh nach robh inntinn fharsaing agus bhreithneachail aige. A rèir chàirdean bha e a' leughadh gun sguir agus bha na bh' aige de leabhraichean Gàidhlig prìseil dha cuideachd.[20]

Tha fios a-rèist' gun robh e air a dhòigh aig aois trì fichead is a dhà dheug nuair a chaidh *An Toinneamh Dìomhair, Na h-Òrain aig Murchadh MacPhàrlain, Bàrd Mhealaboist*, fhoillseachadh le *Gasaet Steòrnabhaigh* sa Ghiblean 1973. B' e Alasdair Iain MacAsgaill,[21] bhon Bhac ann an Leòdhas, a dheasaich an leabhar bho thar-sgrìobhaidhean a rinneadh le Kathleen NicLeòid,[22] nàbaidh de Mhurchadh, bho theip a chlàr Murchadh e fhèin; bha e a-nise air teip-chlàradair a cheannach gus òrain a chumail air chuimhne. Ann an ro-ràdh *An Toinneamh Dìomhair* sgrìobh Alasdair: *Chan eil duine eile beò an-diugh aig a bheil a' Ghàidhlig nas glaine neo nas cothromaiche na tha i aig Murchadh MacPhàrlain, Bàrd Mhealaboist. Tha i na chridhe agus na inntinn - chan urrainn dhut a bhith na chuideachd gun a bhith mothachail air an dlùth cheangal a tha eadar e fhèin agus a chànan mhàthaireil. Is fonnmhor an cànan i gu dearbh a' taomadh gu blasta bho bhilean mar uisge fìor-ghlan an fhuarain bho chridhe na carraige. Chan eil duine a bhiodh oidhche an cuideachd a' bhàird ga chluinntinn fhèin a' seinn a chuid òran nach fairicheadh drùidheadh air a spiorad oir tha dà-rìribh biadh is ceòl anns na h-òrain, agus dùrachd is eudmhorachd ann am Murchadh fhèin airson gach subhailc a bhuineas don Ghàidhlig.*

Mun aon àm air a' bhliadhna sin nochd a' chiad chlàr aig Na h-Òganaich, *The Great Gaelic Sound of Na h-Oganaich*, fo sgiath *Decca Records*. Bha ceithir de dh'òrain Mhurchaidh air a' chlàr: *Mi Lem Uilinn air Mo Ghlùin, Màl na Mara, A Mhòrag Leat Shiubhlainn* agus *Òran Cladaich*. Le fèill mhòr air a' chlàr agus air an leabhar, b' e àm air leth a bha seo dhan chòmhlan agus dhan bhàrd. Bha an clàr, a bh' ann an stoidhle ciùil ùr-nòsach anns a' Ghàidhlig le ionnsramaidean is co-sheirmean, gu h-àraidh tarraingeach do ghinealach òg de Ghàidheil agus b' ann tro sheinn Na h-Òganaich a chuir mòran òigridh an ciad eòlas air òrain Mhurchaidh. Òigridh mar Calum Dòmhnallach, a bha na oileanach an Glaschu tràth sna seachdadan ach a bhiodh anns a' chòmhlan Ghàidhlig a bu shoirbheachaile a-riamh goirid an dèidh sin. Nochd a' chiad chlàr aig Runrig, *Play Gaelic*, ann an 1978 agus tha Calum ag aithneachadh buaidh na thàinig roimhe, gu seachd àraidh a' chiad chlàr aig Na h-Òganaich. *B' e clach-mhìle a bha sa chlàr sin dhomhsa.* Ged a bha mi eòlach air òrain Ghàidhlig o m' òige, leithid 'An Eala Bhàn', b' ann ri ceòl 'rock' is 'pop' a bha mi ag èisteachd nam dheugaire. Stiùir The Great Gaelic Sound of Na h-Oganaich mi air ais gu òrain Ghàidhlig is chan eil teagamh nach b' e na h-òrain aig Murchadh a bu mhotha a bha tarraingeach dhomh, gu seachd àraidh na fuinn. Chuir Na h-Òganaich an rèiteachadh-ciùil fhèin air na h-òrain agus le sin dh'atharraich a h-uile sian. Bha lèirsinn aig Noel, Mairead is Donaidh gun teagamh agus chòrd na bha iad a' dèanamh le na h-òrain aige ri Murchadh fhèin.[23] Nochd òrain Mhurchaidh air dà chlàr eile a thug Na h-Òganaich a-mach fhad 's a bha iad còmhla sna seachdadan: bha *Cò Shaoileadh an Uiridh* agus *Fàili, Fàili, Fàili Hò Ro ('S Fhada Leam an Oidhche Gheamhraidh)* air Gael Force Three (1974) agus *Cànan nan Gàidheal* agus *Chorra-Ghritheach Dhonn* air Scot-Free (1975).

Le aithne ga thoirt do Bhàrd Mhealaboist fhuair Murchadh *cliù is urram na thìr fhèin, is na latha fhèin* mar a sgrìobh Dòmhnall Iain MacÌomhair an *Gasaet Steòrnabhaigh* nuair a nochd *An Toinneamh Dìomhair*; le guidhe *Gum bu fada a thèid a chaomhnadh gu bhith gam mealtainn*.[24] Is gu deimhinn mheal Murchadh iad sin. Fhuair e cuiridhean gu cèilidhean is Mòdan air feadh na dùthcha agus cha robh dad a b' fheàrr leis na bhith am measg dhaoine a' còmhradh, ag aithris agus a' seinn òran. Bha e air a mhisneachadh gu h-àraidh leis an ùidh a ghabh an òigridh anns na h-òrain aige. Chaidh e a dh'Èirinn airson a' chiad uair ann an 1974 air cuairt le bàird is luchd-ciùil is chòrd sin ris gu mòr; ann an dùthaich a cho-Cheiltich bha e a' faireachdainn mar gum biodh e air a dhol dhachaigh.[25] Air a' bhliadhna sin cuideachd thill e a Chanada is a dh'Aimeireagaidh airson a' chiad turas ann an còrr is dà fhichead bliadhna; bha e air saor-laithean samhraidh fad sia seachdainnean a' tadhal air a pheathraichean is air càirdean ann an Chicago, Vancouver, Winnipeg agus Toronto.

Fhuair e spionnadh cuideachd à gluasadan ùra a bha a' dol a thaobh na Gàidhlig: Sabhal Mòr Ostaig ga stèidheachadh san Eilean Sgiathanach ann an 1973; Comhairle nan Eilean Siar a' toirt muinntir nan Eilean Siar còmhla ann an 1975. Ann an litreachas na Gàidhlig bha leabhraichean mar *Suathadh Ri Iomadh Rubha* le Aonghas Caimbeul, *An Aghaidh Choimheach* le Iain Moireach agus *Sguaban Eòrna* le Dòmhnall Iain MacDhòmhnaill gam foillseachadh. Bha a' chompanaidh theatar 7:84 a' siubhal air feadh na dùthcha le dealbh-chluiche John McGrath, *The Cheviot, the Stag and the Black, Black Oil* agus fhuair dràma Ghàidhlig spionnadh nuair a chaidh Fir Chlis, a' chiad chompanaidh dràma phroifeasanta sa Ghàidhlig, a stèidheachdh ann an 1978 air an Tairbeart anns Na Hearadh. Ag aithris air an seo uile bha guth ùr, radaigeach ann an riochd Pàipear Beag an Eilein Sgiathanaich a chaidh a stèidheachadh ann an 1972: b' e *An Tìr, an Cànan 's na Daoine* ceann-sgrìobhadh an *West Highland Free Press*. Ma bha a-riamh faclan-suaicheantais a bha a' freagairt air Bàrd Mhealaboist b' e siud iad!

B' ann air an làimh chlì a bha poilitigs Mhurchaidh bho òige agus bha e a' cur taic ris a' Phàrtaidh Làboraich an ìre mhath fad a bheatha. Ach ann an 1979 is reifreann air Coithional Albannach air fàire bha e air tòiseachadh a' taobhadh ri Pàrtaidh Nàiseanta na h-Alba: *I'm veering to the SNP now. It's because our only hope is that Scotland at least can have 95% of our own administration.*[26] Anns *An Coithional Albannach*, a chaidh fhoillseachadh anns *An t-Albannach* agus ann an *Gasaet Steòrnabhaigh* seachdain ron a' bhòt, bha e a' brosnachadh dhaoine gus bhòtadh airson a' Choithionail. Aig a' cheann thall cha tàinig sin gu buil ann an 1979, nì a bha na bhriseadh dùil dhan bhàrd.

Cha robh leisg sam bith air Murchadh a dhol an sàs ann an deasbadan poblach mu chuspairean a bha dlùth do a chridhe agus tro na seachdadan bha litrichean, ann an Gàidhlig agus ann am Beurla, a' nochdadh bhuaithe gu tric ann an *Gasaet Steòrnabhaigh*.[27] Bha aon chuspair a thog ceann aig deireadh nan seachdadan a phiobraich e gu mòran a sgrìobhadh agus a ràdh mu dheidhinn: plana gus Port-adhair Steòrnabhaigh a leudachadh agus a leasachadh gu bhith na bhun-ionaid do NATO.

Nuair bhios an Ruis 's Aimeireagaidh mhòr
Le bus ri bus is dòrn ri dòrn,
Ri bagairt tur-sgrios a thoirt oirnn
Is mise is tus' mar fheòirnean feòir,

Ar guth gearain lag gun treòir,
Nach eil e a-rèiste beag gu leòr
Ged their sinn, "Teich, na tig nar còir
A NATO, 's gun sinn air do thòir!
Dè th' agad fhèin 's aig Pact Uarsò
Dhuinn ach sgrios, leòn, bròn is gò?
Seadh, ma dh'fhàgar leibh neach beò."[28]

Bha Murchadh air a chur thuige leis na bha san amharc aig Ministrealachd an Dìon agus bha e ro dheònach a dhol an sàs ann an iomairt a chuirear air chois an aghaidh nam planaichean. Tharraing iomairt KNO (Keep NATO Out) daoine bho dhiofar phàrtaidhean phoilitigeach agus bho bhuidhnean coimhearsnachd eadar-dhealaichte ri chèile gus bruidhinn le aon ghuth an aghaidh an leudachaidh.[29] Bha e na adhbhar dragh do Mhurchadh nach robh na h-eaglaisean ro eudmhor ann a bhith a' togail an guthan na aghaidh.[30] Nuair a nochd colbh ann an iris mhìosail na h-Eaglaise Saoire, air a sgrìobhadh leis an fhear-deasachaidh, an t-Oll. Urr. Dòmhnall MacLeòid, a' toirt taic do NATO, mhaoidh Murchadh gun robh e a' dol a sguir a phàigheadh airgead-taice don eaglais.[31] Cha robh am bàrd na bhall den Eaglais Shaor ach bha e na neach-leanmhainn innte is bhiodh e uaireannan an ceann an t-seinn anns an taigh-choinneimh am Mealabost mur an robh fear-togail nan salm an làthair.[32] Nuair a thug Clèir Leòdhais den Eaglais Shaor taic do dh'iomairt KNO chaidh a seasamh a mholadh gu poblach le Murchadh.[33]

Ach b' e a bhàrdachd am modh a bu chumhachdaiche a bh' aig Bàrd Mhealaboist a smuaintean mu armachd niùclasach a chur an cèill. Rinn e sin ann an dàin mar *Leag Iad am Bom A-Raoir, Stad an Saoghal 's Mise a' Tighinn Dheth*, is *Am Fear Teiche*. Eu-coltach ris an fhear teiche san dàn, a bha airson a' phlaide a tharraing mu a cheann is srann a dhèanamh, bha Murchadh a' creidsinn gur e a dhleastanas a bhith a' togail a ghuth an aghaidh armachd niùclasach agus airson sìth. Cha b' e a-mhàin an lèirsgrios follaiseach a dhèanadh cogadh niùclasach air an t-sluagh uile a bha na uallach dha: bha e gu làidir den bheachd gum biodh fìor dhroch bhuaidh aig leudachadh den phort-adhair air dòigh-beatha an eilein agus air a' Ghàidhlig. Gach uair a bha e a' nochdadh aig coinneamhean KNO bha e a' togail air na draghan seo.

Air Dimàirt 1 Dùbhlachd, 1981, dh'ainmich Rùnaire Stàite na h-Alba, Seòras Younger, gun robh e a' toirt cead do Mhinistrealachd an Dìon a dhol air adhart lem planaichean. An ceann seachdain, air oidhche Luain, 7 Dùbhlachd, nochd còrr is 400 duine ann an Talla Bhaile Steòrnabhaigh gus beachdachadh air co-dhùnadh Mgr Younger. B' e Murchadh an duine mu dheireadh de dh'ochdnar a bh' air an àrd-ùrlar a bhruidhinn an aghaidh a' cho-dhùnaidh agus, a-rèir cathraiche KNO, Aonghas MacCarmaig, cha b' urrainn na b' fheàrr na Bàrd Mhealaboist airson na coinneimh a thoirt gu ceann - *He was magnificent. Just the boy to round it all off.*[34] Armaichte le a bhàrdachd Ghàidhlig agus a' bruidhinn anns a' Bheurla ri luchd-èisteachd anns an talla agus air a thaobh a-muigh bha e a' cur ìmpidh air daoine gun a bhith air am mealladh le geallaidhean obrach agus, a thuilleadh air a sin, spèis a thoirt do chultar is do chànan nan Gàidheal a bha ann an staid èiginneach. *We have a situation here which does not exist in any other area of Britain. We have the problem of the ancient language of the Celt, fighting with its back to the wall. Our culture is weak. Does anyone think that the hordes from NATO will help our culture to survive or even ourselves to survive?*[35]

B' i siud a' choinneamh phoblach mu dheireadh aig an do bhruidhinn Murchadh. As t-earrach 1982 bhris a shlàinte. Aig an àm bha a bhràthair Dòmhnall, a bha a' fuireach còmhla ri Murchadh san dachaigh am Mealabost, na euslainteach ann an ospadal a' 'Chounty' ann an Steòrnabhagh[36] agus o nach robh Murchadh air chomas a bhith leis fhèin san taigh thug a cho-ogha, Màiri Flòraidh Chaimbeul, fo chùram a teaghlaich fhèin e, a dhachaigh a' bhalachain bhàin a chaidh a thoirt a Thunga iomadh bliadhna roimhe sin. Nochd an litir mu dheireadh bho Mhurchadh gu *Gasaet Steòrnabhaigh* air 15 Cèitean; cha robh e toilichte mu fhear neo tè a bh' air litir a sgrìobhadh chun a' phàipeir a' cur taic ri NATO ach a bha a' falach air cùl na litreach is e neo i gun ainm a chur rithe.[37] San Ògmhìos bha am bàrd air chomas a dhol air cuairt ghoirid a dh'Uibhist a Deas le buidheann de sgrìobhadairean.[38] Chòrd a thuras ris gu mòr. B' e siud a' chiad uair a bha e air a bhith ann an Uibhist agus b' e cuideachd an turas mu dheireadh a dhèanadh e a-mach à Leòdhas.[39]

Ann am mìosan deireannach a bheatha thadhail Mairead NicLeòid air a seann charaid aon uair eile. Bhruidhinn iad mu na seachdadan is mar a thàinig iad còmhla tro òrain Mhurchaidh. Thuirt Murchadh gun robh e a' dol dhan t-sìorraidheachd le fios gum maireadh a bhriathran tro a bhàrdachd is tro a cheòl is thug e taing do Mhairead airson na rinn i fhèin agus Na h-Òganaich mar phàirt den dìleab sin.[40]

Chaochail Murchadh MacPhàrlain aig 16B Tunga, air Latha na Sàbaid, 7 Samhain, 1982. Bha e 81 bliadhna a dh'aois. Air taobh thall a Loch a Tuath, ann am Mealabost, bhathas a' caoidh Murchadh a' Chally, duine a bha na dheagh charaid is nàbaidh do na h-uile anns a' choimhearsnachd agus na dhuine fialaidh anns a h-uile seagh: *The cause of the poor and the oppressed lay close to his heart and he gave expression to their plight not in word only but also in deed. More than one widow can testify to his financial generosity and support in time of need.*[41] Le bàs Mhurchaidh chaill saoghal na Gàidhlig sàr Ghàidheal. Ri dèanamh luaidh air Bàrd Mhealaboist ann an *Gasaet Steòrnabhaigh* sgrìobh Iain MacArtair: *Dh'fhàg naidheachd-bàis Mhurchaidh MhicPhàrlain acaid ann am broilleach gach fir is tè aig a bheil ùidh nar cànan, nar ceòl is nar dualchas, oir chaith e a bheatha is stiùir e a thàlantan a' strì às a leth. Bha Murchadh mar dhuine aig an robh inntinn nan trì compàirtean is e beò anns an dà shaoghal a b' aithne dha is saoghal mac-meanmna a bha air thoiseach air an òigridh a bha cho mòr air inntinn…cha chuala mise riamh duine dhèanadh òraid bhrosnachaidh coltach ris oir bha a bhriathran cho dùrachdach. Tha deagh fhios agam nach fhaic sinn a leithid tuilleadh. Cha bhi ann a chaoidh ach an aon Murchadh MacPhàrlain.*[42]

Dìreach làithean an dèidh bàs Mhurchaidh bha bàs eile anns an nàbachd a chuir ris an sgleò a bh' air an sgìre. Air 10 Samhain chaochail Annette Chaimbeul à Ceann nam Buailtean aig aois 28 bliadhna. B' e neach-ealain a bh' innte is bha i fhèin is Murchadh glè mhòr aig a' chèile; bha iad cruthachail nan dithis agus bha iad air mòran de dh'uairean a thìde a chur seachad a' bruidhinn mun chultar, mu bhàrdachd is mu ealain.[43] Bha Annette a' fulang le aillse is air an fheasgar Shàbaid a bhàsaich Murchadh bha i fhèin air an leabaidh, lag ri linn a tinneis. Air taobh a-staigh uarach a' bhàis thuirt i ri a piuthar, Nan, gun robh i ag iarraidh a h-athair fhaicinn. Nuair a nochd e ri taobh a leapa dh'iarr i air deoch bhùrn a thoirt dhi. "*Do Mhurchadh MacPhàrlain.*" thuirt i. Cha robh duine air innse do dh'Annette gu robh Murchadh air falbh. *Ciùird air an toinneamh gu dìomhair* mar a sgrìobh am bàrd an Canada is e a' meòrachadh air na bannan a bha ga cheangal fhèin ri a dhaoine is ri Eilean Leòdhais.

Chan eil ach cuimhneachain bhlàth' aig daoine air Murchadh. Teisteanas air mar a dh'fhàg e làrach mar dhuine, gun luaidh air mar bhàrd, air a chàirdean, air a' choimhearsnachd agus air neach sam bith a bha fortanach coinneachadh ris neo a bhith na chuideachd airson eadhon beagan ùine. Cha bu bheag na bha a' dol a chèilidh air aig 26 Mealabost, gu seachd àraidh an dèidh dha fàs ainmeil sna seachdadan. An sin lorgadh iad Murchadh le a leabhraichean is a theipichean, pàipearan air feadh an àite is postairean aIr a' bhalla; chan iongnadh ged a shamhlaich a charaid an Dtr. Fionnlagh MacLeòid rùm Mhurchaidh ri rùm oileanaich.[44] Am meadhan an rù-rà bha 'm bàrd, am feallsanaiche, an Gàidheal agus do dhaoine mar Fionnlagh, a bh' air ùr thighinn dhachaigh a Leòdhas a dh'obair do Chomhairle nan Eilean, *an lòchran a bu shoilleire a bha timcheall oirnn.*[45]

Cha mhotha a tha e duilich tuigsinn carson a bha Murchadh cho tarraingeach do luchd nam meadhanan is do luchd-ealain. Le ad *Trilby*, briogais-biob, tric gun lèine, speuclairean cruinn (dà phaidhir uaireannan) is dòigh conaltraidh shònraichte a bha a' fàgail dhaoine, gu h-àraidh luchd na Beurla, ag iarraidh an tuilleadh is an tuilleadh bhuaithe, bha e deiseil agus deònach ùine a thoirt dhaibh. Fairichidh tu sin anns na prògraman telebhisein *The Last Stronghold of the Pure Gospel* agus *But Still We Sing* a rinnear ann an 1979.[46] Tha Murchadh a' bruidhinn gu dùrachdach mu staid èiginneach na Gàidhlig: *How I envy you people here who are not faced with my problem. Just imagine if you were going home tonight and you were saying to yourself, "The language I'm speaking will be dead in another sixty years." Just imagine yourselves in my position. And, you see, it's so discouraging. But still we sing and still we make songs, in spite of everything.* Dubhachas is dòchas làimh ri làimh.

Còrr is dà fhichead bliadhna o chaidh briathran Mhurchaidh a chlàradh tha a' Ghàidhlig fhathast ann an cunnart a dhol leis an t-sruth. Ach, a dh'aindeoin gach dùbhlain a tha fa chomhair a' chànain, an dùil nach biodh Murchadh toilichte le na tha ag ionnsachadh Gàidhlig fad is farsaing? Moiteil à cloinn a chaidh is a tha a' dol tro fhoghlam tro mheadhan na Gàidhlig an Alba? Air a mhisneachadh, cuideachd, gu bheil uidhir de dhaoine an-diugh a' dèanamh beòshlaint à obraichean co-cheangailte ris a' chànan? Gàidheil mar Rachel NicAoidh, boireannach òg a thogadh an Steòrnabhagh le làn a cinn de Ghàidhlig agus a tha ag obair anns na meadhanan Gàidhlig. Air balla a seòmar-suidhe tha dealbh a thog an dealbhadair-camera Gus Wylie de Mhurchadh anns na seachdadan; am bàrd a' suidhe ri taobh na stòbha na chidsin. Murchadh na lòchran dhise an-diugh mar a bha e do Fhionnlagh MacLeòid roimpe. Ann am baile mòr nan Gàidheal tha Rachel Veale, iar-ogha Mairead NicLeòid, na sgoilear ann an tè de na sgoiltean Gàidhlig as ùire ann an Alba, Sgoil Ghàidhlig Bhaile Ghobhainn. Òganach eile a' leantainn dlùth ri cànan a sinnsir. A dh'aindeoin gach nì neo, 's dòcha, ri linn iomadh strì, tha a' Ghàidhlig fhathast buan agus, fhathast, ga bruidhinn. Tha òrain Mhurchaidh MhicPhàrlain fhathast gan seinn.

Tha Bàrd Mhealaboist air a thiodhlaiceadh an Cladh Aignis uaine, bhòidheach air an Aoidh.

Notaichean

1. Iain Ailean Rothach, Bràigh na h-Aoidhe.
2. Agallamh leis an Oll. Iain MacAonghais, 1966 - Tobar an Dualchais.
3. "The breakers were racing ashore and you could see drowned sailors on the crest of the waves. They were like war horses racing, galloping from the field of battle, with their dead riders in their saddles." Murchadh MacPhàrlain a' bruidhinn ann an 1973 - *In Sight of Home*, BBC, 2019.
4. *Murchadh MacPhàrlain: Bàrd Mhealboist*, Metagama Productions, BBC, 1999.
5. *An Toinneamh Dìomhair, Na h-Òrain aig Murchadh MacPhàrlain, Bàrd Mhealaboist*, Gasaet Steòrnabhaigh, 1973.
6. Faic Notaichean mu Dhàin is Òrain: *Comann Mo Ghaoil*.
7. Faic Sgrìobhaidhean Eile Leis a' Bhàrd: Seanchasan - *An Talamh Fuar* (Manitòba).
8. *An Toinneamh Dìomhair*, Ro-ràdh.
9. *Bàs Taigh-Cèilidh*, Comunn Gàidhlig Inbhir Nis, An Dùbhlachd, 1967.
10. Agallamh le Màrtainn Dòmhnallach san t-Samhain 2002 le Evelyn Coull NicLeòid airson a tràchdas air Murchadh MacPhàrlain aig Oilthigh Ghlaschu, 2003.
11. Bha an t-Oll. Gòrdain W. MacIllinnein ag obair don Linguistic Survey of Scotland aig Oilthigh Dhùn Èideann. Ann an 1956 rinn e grunn chlàraidhean ann an Leòdhas. Am measg na chlàr e bha Murchadh MacPhàrlain agus Anna NicChoinnich (Anna Sheumais) às an Àird. B' e a' chiad neach a bh' ann an Cathair na Ceiltis aig Oilthigh Ottawa ann an 1972. Chaochail e ann an 1992.
12. Bha Seumas Ros (Seumas Thormoid Choinnich Thormoid, 1923-1971) ag obair aig Sgoil Eòlais na h-Alba. Rinn e measgachadh de chlàraidhean don Sgoil, gu h-àraidh òrain Ghàidhlig eadar 1954 is 1966.
13. Agallamh leis an Oll. Iain MacAonghais, 1966 - Tobar an Dualchais.
14. 'S ann san dachaigh aig Tormod MacÌomhair, 3 An Àird, An Rubha a chaidh an clàradh a dhèanamh thairis air dà oidhche le Uilleam MacLeòid, 30 Seiseadair. Chaidh 25 dàn a chur air an teip uile gu lèir. Fhuair mi leth-bhreac den chlàradh bho Chrissie Lawson à Seiseadair agus Na Hearadh, co-ogha de dh'Uilleam, ann an 2016. Chaochail Chrissie san Iuchar 2017.

15 Faic Sgrìobhaidhean Eile Leis a' Bhàrd: Seanchasan - *Bàs Taigh-Cèilidh*. Chaidh an òraid a chlàradh le Murchadh Macleòid, Murchadh HMI, a bha na Fhear-Sgrùdaidh Sgoiltean an Alba,1970-1989. 'S ann an dachaigh Mhurchaidh is a bhean Catrìona an Inbhir Nis a dh'fhuirich Murchadh MacPhàrlain an oidhche a bha e a' dèanamh òraid Chomunn Ghàidhlig Inbhir Nis san Dùbhlachd 1967. An dèidh dhaibh tilleadh chun an taighe na b' fhaide air an oidhche lean Murchadh, am bàrd, air a' seinn is lean Murchadh, fear an taighe, air a' clàradh. Chaidh teip den chlàradh a thoirt don bhàrd am Mealabost an ath shamhradh is Murchadh is an teaghlach air làithean-saora ann an Leòdhas.

16 *'S fhada bhios cuimhn' agam air an fheasgair a thàinig Bàrd Mhealaboist thugainn gu Coinneamh a' Chomuinn Deasbaid. Chan e a-mhàin gun cuala sinn ceòl agus bàrdachd a chòrd rinn, ach fad na h-ùine eadar na h-òrain, bha còmhradh beòthail, geur aig a' bhàrd rinn a chòrd air leth math ris a h-uile duine.* Cairistìona NicDhòmhnaill Clas V, Sgoil 'IcNeacail. *Sgàthan* 1971.

17 *Le Mùirn*: Murchadh MacPhàrlain agus Mairead NicLeòid, Sgeul Càirdeis le Catrìona Mhoireach (Faram Publications, 2016).

18 Ibid.

19 Agallamh le Coinneach MacÌomhair, *Coinnicheamaid*, BBC, 1978.

20 "An dèidh dhan chogadh sguir bha mi ann am Hamburg agus thàinig mi dhachaigh air fòrladh is thug mi leam na bha de leabhraichean Gàidhlig agam gus an tìde a chur seachad. Bha oileanach Gearmailteach is bhiodh e a' sguabadh is a' glanadh an rùm agus thàinig e an latha seo far robh mi is thuirt e rium, "Mac", ars esan, "tha mi a' faicinn leabhraichean agad agus cha dèan mi a-mach an cànan idir." "O", arsa mise, "Bha an cànan sin ann fada romhadsa. Ged a tha sinn air a sgiùrsadh an-diugh gu cladaichean siar na dùthcha, gidheadh, tha sinne ann a seo fada romhaibhse." "Dè?", ars esan "an cànan a th'ann?" "Tha", arsa mise, "Gàidhlig Albannach." Latha de na làithean thàing e a-steach far an robh sinn a' còmhnaidh agus bha mi fhèin agus na h-Albannaich dheas ann agus gillean Sasannach is gillean Èireannach. Thuirt e ri na h-Albananich dheas, "Chan eil e furasta dhomhsa sgaradh a chuir eadar sibhse agus na Sasannaich, tha an aon chànan agaibh. Ach Mac a seo, tha cànan aige-sa dha fhèin." *Bàs Taigh-Cèilidh*, Comunn Gàidhig Inbhir Nis, An Dùbhlachd, 1967.

21 An dèidh a bhith na cheannard air Roinn na Gàidhlig ann an Sgoil 'IcNeacail ann an Steòrnabhagh bha Alasdair Iain MacAsgaill na cheannard-sgoile am Portrìgh agus Calasraid. A thuilleadh air *An Toinneamh Dìomhair* dheasaich e *Rosg nan Eilean*, Roinn nan Cànan Ceilteach, Oilthigh Ghlaschu,1966, taghadh de sgeulachdan goirid bho *Gairm*, agus *Luach na Saorsa* le Murchadh Moireach, Leabhar-latha cogaidh, Bàrdachd is Rosg, Gairm,1970. Bhiodh e cuideachd ri sgrìobhadh sgeulachdan goirid do *An Gàidheal agus Gairm*. Chaochail e aig aois 98 san Iuchair 2021.

22 Bha dachaigh Kathleen, nighean Iain Mhealaboist, aig 22 Mealabost. 'S e Kathleen NicChoinnich a th' oirre an-diugh. Bha i a' dèanamh Gàidhlig air an t-siathamh bliadhna ann an Sgoil 'IcNeacail nuair a dh'iarr Mgr MacAsgaill oirre tar-sgrìobhaidhean a dhèanamh de dh'òrain Mhurchaidh airson an leabhair. Bha i ro thoilichte sin a dhèanamh agus tha cuimhneachain bhlàth' aice air Murchadh. "*B' e nàbaidh math a bh' ann am Murchadh agus bha e na dheagh charaid do m' athair. Bha e cho dèidheil air clann agus cho còir. Bheireadh e leth-chrùn dhomh airson a' chrodh aca a thoirt a-mach.*".

23 B' ann mun àm seo a sgrìobh Calum a' chiad òran Gàidhlig aige fhèin is bha e an làn bheachd a thoirt do Na h-Òganaich airson a sheinn. Aig a' cheann thall cha do rinn e sin agus nochd *Air an Tràigh* air *Play Gaelic* a' chiad chlàr aig Runrig.

24 Bha colbh Gàidhlig seachdaineil aig Dòmhnall Iain MacÌomhair ann an *Gasaet Steòrnabhaigh* airson iomadach bliadhna. Bha e na fhear-teagaisg na Gàidhlig ann an sgoil 'IcNeacail fad aon bliadhna thar fhichead, na sgrìobhaiche cliùiteach de sgeulachdan goirid agus bàrdachd agus gu mòr an sàs anns An Comunn Gàidhealach. Chaidh an cruinneachadh mu dheireadh de a sgeulachdan goirid, *Caogad san Fhàsach*, fhoillseachadh le Acair ann an 2014. Chaochail Dòmhnall Iain MacÌomhair air 1 Màrt 2015 aig aois 72.

25 Faic Dàin is Òrain: *Turas a dh' Èirinn*.

26 *Last Stronghold of the Pure Gospel*, Everyman Series, BBC, 1979.

27 Faic Sgrìobhaidhean Eile Leis a' Bhàrd: Litrichean gu *Gasaet Steòrnabhaigh*.

28 Rann aig deireadh litir gu *Gasaet Steòrnabhaigh* 11 Màrt 1978 a' cur an aghaidh ionad NATO aig Port-adhair Steòrnabhaigh.

29 Chaidh iomairt KNO a stèidheachadh an dèidh coinneamh phoblach ann an Steòrnabhagh air 29 Dàmhair 1979. Chaidh a' choinneamh a ghairm le Roinn nan Eilean Siar den Phàrtaidh Làborach mar thoradh air mar a bha mòran sa choimhearsnachd an aghaidh molaidhean Ministrealachd an Dìon. B' e Aonghas MacCarmaig a bha na chathraiche air an iomairt.
30 Faic Sgrìobhaidhean Eile Leis a' Bhàrd: Litrichean gu *Gasaet Steòrnabhaigh - Grim Reading*.
31 Faic Sgrìobhaidhean Eile Leis a' Bhàrd: Litrichean gu *Gasaet Steòrnabhaigh - Will Stop Paying Sustentation Fund*.
32 Seonag Crichton, Suardail, An Rubha. Fhuair Seonag agus Iain Crichton eòlas math air Murchadh agus a bhràthair Dòmhnall nuair a bha iad air ùr phosadh agus a' fuireach ann am Mealabost. Tha cuimhne aig Seonag air cho fritheilteach 's a bha Murchadh air Dòmhnall a bha na eildear san Eaglais Shaor. Nam biodh Murchadh a' cèilidh air nàbaidhean air an fhionnairidh nuair a thigeadh uair sònraichte dh'fhalbhadh e dhachaigh far am biodh Dòmhnall a' gabhail an Leabhair. Thilleadh Murchadh chun a' chèilidh an dèidh an adhraidh.
33 Faic Sgrìobhaidhean Eile Leis a' Bhàrd: Litrichean gu *Gasaet Steòrnabhaigh - Who Are The Christians*?
34 *Gasaet Steòrnabhaigh*: 12 Dùbhlachd 1981. 8 Speakers With One Voice: The Community Must Fight to Preserve Its Way of Life. Angus McCormack, KNO Chairman; Donald Stewart, Western Isles MP; Sandy Matheson, Council Vice-Convenor; Peter Madill, Sìth Secretary; Brian Wilson, Journalist; Rev. John Macleod; Dòmhnall MacIlleathain, An Comunn Gàidhealach; Murdo MacFarlane, Melbost Bàrd.
35 Ibid.
36 Chaochail Dòmhnall air 20 Faoilleach 1983, dà mhìos an dèidh bàs Mhurchaidh.
37 Faic Sgrìobhaidhean Eile Leis a' Bhàrd: Litrichean gu *Gasaet Steòrnabhaigh - Keep NATO Crusader*.
38 Frank Thompson, *Gasaet Steòrnabhaigh*, 13 Samhain 1982: *One of my most recent memories of Murdo was when I accompanied him on a writers' visit to South Uist in June this year. Sitting beside him on a wall in Creagorry, one fine warm morning, he spoke of the words that were forming in his mind as a poetic tribute to the Uists. Within a few short weeks, his illness laid him low and I wonder if that poem was ever composed.*

39 Chuir am bàrd Dòmhnall Iain MacDhòmhnaill fàilte air Murchadh gu a dhachaigh ann am Peighinn nan Aoirean leis an dàn *Fàilte Mhurchaidh 'IcPhàrlain do dh'Uibhist*. Bha spèis mhòr aig an dithis bhàrd do chàch a' chèile. Tha an dàn air fhoillseachadh ann an *Chì Mi*, deasaichte le Bill Innes, Birlinn, 1998; Acair, 2021.
40 Mairead NicLeòid, *Le Mùirn*, Faram Publications, 2016.
41 Butt to Barra, Melbost News, *Gasaet Steòrnabhaigh*, 20 Samhain 1982.
42 *Moladh air Murchadh MacPhàrlain* le Iain MacArtair, *Gasaet Steòrnabhaigh*, 20 Samhain 1982.
43 Nan Nic a' Ghobhainn 2020. Bha Annette, nighean Thormoid Bhragair agus Catrìona an Tucsan, a' fuireach is ag obair mar neach-ealain ann an Lunnainn ach chaochail i aig dachaigh a pàrantan ann an Leòdhas an dèidh a bhith a' fulang le aillse airson bliadhna. Na h-oileanach rinn i clàraidhean le Murchadh is thog i dealbhan camera dheth mar phàirt de a tràchdas. Gu mi-fhortanach, chaidh a camera agus a cuid notaichean a ghoid agus b' fheudar dhi obrachadh bho a cuimhne airson a tràchdais. Bha dlùth dhàimh eadar i fhèin is Murchadh.
44 *Murchadh MacPhàrlain: Bàrd Mhealboist*, Metagama Productions, BBC, 1999.
45 Ibid.
46 *Last Stronghold of the Pure Gospel*, Everyman Series, BBC, 1979; *But Still We Sing*, BBC, 1979.

4
POETRY AND SONGS

a) War, Emigration and Homesickness

4
DÀIN IS ÒRAIN

a) Cogadh, Eilthireachd is Cianalas

POETRY AND SONGS - WAR, EMIGRATION AND HOMESICKNESS

Nineteen Fourteen

When lads gathered around
There'd be frying potatoes;
"Go on, stand up," would be heard,
"Til we see if we're up
To militia height yet
And go then to Fort George
To the king's militia."

My love joined on Tuesday
The Fort George milita;
He'll have kilt and white jacket
In place of his waistcoat
And clean-cut tartan trews
In place of the homespuns
In the king's militia.

"I'll be gone but a season,"
Said he in the peatstack's warm shelter;
"I'll be with you, my love,
Before the rest come from the Bruach –
Maybe I'll try my hand
In the Clyde shipyards
If riggers are in demand."

She sailed, *Sheila* of the waves,
With many people on board –
Some to the fishing of the Bruach
And north to Shetland of the creeks,
And some going like my love
For the first time to Fort George
To join the king's militia.

I got his picture enclosed in an envelope,
And hung it with pride in the closet,
With a letter that said,
"Everything is so new to me –

Naoi Ceud Deug 's a Ceithir Deug

Nuair bhiodh òganaich cruinn
Dhèante grìosach bhuntàt';
"Siùdaibh seasaibh," siud chluinnt,
"Ach am faic sinn bheil àird
A' mhailisidh nis oirnn,
'S gu Fort Dheòrs' thèid ma tha
A mhailisidh an rìgh."

Ghabh mo ghràdh-sa Dimàirt
Do mhailisidh Fort Dheòrs';
Fèileadh beag 's seacaid bhàn
Air bidh 'n àit phèitein mhòir,
'S briogais thartain ghlan-gheàrrt
Air an àit na tè chlò,
Am mailisidh an rìgh.

"Cha bhi uat mi ach ràith"
Thuirt e 'n sgàth bhlàth na cruaich,
"Bidh mi còmh' riut, a ghràidh,
Mun tig càch às a' Bhruaich –
'S dòch' gum feuch mi mo làmh
Ann an gàrraidhean Chluaidh
Ma bhios rigears gan dìth."

Sheòl i, *Sìle* nan stuadh,
'S mòran sluaigh innt' air bòrd –
Cuid gu iasgach na Bruaich
'S tuath gu Sealtainn nan òb;
'S cuid a' falbh, mar mo luaidh,
A' chiad uair gu Fort Dheòrs',
A mhailisidh an rìgh.

Fhuair mi dhealbh an cèis dhùint'
'S chroch sa chùlaist le uaill,
Agus litir ag ìnns',
"Tha gach nì dhomh cho nuadh -

The pipe wakes us early
When our sleep's at its soundest,
In the king's militia."

"Since employment seems scarce"
He said to me, "I'd better go
To Caithness when my time
In this camp is up
And get a job from the Lowlanders
On a boat as a winchman –
That is, if they'll have me."

In nineteen fourteen,
When the barley was ripening,
The call to arms, heard afar,
Caused us alarm and fear:
The storm's on its way, it's blackened the sun,
And turned noon into evening
As it banished our peace.

The storm broke, the flood poured
And overwhelmed Europe:
The flood of young men's red blood –
Yes, young men of soft hair;
To the grass ebbed and drained
Their veins' and hearts' blood;
It grew cold, froze and lost force.

Why did my love ever take
The king's shilling for arles?
When just come to full bloom
He lay still on the field;
He paid dear for victory
With his heart's warm, red blood –
Dear you are, victory, dear is your price.

Moch gar dùsgadh bidh phìob
Nuair is fior throm ar suain,
Am mailisidh an righ."

"On tha 'n cosnadh car gann,"
Thuirt e rium, "dhomh is fheàrr
Ghallaibh dhol nuair bhios m' àm
Anns a' champa seo 'n àird
Agus gabhail aig na Goill
Na mo chuibhlear am bàt' -
Seadh, ma ghabhas iad mi."

Naoi ceud deug 's ceithir deug,
Tigh'nn fo dhias nuair bha 'n t-eòrn,
Caismeachd airm chualas cian,
Geilt is fiamh chuir e oirnn:
Teachd tha stoirm, dhubh e ghrian,
Mar bheul oidhch' rinn tràth-nòin
'S e ri fògaradh ar sìth.

Bhris an stoirm, 's an tuil dhoirt
'S air an Eòrpa rinn tigh'nn;
Tuil fhuil dhearg nam fir òg -
Seadh, fir òg nan ciabh mìn;
Thraogh is thràigh chun an fheòir
Fuil an cuislean 's an cridh;
Dh'fhuairich, reòdh 's chaill a clì.

Cuig a riamh ghabh mo ghràdh
Tastan eàrlais an rìgh?
'S gann gun bhris fo làn bhlàth
'S bha sa bhlàr na thost sìnt;
Air a' bhuaidh 's daor a phàigh
Le fuil bhlàth dhearg a chridh -
'S daor thu, bhuaidh, daor do phrìs.

Blossom-dew fell on field,
Washed the young men's death-faces;
A soft, gentle breeze blew
Which dried them and kissed them
As it sighed for the beautiful
Golden-haired youth –
O my darling militia!

Coll and Finlay and Donald,
Young Roddy and Fair John,
Angus, Hugh and Big Neil,
(I'll name no more in my song)
Yesterday boys in the gang,
Today lifeless in the battlefield –
O my darling militia!

The peatstack is ashes,
Cold has gone, warmth has returned,
The gutters are back from the Bruach;
Forever for me is the season
That my love swore to be gone
At the stack, that last night –
O my darling militia!

The geese went over northwards,
And brought forth their young;
They went back south as ever
Followed high by their brood,
But my love won't return,
Except in my dreams –
O my darling militia!

Thuit blàth bhraon air an raon
'S nigh aog-aodann nan òg;
Shèid a' chaomh osag chaoin
Orra is thiormaich is phòg
'S i ri osnaich os cionn
Òigfhir ghrinn an fhuilt òir –
O mhailisidh mo chrìdh!

Colla, Fionnlagh, is Dòmhnall,
Ruairidh òg is Iain Bàn,
Aonghas, Uisdean,'s Niall Mòr,
Chòrr cha shloinn mi am dhàn,
An-dè nam balachain san dròbh,
An-diugh gun deò anns an àr –
O mhailisidh mo chrìdh!

Tha chruach mhòna na luath,
Theich am fuachd, thill am blàths,
Thill luchd-cutaidh na Bruaich;
'S fhada buan leam tha 'n ràith
Gheall mo ghràdh bhiodh e bhuam,
Aig a' chruaich, 'n oidhche a dh'fhàg –
O mhailisidh mo chrìdh!

Chaidh na geòidh tarsainn tuath,
Thug na geòidh mach an àil;
Thill gu deas mar is dual
Àrd len àil air an sàil;
Ach cha phill e, mo luaidh,
Ach nam bhruadar a-mhàin -
O mhailisidh mo chrìdh!

Hold On a While Donald, and Look!

Hold on a while Donald, and look!
They have finally got me.
Hold on! Wait! Come over!
They have wounded me and I can't get up.

Chorus
Lord, my days are almost at an end
A mist is descending on my eyes;
Far, far away from me is Branahuie,
Where in her graveyard rest the MacLeods
Far, far away from me is Branahuie.

I have been severly wounded,
But if we never meet again
Here in this life,
We will meet in a better place.

If they do not kill you
And you return to loved ones,
Do not forget my mother
In the lovely village of Branahuie.

Cut a lock of my hair and send it to her
And though it will be distressing for her;
She will say "I secured this from the grave,
My treasured son, but where is the rest of him?"

Every night she lights the lamp
And leaves the door unlocked;
Tears in her heart, "Tonight perchance
You will come home on leave like the rest."

Socair Ort, a Dhòmhnaill, Seall!

Socair ort, a Dhòmhnaill, seall!
Fhuair iad mi mu dheireadh thall.
Socair! Fuirich! Thig a-nall!
Leag iad mi 's chan fhaigh mi 'n àird.

Sèist
Rìgh, chan fhad uam ceann mo lò,
Air mo shùil tha 'g iathadh ceò;
'S fhada 's fhad' uam Aoidh nam bò,
Oirre ta Clann Leòid nan suain
'S fhada 's fad uam Aoidh nam bò.

Abair gun deach mo dhroch leòn,
'S mur nach coinnich sinn nas mò
Tuilleadh ann an tìr nam beò,
Coinnichidh an tìr 's ro fheàrr.

Mur a toir iad thu gu làr,
Is gum pill thu gu luchd-gràidh,
Dìochuimhn' na dèan air mo mhàth'r
Am bail' àillidh Bhràigh na h-Aoidh'.

Geàrr 's cuir thuice dem chuailean dual,
Ged a bhios e oirre cruaidh;
"Thàrr mi," their i, "seo bhon uaigh,
M' àilleagan, ach cà'il an còrr?".

Aic' gach oidhch' tha 'n lampa laist,
'S tha an doras gun bhith glaist';
Deur na cridhe, "Thig gun fhiost,
Nochd air fòrladh thu mar chàch."

Farewell forever with Branahuie
For I will never see you again;
This corner of France is very far away
From green Branahuie.

Eye of my heart, my beloved Eye
Where my ancestors are buried,
Where the waves in constant murmur and mirth
Come to shore one after the other.

Slàn gu bràth le Bràigh na h-Aoidh,
Oir chan fhaicear leam thu chaoidh;
'S fhad an t-oisean seo san Fhraing
Bho Aoidh uaine nam bò.

Aoidh mo chridhe, Aoidh mo ghràidh,
Far a bheil mo shìnnsir càirt',
Far eil aig na tuinn buan ghàir,
Mireagach air sàil a chèil.

The Nature of War

It is your nature, war, to destroy,
And this has always been your purpose,
Cursed are the people who
Find pleasure in you and indulge you.

Torment, plunder and sorrow
Are always in your wake,
And you like only to drink
The blood of strong, young men!

Their upright, able bodies
Without fault, are your choice of meal;
In your footprints is destruction,
Why would people take pleasure in you?

In horror the mother
Trembles in your presence,
For you are the plunderer of her nest
You are the robber of her young.

You will rob the mother of sons,
You will rob the young wife of her husband
You will rob children of their father
You will rob a maiden of her loved one.

And you will create madness amongst the people
When you give them your wine to drink,
Killing each other is deemed by them
To be a mighty deed.

And so the man who kills
A greater number of his fellow men,
Will receive from us honour and praise
And we'll say to him, "You well deserve it!".

Gnè a' Chogaidh

'S e do ghnè, a chogaidh, bhith sgrios,
'S b' e seo do ghnè o thùs,
Is mallaicht an sluagh a bhios
Ri tabhairt dhut tlachd is gnùis.

Dòrainn, creachadh is bròn
An-còmhnaidh ta ann ad lorg,
'S chan fhiach leat deoch gu h-òl
Ach fuil nan òigfhearaibh calm!

'S an colainnean dìreach deas
Gun mheang siud roghainn do lòin;
An lorg do cheuma ta sgrios,
Cuim annad 'm biodh tlachd nan slòigh?

Le uamhann thèid i air chrith
A' mhàthair romhad gun dàil,
Oir 's tu fear-creachaidh a nid,
'S tu fear-spùinnidh a h-àil.

Spùinnidh tu mhàthair de mic,
Spùinnidh de fear a' bhean-òg,
Spùinnidh den athair a' chlann,
Spùinnidh de gràdh an òigh.

'S cuiridh air chuthach na slòigh
Nuair bheir thu ri òl dhaibh d' fhìon,
Bhith marbhadh a chèile leotha
'N sin measar na nì ro threun.

'N sin esan as motha nì chur
Air beath' a cho-chreutair crìoch,
Gheibh uainn mòr-urram, is their
Sinne ris, "'S tu as fhiach!"

Then a bronze medal is placed on his chest
Now see him all puffed up,
As if instead of killing a hundred men
He had breathed life into a hundred and more.

If in the beginning God created man
In his own image,
Would you dare destroy by your own hand
The image of God?

Cain was marked as a murderer
For killing his brother in jealousy,
But if someone was to kill the murderer
He would suffer vengeance seven times over.

God commanded man "Thou shalt not kill",
It is a strange matter to me that
In war you may kill a man like you would a cow,
But it's not regarded as murder, only so in peacetime.

If I kill a man in peacetime,
The law will condemn me and on the gallows
I will be hanged as a murderer,
And my reputation will be forever stained.

If I were to kill one hundred
Of my fellow men in war,
Rather than hang me with a rope,
I would be commended for my bravery.

When I come home on leave,
My loved ones will be proud of my deeds,
As if killing people
Was a way of earning my place in heaven.

When the slaughter ceases
Some will think they have won,
Others will be in captivity,
And the homes of many will be in ashes.

Mìr umha air a bhroilleach 'n sin thèid
A chàradh, nis faic e làn bòsd,
Mar gum biodh 'n àit ceud chur gu bàs
E 'n dèidh còrr is ceud a thoirt beò.

Ma chruthaich, o thùsa, Dia
An duine na ìomhaigh fèin,
An gabhadh tus' ort led làimh
Gum milleadh tu ìomhaigh Dhè?

Chaidh seul a' mhuirteir air Càin
A mharbh aon bhràthair tro eud,
Ach do mhuirtear a' mhuirteir bidh chàin
'S an dìoghaltas seachd uairean am meud.

Dh'àithn Dia don duine, "Na murt"
Is neònach leam fèin an nì:
Sa chogadh, marbh duine mar mhart,
Siud cha mheasar na mhurt ach san t-sìth.

Ma mharbhar leam duine san t-sìth,
Mo dhìteadh nì lagh 's air croich
Crochar mar mhuirtear mi,
Is mi-chliù maireann nam chois.

Ged mharbhadh sa chogadh leam ceud
De mo cho-chreutairean fèin,
An àite mo chrochadh air taod,
'S ann mheasar mi cliùiteach treun.

Nuair thig mi air fòrladh bidh uaill
Air mo luchd-dàimh às mo ghnìomh,
Mar gum b' e marbhadh an t-sluaigh
An dòigh air an coisinninn nèamh.

Nuair a sguireas a' chasgairt bidh cuid
Ri saoilsinn gun d' fhuair iad a' bhuaidh,
Bidh cuid eil' ann am bruid,
'S bidh dachaighean mhòran nan luath.

There will be many and their tears will softly
Roll down their cheeks,
Grieving for relations that will never return,
Victory will not fill the void they have left behind.

And some will be counting the amount
Of treasure that they accumulated,
Whilst being poured like water
Was the beloved blood of our young men.

Friends, isn't peace a beautiful thing?
It matters not whether it's
At the hearth, in the town or throughout the land,
Its qualities are unchanging and plentiful.

But how can the peace be maintained
Around the hearth, is it with fists?
Or in towns and lands
Is it with bare blades?

Friends, it is not, it is not,
Peace will flee hastily from those ways,
Peace will not be enjoyed by children
If they are full of anger and hate.

It is reason's gentle and calming words,
As oil smooths rough waves,
And trust in each other and goodwill,
These are the three things that will keep the peace.

Bidh mòran 's an deòir gu tais
Tuiteam gu brais gun gruaidh,
Caoidh chàirdean nach pill air ais,
Cha lìon daibh am beàrn a' bhuaidh.

'S bidh cuid a' cùnntadh a' chùirn
A chàirn iad de dh'ionmhas suas,
Am feadh a bha dòrtadh mar bhùirn
Fuil mhùirneach òigfhear an t-sluaigh.

Chuideachd, nach brèagha an nì
An t-sìth? Cha diofar ma 's ann
Mun chagailt, am baile neo 'n tìr
Tha a feartan gun chaochladh neo-ghann.

Ach ciod leis an gleidhear an t-sìth
Mun chagailt, 'n ann leis an dùirn?
Neo ann am baile neo 'n tìr
An ann le claimhnichean rùisgt'?

Chan ann, a chuideachd, chan ann;
'S ann theicheas i uath' gu luath;
Cha mhealar an t-sìth le a clann
Ma bhios iad làn campair is fuath.

'S e reusan le blàth-bhriathran ciùin
Mar ola nì garbh-thonna mìn
Agus earbs as a chèile, 's deagh rùn
An triùir leis an glèidhear an t-sìth.

Not Long Now Till Morning

Not long now till morning, not long, not long,
Not long now, not long until daybreak,
And they raise their rifles to fire at me
A fast lead bullet that will kill me.

Time, O, slow down! Slow down! Slow down!
Time, won't you slow down, why do you go so quickly?
Though slow your step, it's too fast for me,
As at sunrise the grave awaits me.

When I was on sentry duty with my rifle on my shoulder,
You, time, went by at a snail's pace in the rushes;
Now, alas, since my grave has been prepared,
For me you go faster than a deer in the chase.

And tomorrow, early tomorrow, yes, six of my brothers
Who fought valiantly beside me in battle,
Will be placed in an order, not at all of their own will,
To execute Donald in the morning.

What a reward, a harsh, merciless sentence
For the many days that I fought boldly in the service of the king,
Condemned in court for being found on duty
Having fallen asleep when I was exhausted and worn out.

It wasn't an easy battle for me, the king's law and the law of nature,
But the law of nature claimed her right first
And I was condemned by the king's law, declaring,
"This is a transgression that merits death, you cannot live."

Though I asked for arms and an opportunity
To prove that German soldiers held no fear for me,
They refused my request, they would not let me, Scotland,
Die in the midst of battle defending you.

Chan Fhada gu Madainn

Chan fhada gu madainn, chan fhada, chan fhada,
Chan fhada, chan fhada, gun glasaich an latha;
'S an cuir iad rin gualainn an gunna gum bhualadh
Le peileir luath luaidhe bheir mise gu làr.

Thìm, O dèan maille! Dèan maille! Dèan màille!
Thìm nach dèan maill' thu, cuim bhiodh tu cho luath?
Air maillead do cheuma, 's ro luath tha leam fèin thu,
'S aig èirigh na grèine gam fheitheamh an uaigh.

Nuair bhithinn air faire lem ghunna air mo ghualainn,
Ceum seilicheig san luachair bhiodh agad, a thìm;
Nise, mo thruaighe, o'n chladhaicheadh m' uaighe-sa,
'S luaithe na fiadh bhon an ruaig thu leam fhìn.

'S a-màireach, moch màireach, seadh, seisear dem bhràithrean
Bu tric ri mo ghualainn cur chruaidh-chath san àr,
Gan cur ann an òrdugh, chan ann O d' an deòin-san
A bheirear Dòmhnall sa mhadainn gu làr.

Saoil nach b' e duais i, b' e chruaidh bhinn gun truas i,
'S a liuthad latha chruaidh-chath mi 'n seirbheis mo rìgh,
Mo dhìteadh sa chùirte chionn m' fhaighinn air diùtaidh
'S mo shùilean air dùnadh, 's mi claoidht' agus sgìth.

Bha strì ann am àrnaibh, lagh rìgh is lagh nàdair,
Ach dhleas i, lagh nàdair, an toiseach a còir,
'N sin dhìt lagh mo rìgh mi do bhrìgh siud ag ràdhtainn,
"Is ciont a thoill bàs e, chan fhaod thu bhith beò."

Ged dh'iarr mi orr' armachd,'s leis cothrom a dhearbhadh
Nach robh roimh mhac Gearmailteach agamsa fiamh,
Do dhiùlt iad mo thairgse, cha leigeadh iad, Albainn,
Mi mheadhan a' ghairbh chath a thuiteam gad dhìon.

Not long now till morning, not long, not long,
Not long now, not long until daybreak,
The night is almost over, it has been a long vigil
And my thoughts went to the glen where the cows roam freely.

I fell into a deep sleep and I went home,
O, why ever did I awaken from that slumber?
I dreamt I was a shepherd on the maidens' shieling;
My goodness! I flinched in terror when I opened my eyes.

The skylark is in the heavens with her harp tuned,
The birds are hopping around on the boughs;
The cattle are rousing from where they lay in the grass last night,
Proclaiming that daylight is overcoming the hours of darkness.

Telling Donald that he is close to death
And that he won't see his Lewis kith and kin ever again,
He won't see the moorland that he knew so well as a herdsman,
And he won't climb a hill with his dog at his heel.

The sun is rising - O, here they come
With a headband to cover my eyes in this sorry state,
And cords to tie my hands behind my back,
As if I wouldn't have the courage to face death.

But trample them in the ground, the headband and the cords!
I will not besmirch your reputation, land of the hills,
Neither will it be said of me, when I am struck down,
That I wasn't like my forefathers, brave and loyal to the end.

Please tell my father, in the land of the straths,
That to the end I was without fear and did not flinch;
Though I was condemned in court they did not destroy my reputation
And though my eyes failed me, my heart did not waver.

Not long now till morning, not long, not long,
Not long now, not long until daybreak,
The night is almost over, it has been a long vigil
And my thoughts went to the glen where the cows roam freely.

Chan fhada gu madainn, chan fhada, chan fhada,
Chan fhada, chan fhada, gun glasaich an lò;
'S tha 'n oidhch' gu bhith thairis, 's fhad dh'fhairich mi caithris,
Nam inntinn a-raoir thairis chaidh gleann nam bò.

Thuit mi 'n clò cadail is chaidh mi ann dhachaigh,
O cuig às a' chadal ud idir a dhùisg?
'S mi bruadair bhith m' bhuachaill air àirigh nan gruagach;
Chreach! Chlisg mi le uamhann nuair dh'fhosgail mo shùil.

Tha 'n uiseag sna speuraibh le cruit air a ghleusadh
Na h-eòin air na geugan a' leumnaich mun cuairt;
An crodh,'s iad ri trèigsinn far 'n laigh raoir anns an fheur iad,
'G ìnns' g' eil an oidhch' aig an latha fon ruaig.

'G ìnnse do Dhòmhnall nach fhada bhios beò e
'S nach fhaic e luchd eòlais a Leòdhas gu bràth,
Neo monadh air am b' eòlach e cuallach nam bò ann
'S nach dìrich ann mòr-bheinn le chù air a shàil.

Tha ghrian 's i ri dùsgadh, O seo iad ri giùlain
Stail gu mo shùilean-sa chòmhdach sa chàs,
'S cùird gu mo dhùirn-sa cheangail air mo chùlaibh
Seadh, mar nach bu dùraig dhomh dhol chun a' bhàis.

Ach saltraim san ùir iad, an stail is na cùirdibh!
Cha toir smal air do chliù-sa mi, dhùthaich nam beann,
Nì motha orm a dh'innsear, nuair leagair mi sìnte,
Nach robh mar mo shinnsir treun dìleas gu ceann.

Ach ìnnsibh dom athair, ta 'n dùthaich nan srathaibh,
Gun gheilt is gun athadh gun robh mi gu crìch;
'S ged dhìt iad sa chùirt mi cha tug iad mo chliù bhuam
'S ged dh'fhàilnich mo shùilean, cha d' fhàilnich mo chridhe.

Chan fhada gu madainn, chan fhada, chan fhada,
Chan fhada, chan fhada, gun glasaich an lò;
'S tha 'n oidhch' gu bhith thairis, 's fhad dh'fhairich mi caithris,
'S nam inntinn chaidh thairis a' ghleannan nam bò.

Last Night the *Iolaire* was Torn Asunder

Sweetly she sang, the maiden,
Last night in Lewis,
Baking the bread,
Her heart full of joy,
In anticipation of her sweetheart
Who is coming on leave
Coming home to her safely,
Her loved one.

The war is now over,
And the heroes are victorious,
They are coming home tonight,
The *Iolaire* is carrying them.
She put peats on the fire
And hung the kettle with water on it
My dear, we won't go to sleep
Until daybreak.

They will be talking
And we will be listening
To stories of the feats of the lads
In the navy and in the army;
Of the brave men who were lost
Who fell and will not rise,
O, the many able and upright men
Who were felled to the ground.

Hear the sigh of the wind!
O, hear it blowing!
The troubled cry of the deep;
O, pity anyone, my goodness,
Who is at sea tonight,
Fighting this roaring ocean,
Spread your wings, *Iolaire*
And make haste with my love.

Raoir Reubadh an *Iolaire*

'S binn sheinn i, a' chailin,
A-raoir ann an Leòdhas;
I fuineadh an arain
Le cridhe làn sòlais,
Air choinneamh a leannain
Tha tighinn air fòrladh,
Tigh'nn dhachaigh thuic tèaraint'
Fear a gràidh.

Tha 'n cogadh nis thairis,
'S a' bhuaidh leis na fiùrain,
Tha nochd ri tighinn dhachaigh;
Tha 'n *Iolaire* gan giùlain.
Chuir mòine mun tein' i
'S an coire le bùrn air,
Ghràidh, chadal cha tèidear
Gus an lò.

Bidh iadsan ri 'g aithris
'S bidh sinne ag èisteachd
Ri euchdanaibh bhalach
Na mara 's an fhèilidh;
'S na treun fhir a chailleadh,
A thuit is nach èirich;
O liuthad fear deas, dìreach
Chaidh gu làr.

Cluinn osnaich na gaoithe!
O, cluinn oirre sèideadh!
'S ràn buairte na doimhne;
O 's mairg tha, mo chreubhag,
Aig muir leis an oidhch' seo
Cath ri muir beucach;
Sgaoil, *Iolair'*, do sgiathaibh
'S greas lem ghràdh.

The day is breaking
And hope is fading;
The kettle is on the pot-chain
Piping sadly;
She stopped going to the door
And putting peats on the fire;
Hear the harsh whistle of the wind
Wailing, wailing.

Bitterly she cried, the maiden,
Early the next morning,
When she found in the seaweed
Her sweetheart, drowned,
With no shoes on his feet
As he had taken to swimming,
Then she crouched and kissed
His cold lips.

Last night the *Iolaire* was torn asunder,
Drowned beneath her wings are her brood;
From Harris to Ness of the fair-haired men
There is lamenting.
Since you did not deliver them to us alive,
O, sea, give them to us drowned,
Then your ravenous mouth,
Will not be awaited.

Ri 'g èirigh tha 'n latha
'S ri tuiteam tha dòchas;
Air an t-slabhraidh tha 'n coire
Ri pìobaireachd brònach;
Sguir i dhol chun an dorais
'S air an teine chuir mòine;
Cluinn cruaidh fhead na gaoithe
A' caoidh, a' caoidh.

Goirt ghuil i, a' chailin,
Moch madainn a-màireach,
Nuair fhuair i san fheamainn
A leannan 's e bàite,
Gun bhrògan mu chasan
Mar chaidh air an t-snàmh e,
'N sin chrom agus phòg i
A bhilean fuar.

Raoir reubadh an *Iolair'*
Bàit' fo sgiathaibh tha h-àlach;
O na Hearadh tha tuireadh
Gu ruig Nis nam fear bàna.
O nach tug thu dhuinn beò iad,
A chuain, thoir dhuinn bàit iad,
'N sin ri do bheul cìocrach
Cha bhi ar sùil.

How the *Iolaire* was Lost

Is it not wretched, wretched
That the Beasts were ever there;
Why, elements, did you not
Erode them to the ground?
Why, ravenous waves,
Did you not grind them down to a pulp
Before they carried out this revenge
On you, western isle, and on your children?

O, earth, is there anywhere on your surface,
Or is there a ship on the ocean,
That has not heard
About the *Iolaire* and her brood?
Hear here if you haven't heard about it,
A distressing and painful story,
Two hundred, not an insignificant number,
Of your gallant men drowned, O green island.

Is it not distressing, O, green island,
The welcome that your children got,
How quickly your depths
Swept them away to the seabed.
Wouldn't it have been better, sea, if you had devoured them
Far away from our shores,
Where the loss would be hidden from us
Even though it would be distressing and severe?

Bitterly were you hit
O, green, grassy island,
Is there anyone alive who could not fail
To be moved to tears by this tale?
Sometimes I think
That the story is but slander,
And that I am asleep
And dreaming of bad news.

Mar a Chailleadh an *Iolaire*

Nach truagh, nach truagh a-riamha
Gun robh na Biastan ann;
Carson nach d' rinn sibh, shiantan,
An caitheamh gus am bonn?
Carson, a thonna cìocrach,
Nach d' bhleith sibh iad gu pronn
Mun d' rinneadh leoth' an dìol seo
Ort, eilein iair, 's do chlann?

O thalamh, bheil air d' uachdar
Neo 'n long air uachdar sàil
Tìm idir do nach d' luaidheadh
Mu 'n *Iolaire* is mu h-àl?
'N seo, cluinnibh, mur a cuala,
Sgeul tha cruaidh is cràit',
Deich fichead fear, nach suarach
Leat, Eilein uaine, bàit'.

Nach cruaidh, O Eilein uaine,
An fhàilt a fhuair do chlann;
Cho luath 's a rinn do dhuannachd
An sguabadh don a' ghrunn.
Nach b' fheàrr gun shluig thu, chuain, iad
Ro fhada bho ar fonn,
Far 'm biodh e falaicht' bhuainne,
Ged bhiodh e cruaidh is teann?

'S goirt chaidh do bhualadh,
O Eilein uain an fheòir,
Cò 's anail sìos is suas ann
Gu ghruaidh nach toir seo deòir?
Gun saoilear leam air uairibh
Gur tuaileas tha san sgeòil
'S gur ann a ta nam shuain mi
Ri bruadair air an t-seòl.

Alas, sadly, alas!
It is not a dream.
Won't you listen with your ears
And hear the lamenting of the women and children;
See where the ship went on the rocks,
With one man still on the mast;
That is all of the ship that stayed above sea level
And that he could cling to with his feet.

Iolaire, where is thy brood
That you held safe and sound yesterday?
The young that did not renounce
Their region of the world;
Is the one man who is on your topmast
The only man that you saved from the Beasts,
Or are the others drowned
Without warmth beneath your wings?

It is the one man on the topmast
And the men who came on the rope,
They are the only ones who are safe
The rest are drowned beneath her;
That is the reason that today
Heard throughout Lewis and Harris
Is the weeping that was heard in Ramah,
Knowing that the men are drowned beneath you.

Though little did they know
As they jumped aboard her in Kyle,
That though their beloved island was close to them
They would not step on its shores again;
Each man envisaging, I imagine,
Being in his own home,
How these heroes longed
To have Kyle behind them and out of sight.

Ochoin, 's oich, mo thruaighe!
Cha bhruadar a ta ann.
Nach èist sibh le bhur cluasan,
Cluinn caoidh nam ban 's a' chlann;
Faicibh far na bhuail i,
'S fear fhathast dhiubh sa chrann;
Siud dith na dh'fhan air uachdar
Air 'n seasadh e le bhonn.

Iolair', càit eil d' àlach
Bha agad slàn an-dè?
An t-àlach nach robh 'n àicheadh
An ceàrn den chruinne-cè;
'N e 'n t-aon a ta nad àrd-chrann
Na thàrr thu bhon a' Bhèist,
Neo bheil an còrr dhiubh bàite
Gun bhlàths ac' fo do sgèith?

'S e 'n t-aon a th' anns an àrd-chrann,
'S na thàinig air an ròp,
'S e sin na tha dhiubh sàbhailt',
Tha 'n còrr dhiubh bàite fòidhp';
'S e sin tha 'n-diugh ri fàgail
Cho àrd an Tìr Mhicleòid
A' ghlaodh a bh' ann an Ràmah,
Gu bheil iad bàite fodhad.

Ged is beag a shaoil iad
Toirt anns a' Chaol innt' leum,
Ged b' fhagais tìr an gaoil orr'
Nach tugadh iad ann ceum;
Gach fear a' dealbh, gun saoil mi,
E bhith na dhachaigh fhèin,
'S gum b' fhada leis na laoich ud
Gus 'n deidheadh na Caoil nan dèidh.

PART II

Yes, there she moves off with them,
Every rope was untied;
Can you not hear the sounds of their songs
As she now moves away underneath them?
In full steam from coal smoke
She goes north with the heroes
Did you, *Iolaire*, feel proud at that moment
To be carrying a choice selection of Lewis and Harris men?

As a roe deer jumps over the ditch
When she notices her pursuers,
She was now ripping
Through the waves that came her way;
The Kyles disappearing from view
As were the hill slopes on the western mainland,
She would shortly be safely
With her lee side to the Stòrr.

The year was coming to an end
And, like former years, was being put behind them,
The past year had seen
What had been ordained by the King of the Elements:
There were the men as was the custom
Shaking hands with affection,
And heartily welcoming each other with the words
"Enjoy your New Year."

As a hind is ripped apart
By strong and fast greyhounds
With a strong grip on its leg
With no hope of escaping from them,
So the *Iolaire* was in the midst of the dark waves;
Each man longing, oh alas,
In their hearts wishing her
To go faster still.

EARRANN II

Seadh, siud i leotha gluasad
Gun dh'fhuasgaladh gach ròp;
Nach cluinn sibh fuaim nan duan ac'
'S i nis a' gluasad fodhp'?
Smùid a' cheoth'-ghuail aist'
'S dol tuath i leis na seòid,
'N robh, *Iolair*', uaill ort nuair ud
Le taghadh Thìr Mhicleòid?

Mar earba leum na brianlaich
'N tràth dh'fhidir i luchd-tòir,
Gun robh i nis ri riabadh
Troimh 'n tonn a thig na còir;
Na Caoil a' dol à fianais
Is slios air iar Thìr-Mhòir
'S ann a bhiodh i dh'aithghearr tèaraint'
Le cliathaich ris an Stòrr.

Bha bhliadhna 's i gam fàgail
'S a' dol mar chàch gu cùl,
Is innt' air ghabhail àite
Na dh'àithn le Rìgh nan dùl;
Siud air na fir mar b' àbhaist
Ri crathadh làmh le mùirn,
'S gu cridheil cur na fàilte,
"Gum meal thu do Bhliadhn' Ùr."

Mar eilid 's i ga riasladh
Aig mial-choin làidir luath,
Le sròin ac air a sliasaid
'S gun rian air teicheadh bhuath'
Bha 'n *Iolair*' measg nan ciar thonn;
'S e miann gach fear, mo thruaigh,
'S nan cridh' iad oirre 'g iarraidh
Fhathast a dhol nas luaithe.

Saying "Hasten, *Iolaire*, be swift,
It feels as if it will be a long, long time
Until you reach the port
And we get to see our children,
And every gracious mother
Gets to hold closely the son of her womb;
Hurry, hurry and leave each wave
That is raging at your keel behind you."

But here, finally, headway has been made
And the bay is in sight;
Any man who was asleep
Is now stretching out,
Looking about him
And quickly realising
That they are close to the green island
As they can see the lights in the distance.

Each man quickly got up
And went in search of his kitbag
To sling it on his shoulder
When the ship had reached the point of Stoer;
"But what is that, my goodness,
That jarring noise hard on her prow?"
Said each man with horror,
"Has the ship struck something?"

Up went the cry of distress
When they got onto the upper deck;
Casting their shoes off quickly
Were lads who were able to swim,
She had hit the rocks
And come to a halt;
Alas, the extent of the devastation became clear
Between one and two o'clock.

'G ràdh, "Greas, a *Iolair*', luath ort,
Oir 's fhada 's fhada leinn
Gus 'n dèan thu 'n cala bhuannachd
'S gum faigh sinn gu ar cloinn,
'S gum faigh gach màthair shuairce
Na glaicibh mac a cuim;
Greas, greas is fàg gach suala
Tha nuallan ri do dhruim."

Ach seo fa-dheòidh air buannachd,
Am bàgh tha i na bheul;
'M fear air an tàinig suain dhiubh
Ta nis ga shearradh fhèin,
'S ag amharc tha mun cuairt air
'S gu luath tighinn thuige fhèin,
Oir seo an t-Eilean Uaine,
Na solais dhaibh is lèir.

Gach fear ghrad dh'èirich suas e
'S chaidh air a phoc an tòir
Gu thilgeadh air a ghualainn
Nuair bhuannaicheadh i 'n Stòr;
"Ach ciod tha 'n sud, mo thruaighe,
An sgread ud chruaidh ri sròin?"
Gun duirt gach fear le uabhas,
"Bheil i air bualadh oirnn?"

Suas chaidh glaodh a' chruadail
Nuair bhuannaich iad 'n deic-àrd;
Ri sparradh bhròg gu luath dheth
Bha 'm fear a dhèanadh snàmh,
'S i measg nan sgeirean ruadh ac'
Air bualadh 's dol na tàmh;
Mo chreach, b' i chreach gun d' fhuasgladh
I eadar uair 's a dhà.

A distress flare
Was immediately set off,
All instruments that kept her moving
Had, woefully, stopped working;
And if help didn't come to them quickly
Alas, the men would drown;
Some of those on deck were already
Being swept overboard by the waves.

Though the man from Shader
Was able to send into the sky
The flare in seek of aid,
No help was forthcoming,
And no assistance was in sight
Though they kept watching for it
As the waves encircled them
With no means of escape.

All the lifeboats were lowered
By her side by the heroes,
But no sooner were they let down
Than they were broken up by the sea,
And the men who went to jump into them,
Alas, before they were able
To get an oar over her side,
They were swept away on the crest of the waves.

What could be done
As every boat was smashed to pieces,
And the waves were around them like greyhounds
Incase one could escape from her?
And where she was wounded by the beasts
Was being filled with the seawater,
She had no means of taking flight
And escaping with her offspring.

Comharradh na cruaidh-theinn
Gun chuir iad suas gun dàil,
'S gach inneal gus a gluasad,
Mo thruaighe, air dol na thàmh;
'S mur biodh cobhair luath ac',
Mo chreach, na fir bidh bàit;
Is cuid dhiubh aig an t-suala
Gan sguabadh dhith mar tha.

Ged rinneadh le fear Shiadair
A chur don iarmailt suas
An comharradh ag iarraidh
Na cobhair riamh nach d' fhuair,
'S nach tàinig ann am fianais
Ged sheall iad iomadh uair
'S na tonnaibh orra 'g iadhadh
'S gun rian air teicheadh bhuap'.

Gach eathar leigeadh sìos iad
Ri cliathaich leis na sàir,
Ach cha bu luaithe shìos iad
Na bha iad orr' nan clàir,
'S na fearaibh chaidh gan lìonadh,
Mo thruaighe, mun do thàr
Iad ràmh chur thar a cliathaich,
Chaidh à fianais 's an tonn bhàrr.

Ciod ghabhadh a bhith dèante
'S gach eathar stiallt' na clàir,
'S na tuinn mun cuairt mar mhial-choin
Mun dèan fear aiste tàrr?
'S far na lot a' bhiast i,
Ga lìonadh leis an t-sàl
'S gun chomas aice sgiathalaich
Is tàrrsainn às le h-àl.

In this very desperate situation
Scarcely was reason at play,
Their homes were in their sight
And they were about to be drowned,
Where they had hoped, a short while ago,
To be safe and warm,
But instead, they were being mangled
In the spindrift of white waves.

But there goes a man over her side
Trying to swim to shore:
O wave, lessen your voracity
And have mercy just now!
For, see, in his grasp he has a rope,
I beg you, let him make it to shore
As he is now going to try
To see if he can save others.

He is of MacLeod stock
The young man who has swum,
Taking the rope to shore
So as to aid others,
And of those who were saved
It was through MacLeod's efforts,
Future generations will tell your story,
O young man from Knockaird.

The waves encircled him and tightened their grip,
MacLeod went out of sight,
And just as it was thought that he had been overcome
The rope was tightened;
But it was not an easy thing to grab hold of it
And to try, hand over hand,
To see if they could reach a safe rock
On which they could be found alive.

'S an iomairt seo ro-chianail
'S gann nach robh chiall toirt àit',
Len dachaighean nam fianais,
Is iadsan gu bhith bàit,
Far 'n robh iad 'n dùil, a chianaibh,
Bhith 'n-dràsta socair blàth,
'S an àit' sin gan riasladh
An siaban nan tonn-bàn.

Ach siud fear thar a cliathaich
'S e feuchainn air an t-snàmh;
A thonn, o caisg do chìocras
'S gabh truas an seo an tràths!
Oir faic na dhòrn gu dian aig'
Ball, guidheam ort, leig dha
'S e nis a' dol a dh'fheuchainn
An tèarainn e leis càch.

'S ann a Chlann MhicLeòid e
An t-òigear tha air snàmh,
Ri toirt gu tìr an ròpa
Chum còmhnadh thoirt do chàch,
'S an t-iarmad thàinig beò dhiubh
'S ann troimh MhacLeòid an àigh,
'S bidh linn a thig a' sgeòil ort,
O òigeir a' Chnuic Àird.

Dh'iadh air na tuinn ga theannachadh
À sealladh chaidh MacLeòid,
'S nuair shaoil le càch gun d' fhannaich e
'S ann theannaicheadh an ròp;
Ach cha bu shùgradh teannadh ris
Is feuchainn dòrn thar dhòrn
'N dèanadh iad carragh ruadh dheth
Air 'n deidheadh am faighinn beò.

Indeed, the power in his arm
Was being put to good use in the difficult circumstances,
When white waves crashed over the men
Whose hand would hold fast?
Scarcely could a cormorant escape his hand
Unless it was in the air;
Yet, on the hawser
One man after another was coming down on the rope.

But as fate would decree
Every favour was cut away from them;
There she went and heaved to starboard,
And the rope broke;
As it was clear
That there was no option left for the heroes,
But the pain granted from above
To the land of the MacLeods.

Who can put into words
The desperate and painful sight,
The rope disappearing from view
And men holding on for dear life
Gripping it tightly.
Goodness, how terrible it was,
Every man wanting help
And there being no means of giving it to him.

Those who stayed on board
Had to give up hope,
For there was no consolation
From Jehovah on high.
The waves crashed over them
Without mercy and without pity,
Without anyone or anything to aid them,
As the rope had been taken from them.

Gu dearbh bha neart a' ghàirdein
'S an t-sàs ri faighinn feum,
Nuair bhriseadh an tonn bhàn orr'
Cò 'n làmh a chumadh grèim?
'S gann uaipe sgarbh gun tàradh
Mur deidheadh e air an sgèith;
Gidheadh, bha air a hòsair
Fear is fear ga theàrnadh fèin.

Ach mar a bha san àithne
Gach fàbhar ghearradh uap';
Siud dh'aom orr' gu stàrbord,
'S bhris air na sàir an ròp;
Gur soilleir o nach d' dh'fhàgadh
Aon fhàbhar aig na seòid,
Gun cheadaicheadh sna h-Àrdaibh
Do chràidh, a Thìr MhicLeòid.

Cò 's urrainn chur am briathran
An sealladh cianail cràit,
An ròp ri dol à fianais
Is iadsan le grèim bàis
Greimeachadh gu dian ris.
Chiall, 's cianail mar a bha,
Cobhair gach fear ag iarraidh,
'S gun rian air a toirt dha.

Bha aig na dh'fhan air bòrd innt'
An dòchas ga thoirt suas,
Oir furtachd cha do dh'òrdaich
Iehòbhah thighinn a-nuas.
'S na tonna orr' a' dòrtadh
Gun tròcair is gun truas,
Gun neach neo nì orr' chòmhnadh,
'S an ròp air a thoirt bhuap'.

O, wave without mercy
Why did you not stay at ease?
As the ship carried admirable men of the land of the MacLeods
Those who hadn't been slain by the enemy;
Why did you not leave her afloat
Until daybreak came upon us,
And we could provide succour
To you and your brood O, *Iolaire*?

But the sea will not wait to fulfil any duty
and for a solution, it will not hold back,
O, who will have pity on you
O, *Iolaire* or on your young?
O, how they wished at that time
For their feet to be on dry land,
Whilst the breakers as they hit them
Hastened their deaths.

Woe! There she tilts with them!
Goodness! The end is nigh;
O, many a strong father
Is praying to God
To protect his children
And his loving wife, come what may,
If drowned, early tomorrow,
They find him at the high-water mark.

Taking a standing leap from the bend of her bow
To life or to death,
Their hope all but gone
So terrible was their situation;
That minute most dreadful
As she was going under with them,
And the bellowing sea
Devouring them with anguish.

Och, a thonn gun tròcair
Nach d' fhan thu na do thàmh?
'S taghadh Thìr MhicLeòid innt'
Na dh'fhàgadh beò le nàmh;
'S nach d' fhàg thu i air seòladh
Gus 'n tàinig oirnn an latha,
Is gum bu lèir dhuinn còmhnadh,
O *Iolair*' ort, 's air t-àl?

Ach muir chan fhan ri uallach
Chum fuasgladh cha dèan dàil.
O, cò a ghabhas truas dhiot,
A *Iolair*, neo ri d' àl?
O mar a lùig iad nuair ud
An cruas a bhith fon sàil,
'S an làdach orr' mar bhuaileadh
Ri luathachadh am bàis.

Chreach! Siud i leotha fiaradh!
A chiall: Tha chrìoch tighinn dlùth;
O, 's iomadh athair calma
Tha 'n sàs ri Rìgh nan Dùl
Gu dhìon bhith air a phàistean
'S air bean a' ghràidh co-dhiù,
Mas bàite, moch a-màireach,
Gheibh iad e 'm bàrr na tiùrr.

Toirt cruinn-leum thar a gualainn
Gu beatha neo gu bàs,
An dòchas ga thoirt suas iad
'S gum b' uabhasach an càs;
A' mhionaid bu ro-chianail i
'S dol fodha leoth' i sìos,
'S an fhairge le nuallan
'S le goimh gan slugadh suas.

O, many a resplendent hero
In the roaring sea is struggling hard
To grasp with his hands
His beloved land once more;
Now and then a man would be seen
Brought ashore to a rock,
And on the return of the next big breaker
Being carried away to his death.

Sometimes a man would be seen
Being tossed by the wave
Towards his beloved green island
And then being swept away immediately;
Some made it to the top of the rock
And once there passed away,
Also crying aloud for deliverance
Was the man who was drowning.

A strong swimmer would be sighted,
But his obvious distress would be heard
As he searched for a hold for his hands
When there wasn't so much as a straw around;
The cries were receding
As one after another they gave up,
As there was nobody to reach out to them
And their strength was diminishing.

O, how short was the time
Until the seawater closed each mouth
And only the sound of the waves could be heard,
Like a haughty, repugnant victor
Who had dispersed the enemy,
Destroyed and routed them completely;
Yet, on the mast that rose above the sea
Was a solitary man at its top.

O, 's iomadh fiùran àillidh
'S an onfhadh tha spàirn-chruaidh
Gu faighinn grèim le làmhan
Air tìr a ghràidh aon uair;
Siud chìt' e uair air fhàgail
Air carragh thràighe ruadh,
'S air pilleadh an ath làdaich
Siud a chum bàis e sguaibt'.

Siud chìte fear air uairibh
Gu eilean uaine a ghràidh
Ga thilgeil leis an t-suaile
'S ga sguabadh dheth gun dàil;
Cuid bàrr na creig' a' buannachd
'S an siud toirt suas an deò,
'S a' glaodhaich 'g iarraidh fuasglaidh
Am fear a bha dol fodh'.

Siud chìte an snàmhaich làidir
Is chluinnt na àmhghair chruaidh
Ri sireadh grèim da làmhan
'S gun uibhir 's sràbh mun cuairt;
Bha ghlaodhaich 's ri dol bàs i,
Is fear o fhear toirt suas,
'S gun neach ann shìneadh làmh thuc'
'S a' fàilingeadh an lùths.

O bu gheàrr an ùine
Gus na dhùin an sàl gach beul,
'S nach cluinnt ach gàir nan suala
Mar bhuadhair uaibhreach breun
An dèidh 's na naimhdean fhuadach
'S an sgrios 's an ruaig gu lèir;
Gidheadh, an crann bha 'n àirde
Bha fear na bhàrr leis fhèin.

Behold, the round caps of the Navy
Bobbing on the waves,
The heads that filled them
Having sunk to the bottom of the sea;
The tippets floating on the surface
Melancholy, sorrowful and faint
And the once full handkerchiefs
That fathers were carrying for their children.

Who with reason
And with perception
Wouldn't be moved to tears,
And whose heart wouldn't be pained?
To see the men in their Navy uniform
Like wreckage strewn on the tidemark;
O, how distressing was our rising
On the morning of the New Year!

They are there from the district of Uig
To Ness of the fair-haired heroes.
Some barefooted along the tidemark
As they were when they took to swimming.
And aren't you, the district of Point, mournful,
Wounded and pained,
To see your worthy menfolk
Coming to shore with every tide?

Behold, sorrowful fathers
Descending slowly to the shoreline,
Searching through the corpses of the heroes
To see if their beloved son is amongst them;
Young men with tears in their eyes
Waiting at the sea's edge,
Searching amongst gully and seawrack
In case their loving father lies there.

Seall boineid cruinn an Nèibhi
Ag èirigh anns an tonn,
'S na cinn a bha gan lìonadh
Air sìoladh chun a' ghrunn;
Na tubaidean ri seòladh
Gu tiamhaidh brònach fann
'S na neapraigean dubh làn
Bh' aig na h-aithrichean gun cloinn.

Cò aig a bheil reusan
Is lèirsinn ann na shùil
Nach cuireadh seo fo dheuraibh
'S nach biodh a chridhe ciùrrt'?
Na fir an truis a' Nèibhi
Nan slèibhtrich feadh na tiùrr;
O, nach bu chruaidh ar n-èirigh
Air madainn na Bliadhn' Ùir'!

Nach eil iad à sgìr' Ùig ann
Gus Nis nam fiùran bàn?
Cuid casruisgt' anns an tiùrr dhiubh
Mar chaidh iad air an t-snàmh.
'S nach eil thu, Rubha, tùrsach,
'S gu gonail air do chràidh,
Ri faicinn d' fhearaibh fiùghail
Tighinn ris leis gach muir tràigh?

Seall aithrichean fo thùrsa
Ri cromadh thiùrr gu mall,
Ri lorg measg chorp nam fiùran
Bheil mac an rùin-san ann;
Òigfhir 's an deòir on sùilean
Ri feitheamh beul nan tonn,
'S ri lorg feadh sgor is thiùrra
Mum bi 'n athair mùirneach ann.

He Will Come Tonight

He will come tonight or tomorrow night,
He will be here by the following night anyway,
Didn't he say in his letter
To expect him home around New Year;
I did not ever think
That you would come home, my love,
In a narrow, wooden coffin,
Or that I would find you among the brave men
Drowned at the Beasts of Holm.

I put peats on the fire
And hung a kettle of water on it,
Waiting for the door to open
And to celebrate the New Year with you;
I did not ever think
That you would come home, my love,
In a narrow, wooden coffin,
Or that I would find you among the brave men
Drowned at the Beasts of Holm.

The children say in the morning
"Where is our father?" or "Did he come home?"
When will I tell them the truth,
Today, or tomorrow or just now?
I did not ever think
That you would come home, my love,
In a narrow, wooden coffin,
Or that I would find you among the brave men
Drowned at the Beasts of Holm.

It was distressing combing the sand
And wringing the seawater
From your fair hair, my beloved husband,
As you lay in the seaweed drowned;

Thig E A-Nochd

Thig e a-nochd neo 'n ath oidhch'
Ach an treas oidhch' co-dhiù thig e,
Nach tuirt e na litir
Dùil mun a' Bhliadhn' Ùir bhith ris;
Gur mise nach do shaoil
Gur ann thigeadh tu, a ghaoil,
An ciste chinn-chaol nan clàr,
Neo d' fhaotainn am measg nam fear chalm,
Bàit' aig na Biastan an Tolm.

Mòine chuir mi mun teine
'S rinn an coire le bùrn chur air,
Feitheamh fosgladh an dorais
'S toirt a-steach na Bliadhn' Ùire leat;
Gur mise nach do shaoil
Gur ann thigeadh tu, a ghaoil,
An ciste chinn-chaol nan clàr,
Neo d' fhaotainn am measg nam fear chalm,
Bàit' aig na Biastan an Tolm.

Deir a' chlann anns a' mhadainn,
"Cà'il ar n'athair?" neo "An tàinig e?"
Cuin a dh'ìnnseas mi 'n fhìrinn,
An-diugh neo a-màireach neo an-dràsta dhaibh?
Gur mise nach do shaoil
Gur ann thigeadh tu, a ghaoil,
An ciste chinn-chaol nan clàr,
Neo d' fhaotainn am measg nam fear chalm,
Bàit' aig na Biastan an Tolm.

'S cruaidh bha cìreadh na gainneimh
'S an sàl bhith ga fhàsgadh leam
Chèile-ghràidh nad fhalt buidhe
'S anns an fheamainn air d' bhàthadh thu;

I did not ever think
That you would come home, my love,
In a narrow, wooden coffin,
Or that I would find you among the brave men
Drowned at the Beasts of Holm.

Cold, cold were your lips
Which tasted of seawater as I kissed them,
Your naval collar was wet under your head,
You had neither a cap nor shoes on;
I did not ever think
That you would come home, my love,
In a narrow, wooden coffin,
Or that I would find you among the brave men
Drowned at the Beasts of Holm.

Why, war, did you spare our men
 In your bloody battles?
Permitting them to come home healthy and safe
And drowning them on their own thresholds;
I did not ever think
That you would come home, my love,
In a narrow, wooden coffin,
Or that I would find you among the brave men
Drowned at the Beasts of Holm.

The Beasts are asleep
As lions are after the kill,
Last night their voracity was satisfied
By your blood and your flesh;
I did not ever think
That you would come home, my love,
In a narrow, wooden coffin,
Or that I would find you among the brave men
Drowned at the Beasts of Holm.

Gur mise nach do shaoil
Gur ann thigeadh tu, a ghaoil,
An ciste chinn-chaol nan clàr,
Neo d' fhaotainn am measg nam fear chalm,
Bàit' aig na Biastan an Tolm.

Fuar, fuar bha do bhilean
'S blas an t-sàil dhiubh nuair phòg mi iad,
Fliuch fod cheann bha do thubaid
'S tu gun bhoineid 's gun bhrògan ort;
Gur mise nach do shaoil
Gur ann thigeadh tu, a ghaoil,
An ciste chinn-chaol nan clàr,
Neo d' fhaotainn am measg nam fear chalm,
Bàit' aig na Biastan an Tolm.

Cuig a chaomhain thu, chogaidh
Ar fir ann ad bhlàr-fhuilteach?
Fallain, slàn leigeil dhachaigh
'S aig an dorsan gam bàthadh?
Gur mise nach do shaoil
Gur ann thigeadh tu, a ghaoil,
An ciste chinn-chaol nan clàr,
Neo d' fhaotainn am measg nam fear chalm,
Bàit' aig na Biastan an Tolm.

Tha na Biastan nan cadal
Mar 'n dèidh crìch bhios na leòmhannaibh,
Raoir an cìocras do shàsaich
Air ur fuil 's air ur feòil-n' iad;
Gur mise nach do shaoil
Gur ann thigeadh tu, a ghaoil,
An ciste chinn-chaol nan clàr,
Neo d' fhaotainn am measg nam fear chalm,
Bàit' aig na Biastan an Tolm.

Scarce is there a dry eye
From Ness to Uig of the hills,
And to crown it all,
It was a new year's morning;
I did not ever think
That you would come home, my love,
In a narrow, wooden coffin,
Or that I would find you among the brave men
Drowned at the Beasts of Holm.

'S tearc sùil le rosg thioram
Bho Nis gu ruig Ùig nam beann,
Is gu crùnadh na crìche
Gur e madainn bliadhn' ùir' a bh'ann;
Gur mise nach do shaoil
Gur ann thigeadh tu, a ghaoil,
An ciste chinn-chaol nan clàr,
Neo d' fhaotainn am measg nam fear chalm,
Bàit' aig na Biastan an Tolm.

In Praise of Lewis

Desolate, alas, is the lovely isle to the north,
A land which nurtured poets, a place few of its folk would renounce,
Bearing crops from the fields and food from the sea,
If providence were on our side, our harvests would be plentiful.

Each day people make their way to places,
Fulfilling the seer's prophecy of the depopulation of the land,
The soil that nurtured and bred and produced MacLeods,
Inhabitants are leaving on the steam ship.

The trawler swept away our fish, razing the seabed with their nets,
Destroying the food our children always had,
And the salmon that breeds in the peaceful depths of the streams
No-one can go near you except mean Lowlanders.

Though we must leave you, our beloved and beautiful isle,
Not until death will our love for you be lost,
Our hearts are broken and our souls are bereft
As your hills and shores disappear from our view.

Look, atop high hills, and on shores and rhinns
Are our anguished mothers, having said goodbye to us,
Now waving at their beloved children
Thinking, "Will that generation ever be together again?"

Farewell, farewell to the moor, hill, lowland and beach,
Farewell to every murmuring brook in my beloved Lewis,
Adieu to every marram blade, every hollow and bay
For as long as I live I will love you always.

Farewell to the cèilidh where we often would listen
To songs and tales as we were gathered together,
Parting is hard but go we must to foreign lands
Where we won't hear either Gaelic or the sound of the waves.

Moladh Leòdhais

Tha, mo thruaighe, na fhàsach, tìr àillidh mu thuath,
Tìr àrach nam bàrd is bu tearc dh'àicheadh a sluaigh,
Bheireadh buaidh às na blàran agus lòn às a' chuan
'S nam biodh Freasdal nar fàbhar, lìonadh àiteach is buain.

Tha gabhail gu làitheil an-diugh a dh'àitean gu fìor
Seadh, fàisneachd an fhàidh mu fhàsach na tìr,
An tìr a dh'àraich 's a dh'àlaich 's na thàrmaich clann Leòid,
Tha luchd-àitich a' fàgail air bàta na smùid.

Thug an tràlair an t-iasg bhuainn, sgrìob le lìontan an grunnd,
Is sgrios iad am biadh ud bha riamh aig a' chlann,
'S tha am bradan tha 'g àlach 'n cois shàmhach nan allt,
Chan fhaod tighinn nan àrainn ach gallach ro Ghalld'.

Ged is èiginn dhuinn d' fhàgail, thìr àillidh ar gaoil,
Cha tèid gus am bàs dhuinn, ar gràdh dhut fa sgaoil,
Tha ar cridhe na dheannan 's ar n'anam fo ghruaim
'S do bheanntan 's do chladaich à sealladh dol bhuainn.

Seall air iomadh cnoc àrd 's air gach tràigh agus roinn
Ar màthraichean cràite an dèidh slàn leigeil leinn,
Ri smèideadh len làmhan ri àlach an cuim
'S gur e 'n smuaintean, "Gu bràth am bi an t-àlach ud cruinn?"

Slàn, slàn leis a' mhòintich, cnoc, còmhnard is tràigh,
'S gach allt aig eil crònan ann an Leòdhas mo ghràidh,
Guma slàn leis gach murain, gach còis agus bàgh,
Is cinnteach mas beò mi bheir mi Leòdhais dhut gràdh.

Soraidh slàn leis a' chèilidh san èisteadh tric sinn
Ri òrain is sgeula 's le chèile sinn cruinn,
'S cruaidh sgapadh, ach, 's fheudar thìrean cèin far nach cluinn
Sinn cànan ar màthar, neo nualan nan tuinn.

If it isn't ordained that I should ever return here,
My lasting farewell to you, beloved Lewis of the white beaches,
Goodbye to you, lark of the songs, and to the thrush on the branch
Farewell to my living kith and kin, and to the remains of the departed.

My torment was brutal as I lay moaning on the floor,
Little wonder that my weeping eyes should move you to tears now,
I was on the steamboat and from my father and mother's house
They watched me leaving and quickly going from view.

The boat carried us down past Bosta and my tears fell to the floor
As I looked at houses with peat smoke from their chimneys,
Awakening thoughts of foolish youth for me just now,
Gone is the joy I had as a child.

You disappeared from my view o Branahuie,
Farewell forever, should I never see you again,
For never again in the night will I hear the cackle
Of the seagull as I used to at the loch at Branahuie.

Never again will I hear the roar of the waves
As they rushed to the shore on Melbost Beach,
I will not hear them as I used to, I'll be too far away
And though I may listen intently I won't recognise their sound.

Mura h-eil e san òrdugh pilleadh beò dhomh an dàin,
Mo shoraidh rim bheò leat, a Leòdhais 'n tràigh bhàin,
Slàn uiseag led òran 's le smeòrach nan geug
'S lem luchd eòlais na' s beò dhiubh 's len dustsan a dh'eug.

Bu bhrùideil na bhrùid mi, mi gnùst air an làr
Ma nì sileadh mo shùil thu deur-dhrùidhteach an-dràst',
Is mi air bàta na smùide, 's taigh m'athar is mo mhath'r
Gam fhaicinn a' cur cùl riutha 's gu luath dol às m' fhàir.

Chaidh i sìos leinn ma Bhòstadh, 's tha mo dheòir dol gu làr
Faicinn thaighean is ceò ast' le mòine nam blàr,
Siud ag ùrachadh gòraich na h-òige dhomh an-dràst'
'S nach fhaighear nis sòlas bha agam nam phàist.

Gun deach thu às m' fhàire a Bhràighe na h-Aoidh
Mo shoraidh gu bràth leat mur faic mi thu a-chaoidh,
Oir tuilleadh cha tàrlaidh le gàgail san oidhche
Mi 'n fhaoileag mar b' àbhais' aig Loch Bhràigh na h-Aoidh.

Nis tuilleadh cha chluinn mi tuinn àrda a' chuain
Air Tràigh Mhealaboist na sràide bhiodh nan cabhaig gu suain,
Cha chluinn mar a b' àbhais' 's ro fhada bho thuath
'S ged a dh'èistinn le aire chan aithnich mi an fhuaim.

My Beloved People

My beloved people,
O scattered are the people of my love!
O my beloved people,
Scattered are the people of joy!
Just like the January mist
Spreads over headlands,
So did they disperse and scatter,
And in my lifetime things will not be as they were.

Early, they anchored in the bay,
The *Metagama*, the *Marloch,* and across the sea
O they sailed, filled with
Fine, healthy folk.
In Stornoway, loved ones
Bade them farewell; hard it was
For a sister and mother
In their plight, as tears ran down their cheeks.

They will not ever gather,
Never will the heroes gather,
And when the night falls
Their laughter will not be heard;
They will not get together for a cèilidh
My beloved people,
To listen to tales of the Fianna,
Their bravery and feats in battle.

There are some who lost
Their lives in foreign lands,
Too far away from the folk
And the land they wished for,
And on the bleak seabed
With no gravestone to mark them,
Though they were once together,
Their graves will be far apart.

Comann Mo Ghaoil

Comann mo ghaoil,
O 's sgaoilte comann mo ghràidh!
O comann mo ghaoil,
Gur sgaoilte comann an àigh!
Mar sgapas am Faoilleach
Ceò air aodann nan àrd,
Do sgap iad is sgaoil,
'S rim shaogh'l cha bhi mar a bha.

Moch dh'acraich sa bhàgh
Metagama, *Marloch* 's thar chuan
O shèol iad 's iad làn
De shàr shliochd fallain na tuath.
An Steòrnabhagh, slàn luchd-gràidh
Leig leotha; bu chruaidh
Air piuthair 's air màthair
An càs, bha snighe air an gruaidh.

Cha chruinnich a chaoidh,
A chaoidh cha chruinnich na sàir,
'S aig tuiteam na h-oidhch'
Cha chluinnear tuilleadh an gàir;
Cha tionail le chèil' a chèilidh
Comann mo ghràidh,
Dh'èisteachd sgeula na Fèinn
'S na trèin 's an euchdan 's na blàir.

Tha cuid aca fhuair
An uaigh an dùthchannan cèin,
Ro fhada bhon t-sluagh
'S o'n tìr sin air an robh 'n dèidh,
'S air làr fuaraidh a' chuain
Gun uaigh-chlach orra toirt sgeul,
Ged 's cruinn bha iad uair
Bidh 'n uaighean fada bho chèil'.

As a sheep that has lost her lamb
Bleats loudly,
Thus is the land of the mountains, as it were,
Ever searching across the seas,
Crying, "My children, my children,
Come back to me at once;
O come back, my children,
For every glen and strath is laid waste."

And with nothing as it once was
In the fair, distant land of my love
But the shape of the mountains
And the plains of bog cotton and heather.
Hear the alien language on the street
Among children with boisterous play,
Heralding your death
O sweet language of warriors.

My heart feels sorrow
And compels me to compose poetry;
O it does, when I see
In my land the once warm hearth,
Around which in the past
Fit and healthy folk gathered
Who, today, are without fire, with wan faces
Without a song, without a tale or a laugh.

There, once upon a time you would see
Fit and healthy men of the land,
Having his first smoke from a pipe
O heavens, a lad would be proud!
On the palm of his left hand
Would be finely minced leaves, expertly cut;
The pipe would be filled again and again
And passed around the company.

Mar chaora 's air chall a h-uan
'S i mèilich gu h-àrd,
Tha dùthaich nam beann, mar gum b' ann,
Geur amharc thar sàil
Ri glaodhaich, "Mo chlann, mo chlann,
Rium pillibh gun dàil;
O pillibh, mo chlann
'S gach gleann is srath a' dol fàs."

'S gun nì mar a bha
An tìr àillidh thairis mo ghaoil,
Ach cruth nam beann àrd
'S na blàraibh canaich is fraoich.
Cluinn cèin-chainnt na sràid
Aig cloinn ri cluiche 's ri caoch,
Ri 'g aithris do bhàis,
A chànain mhilis nan laoch.

Bidh bròn air mo chridh'
'S e sìor 'gam bhioradh gu dàn;
O bithidh, nuair chì
'N am thìr a' chagailt bha blàth,
Mun tionaileadh uair
'N tuath-shliochd fhallain 'n-diugh tha
Gun teine, gun tuar,
Gun duan, gun sgeula no gàir.

An siud uaireigin chìte
Fìor shliochd fhallain na tuath,
Le chiad cheò à pìob,
O rìgh, air gille bhiodh uaill!
Air deàrn' na làimh clì
Bhiodh mìn-gheàirrt duilleach nam buadh;
Phìob lìonteadh i rith'st 's a-rith'st
Is dheidheadh i mun cuairt.

POETRY AND SONGS - WAR, EMIGRATION AND HOMESICKNESS

Gone is the sound of the energetic thrash
Of the flail as it scatters seeds,
And the tall, strong old men
Hale and hearty have gone;
Or a lad on bare knees
Keenly twisting a handline for fishing,
For they had to struggle hard
To get food from the sea and the lazybed.

Look, the places where they once leapt
Are overgrown, but where are the heroes?
O they left for foreign lands,
And their livestock are now without herdsmen;
And in the land of the Gael
Practices and customs are dying,
Yesterday, we were together
Today, scattered are my beloved people.

New Year's day will come around
And its chant will no longer be heard;
The woman of the house will not rise and fetch
Her wholesome barley bannock,
And the hand-stones that were once held,
Their size a measure of the strapping men
Who went overseas,
Alas, now there is no-one to hold them.

The land, alas,
That loses its people,
Withers quickly and is left
As a tree without leaves, without pith.
Her loss cannot be made up to her
By landlords, courts of men, or king,
For without her people,
All lands rapidly go to waste.

Cha chluinntear slac shùrdail
Shùistean frasadh air sìol,
'S na bodaich mhòr lùthmhor
Làidir fhallain air triall;
No gill' air glùin rùisgt'
Le sùrd le snòthd ga shnìomh,
Bhon 's ann le spàirn chruaidh
Thug cuan is feannag dhaibh biadh.

Feuch, lorgan nan leum
Fo fheur, ach càit' eil na sàir?
O dh'imich iad cèin,
'S tha 'n sprèidh gun duin' air an sgàth;
'S an dùthaich a' Ghàidheil
Ag eugadh cleachdadh is gnàth,
Bu chruinn sinn an-dè,
An-diugh, sgaoilte comann mo ghràidh.

Thig Callainn mun cuairt
'S a duan cha chluinnear nas motha;
Bean-an-taigh cha tèid suas
Thoirt a-nuas a' bhonnaich maith eòrn',
'S tha 'n dòirneag bh' ac' uair
A smuais a' dearbhadh fhear mòr
A dh'imich thar chuain,
Mo thruaigh', gun duine 'na còir.

An tìr sin, mo thruaigh',
An tuath nuair chailleas, an sin chì
Tha seargadh gu luath
Mar chraoibh gun duilleach gun bhrìgh.
A call cha dèan suas dhi
Uachdarain, cùirtfhir no rìgh,
Oir a dh'easbhaidh a tuath
Gu luath gach tìr thèid a dhìth.

It is my heart's wish
That I would see you again gathered around
The fireside where we baked potatoes
As in days that are long gone.
If you hear my song
At sea, in foreign ports or in forests,
O my beloved people,
I sincerely wish you good health.

Is e dùrachd mo chrìdh
A-rithist gum faicinn sibh cruinn
Mu ghrìosaich bhuntàt'
Mar bha 's na làithean nach pill.
Ma chluinn sibh mo dhàn
Air cuan, cèin-chala no 'n coill,
O, chomann mo ghràidh,
Dhuibh slàinte guidheam gun fhoill.

The Winter Night Seems So Long To Me

The winter night seems so long to me -
Long and long and long it seems to me,
And all I see is the empty prairie -
I can't hear a single wave beating on the shore.

Chorus
Fàili, fàili, fàili hò ro
Fàili, fàili, fàili hò ro
Fàili, fàili, fàili hò ro
It's a long, long time since I left Lewis.

In the evening, at gloaming time,
My heart is often sad,
Remembering that there is a long, long distance
Between me and the place I'd like to visit.

Not to some great courtly hall
But to a sociable thatched cottage
With a peat fire in the middle of the floor
And all my loved-ones ceilidhing together.

The old fellows would be content and happy
With a clay pipe and a smoke,
Young lads would be twisting the horsehair for the fishhooks
On their bare knees, that's how they did it.

There'd be a veteran of a hundred desperate battles
With his tongs upon his shoulders,
Painting us a picture of how victory was won
By the sons of the cold mountains, the kilted men.

There'd be an old sailor on a stool
Telling of the seven seas he sailed,
And when he started on his anecdotes
The young lads were delighted to listen.

'S Fhada Leam an Oidhche Gheamhraidh

'S fhada leam an oidhche gheamhraidh -
'S fhada, 's fhada, 's fhada leam i,
Is chan fhaic ach prèiridh lom mi -
Cha chluinn tonn a' tighinn gu tràigh mi.

Sèist
Fàili, fàili, fàili hò ro
Fàili, fàili, fàili hò ro
Fàili, fàili, fàili hò ro
'S cian nan cian on dh'fhàg mi Leòdhas.

An àm don fheasgar bhith ri ciaradh
'S tric a bhios mo chridhe cianail
Cuimhneachadh g' eil cian nan cian uam
Far 'm bu mhiann leam dhol a chèilidh.

Chan ann a thalla mhòir nan cùirtear
Ach don bhothan-thùghaidh shùgrach,
Teine mònach air an ùrlar
'S luchd mo rùin-sa cruinn a' cèilidh.

Bhiodh na bodaich rianail, dòigheil
Nam biodh bunag chrèathadh 's ceò ac',
Gillean 's iad a' snìomh nan snòta
Air glùin rùisgte, siud an dòigh orr'.

Bhiodh seann shaighdear nan ceud cruaidh-chath
Leis a' chlobha air a ghualainn,
Dealbh dhuinn mar a thug a' bhuaidh air
Mic nam fuar-bheann, luchd an fhèilidh.

Bhiodh seann sheòladair 's air stòl e
'G ìnnse na seachd-cuain gun d' sheòl e,
'S nuair a thòisicheadh ri sgeòil e,
Gillean òga dheidheadh ga èisteachd.

They would settle on shared stools
Listening to the older men as they spoke of their feats,
Returning from the fishing in Wick
Their fresh sails would be torn in their race for home.

But the people have scattered, the young ones have left,
And beneath the ground lie all the story-tellers,
The cheery, talented ones I used to see -
Oh, how I wish I could hear them again.

As I near the end of this song
I seem to be able to hear
The sound of the old women at their spinning-wheels
And the sound of the waves crossing the water-mark.

But where, where can I go tonight?
There is no cèilidh on the prairie,
And oh, I shall not see at dawning
The mist arising above the peat-moss.

Taingeil riaraicht' air oir stùil bhiodht'
'G èisteachd nam fear liath ri tùirn luaidh,
'S tighinn o iasgach Inbhir Ùig' iad
Sracadh nan siùil ùra còmhstri.

Ach sgap an comann, sgaoil na fiùrain,
'S tha gach sgeulaiche 's an ùir air',
Chunnaic mise cridheil, sùrdail -
'S ò mo dhùrachd, bhith gan èisteachd.

'N àm bhith crìochnachadh nan rann seo
Saoilidh mi gu bheil mi cluinntinn
Fuaim nan seann-bhean air a' chuibhle
'S fuaim nan tonn dol bhàrr an tiùrra.

Ach càite, càite nochd an tèid mi?
Chan eil cèilidh air a' phrèiridh,
'S ò chan fhaic mi 'n àm dhomh èirigh
'N-àirde 'g èirigh ceò na mònach.

Market Day

On the plains of Manitoba
Sad am I at the moment,
As today is market Tuesday
In my beloved Stornoway!
That was a most joyful day for us,
A day of days in Lewis!
And today revives for me
Memories of my youth!

Though we are separated
By three thousand miles and more,
Nevertheless, in my mind,
I can see it all in Bennadrove;
I hear the low of cattle as they are led on tethers,
Old and young are in good humour,
And I see the artful drover,
Haggling over the price of cows.

Lads, don't you remember
The night before market day?
It was a night that for many mothers
Entailed woe and worry;
A needle had to be found,
The tweed trousers inspected
And, if required, mended,
For tomorow was market day!

Early the next day we would leave
With a spring in our step,
Thinking about the transactions
We would conduct at the fair.
"We won't be home until late
And we'll have "a brooch" and "cane"!"
O youth! Weren't you a taste of that glory
That Adam and Eve enjoyed for a short period of time!

Latha na Dròbh

Air chòmhnard Mhanitòba
Gur brònach mis' an-dràst',
'S gur an-diugh Dimàirt na Dròbh ac'
An Steòrnabhagh mo ghràidh!
B' e siud latha mòr ar sòlais
An Leòdhas thar gach latha!
An-diugh 'g ùrachadh na h-òige
Le gòraich dhòmhsa tha!

Ged tha eadar mis' is i
Trì mìle mìle 's còrr,
Gidheadh, lem inntinn chì mi
Gach nì am Beinn na Dròbh;
Chluinn geum a' chruidh air thaodan,
Am fonn tha sean is òg,
Is chì mi 'n dròbhair clìceach
Sìor strì mu phrìs nam bò.

Fhearaibh, nach eil cuimhn' agaibh
An oidhche ron dròbh?
B' oidhch' i dh'iomadh màthair
Bhiodh àmhghaireach gu leòr;
Oir dh'fheumte faighinn snàthad,
Is air a' bhriogais chlò
Dh'eadh làmh a thoirt oirr' ga càradh,
Oir a-màireach latha na dròbh!

Gu moch a-màireach dh'fhalbhtadh,
'S gum b' aighearach ar ceum,
A' beachdachadh air barganan
Dhèanadh sinn san fhèill;
"'S cha tig sinn gus an anmoch
'S bithidh "brooch" againn is "cane!"
O òig! nach blas den ghlòir sin thu
Bha greis aig Àdhamh is Eubh!

As we went out by the Piper's house
Our steps would lengthen;
Any tiredness would be quickly swept away
As we approached the fair.
Our pockets freshly sewn and lined
So as not to lose a single half-penny,
Our funds now being yielded,
Not that they consisted of much in total.

Yes, there are so many thoughts
That are evoked in me today,
And though I try hard to suppress them
They just grow more plentiful;
Thoughts of those carefree days
And of the heroes who are today
Scattered across nations
And won't ever be seen together again.

O short morning of youth!
Joyful was your sojourn;
Foolishly, I thought
That your existence would be forever;
Today I wouldn't get as much joy
In a ton of beaten gold
As I would get from that groat
And the chance to go to the market once more.

Do you remember how nimble
We used to be a month before the market?
How keen we were to fulfill promises and how industrious we were
In order to ensure we earned a groat?
How we would fetch water from the spring
Without a grimace, for the kind old woman
Who, with goodwill, would say,
"I'll pay you, my dear, on Market Day."

A-mach mu thaigh a' Phìobair
Dh'eadh sìneadh air ar ceum;
Air sgiath ghrad-theicheadh sgìths dhuinn
'S ar sùilean air an fhèill;
Ar pòcaid le ùr-lìnigeadh
Mus caillt aon bhonn-a-sia,
Ar n-ionmhas nis ga lìbhrigeadh,
Cha mhòr e, fhad 's a leud.

Seadh 's iomadh smuain tha dùsgadh
Suas annam ùr an-dràst',
'S ged dh'fheuchainn cruaidh rim mùchadh
'S ann 's lìonmhoir nì iad fàs;
Mu na làithean ud gun chùram
'S na fiùrain an-diugh a tà
Fad' sgapt' air feadh gach dùthaich
'S nach fhaicear cruinn gu bràth.

O mhadainn gheàrr na h-òige!
Bu shòlasach do chuairt;
Gun d' shaoileadh leam nam ghòraich
Gum biodh do chòmhnaidh buan;
Chan fhaighinn an-diugh de shòlas
An tonna den òr bhuailt'
Na gheibhinn leis a' ghròta
Dol don dròbh aon uair.

Bheil cuimhn' agaibh cho èasgaidh
'S a bhiodh sinn mìos ron dròbh?
Cho co-gheallach 's cho gnìomhach
An geall air tional gròt?
Mar dheidheadh sinn chun an fhuarain
Gun ghruaim, don t-seann mhnaoi chòir,
Theireadh le bàidh rinn, "Pàighidh
Mi, a ghràidh, thu latha na Dròbh."

The money that we had assembled
Through diligence and hard work,
Was by nightfall
In the hands of local shopkeepers;
But O! We didn't regret it,
For we had had its worth in gladness;
Cheerfully, we went home in the evening,
The offspring of the country folk!

Now why would I forsake you
O delightful gingerbread,
And when would I not praise you in my poem
And not praise you fulsomely?
How I would enjoy a slab of you
With your sweet, smooth covering,
How deserving you are and how you merit
A place at the king's table.

Now I will conclude this poem,
And my dear hearty friends,
Do not look back with disdain
On the cherished days of droving;
Truthfully, those were the days
In which it was good to be alive,
And in which we had friendships
The like of which we won't see again.

An t-ionmhas chuireadh cruinn leinn
Gu dìcheallach is cruaidh,
Bhiodh e gu lèir bho oidhche
Aig luchd nam bùth mun cuairt;
Ach O! cha bhiodh ga chaoidh sinn
De dh'aoibhneas fhuair de luach:
Gu h-aighearach siud dhachaigh sinn
San fheasgar, sliochd na tuath!

Nis cuin a dhèanainn d' fhàgail-sa,
O arain chàileir chridh',
'S nach molainn ann am dhàn thu
'S nach molainn thu gun dìth?
'S e leac dhiot rium a chòrdadh
Led uachdar milis mìn,
'S gur airidh thu 's gur h-iomchaidh
Air àit' aig bòrd an rìgh!

Nis crìochnaichidh mi 'n dàn seo
'S mo chàirdean cridheil còir,
Na cuimhnichibh le tàmailt
Air làithean caomh na dròbh;
Gu fior, b' e siud na làithean
Anns am b' fhiach bhith beò,
'S anns an robh againn càirdean
Nach tig gu bràth an seòrs'.

The Plain

Though fertile are your pastures,
Wide plain of Manitoba,
My heart and spirit will always be
In the land of my childhood.

Though your wholesome yield
Satisfies the belly, o, plain,
Nothing can satisfy the heart and eye
But Scotland of the misty mountains.

O, I don't like, I don't like,
The flat, bare plain,
Much better the mountains
And winding streams, roaring and leaping.

O, the streams do not roar
As they do in my beloved country,
They are trapped and grieving,
Knowing they will never reach the shore.

And there is no melody in the birds' music,
Even though their plumage is beautiful,
They cannot play the harp, not at all,
Unlike the birds in my native land.

And the echo there is deaf and dumb,
It won't survive on the plain,
"Give me," I said, "The rugged mountains,
Scotland and the land of my childhood."

An Còmhnard

Ged is torrach tha do chluain,
A chòmhnard fharsaing Thòba,
Mo chridhe is m' aigne bidh gu buan
San tìr mu thuath, tìr m' òige.

Ged a thaitneas ris a' bhrù
Do thoradh maith a chòmhnard,
Cha shàsaich nì an cridh' 's an t-sùil
Ach Albainn nan stùc ceòthach.

O, cha toigh leam fhìn, o, cha toigh leam,
An còmhnard lom gun èirigh,
Gum b' fheàrr na beanntan
'S uillt cham gu gàireach, leumnach.

O, chan eil gàir ann aig na h-uillt
Mar ann an tìr mo ghràidh-sa,
'S iad am braighdeanas ri caoidh,
'S nach fhaigh a-chaoidh gu tràigh iad.

Is chan eil ceòl an cruit nan eun,
Seadh, ged tha 'n iteach bòidheach,
Cha dèan iad clàrsaireach, cha dèan,
Mar nì na h-eòin 'n tìr m' òige-sa.

'S tha mac-talla ann bodhar, balbh
Cha bhi beò sa chòmhnard,
"Thoir dhomh", thuirt mi, "Na beanntan garbh',
Tìr Albainn 's tìr m' òige".

Traveller to the Land of the Mountains

Traveller to the land of the mountains
Won't you sit with me for a short while,
For though I do not now expect
To return to that land,
Reflecting on it lifts my faint heart.

There are ties that the elements have failed to corrode
And cords that intimately entwine
And bind me, traveller,
To the land of heroes,
They are stronger this year than the last.

Do not think of me as soft-hearted
Though tears course down my cheeks,
I had hoped to return,
Yes, I had… but no more,
As is clear to you from my ageing complexion.

I had thought that I would see my country
And that I'd once more climb its peaks,
That I would listen at the cèilidh
To an old man telling stories,
And to the waves breaking over the high-water mark.

That I would embrace parents and loved ones
Whom I dreamt of often in the night,
That I would stand at the graves
Of those who have been laid to rest
In the bosom of the Eye.

I am now like one who has been dreaming
His thirst was quenched in the spring;
But upon waking
Found he was pained by thirst
And in the midst of a hot, dry desert.

Fhir-Turais gu Tìr nam Beanntan

Fhir-turais gu tìr nam beanntan
Nach suidh thu car tamaill seo leamsa,
Oir ged nach eil tuilleadh
Mo dhùil rithe tilleadh
Bidh tighinn oirre 's beatha dom fhann-chridh'.

Tha bannan nach d' mheirg na siantan
Is cùird air an toinneamh gu dìomhair
Gam cheangal, fhir-turais,
Ri dùthaich nan curaidh
'S gur treise na 'n uiridh am bliadhn' iad.

Na saoil mi mèath-chridheach ged fhuaireadh
Lòin ann an claisean mo ghruaidhean
Bha sùil agam tilleadh,
Bha…ach chan eil tuilleadh,
Mar dh'ìnnseas mo làithean 's mo shnuadh dhut.

Bha dùil a'm gum faicinn mo dhùthaich
'S gun dìrinn uair fhathast a stùcan
'S gun èistinn sa chèilidh
Ri seann fhear ri sgeulachd
'S ris na stuaigh dol a dh'uachdar na tiùrra.

'S fàilt chur air pàrantan 's dàimhean,
Tric bhruadar mi orra san oidhche,
'S gun seasainn aig uaighean
Na cuid dhiubh a fhuaireadh
Nan suain ann an achlais na h-Aoidhe.

Mi nis tha mar neach air bhith bruadar
Bha casg air a thart às an fhuaran;
Seadh, seadh 's air dha dùsgadh,
'S an tart 's i ga chiùrradh,
Am fàsach teth, tioram ga chuairteach.

If I could see Scotland's shores,
Even though they were far, far away from me,
I would shut my eyes
And say, "I am content now, I can go
With that image preserved in my heart."

But look at how white the hair on my head is
From the menacing and cold winter snow,
My sun is setting,
The streams are freezing over
And the night is fast descending in my glen.

When you reach the land of the mountains
Send me enough earth to make a pillow,
Enough for me to have a bit of my own land
Under my head in a foreign land
When my eyes shut in the everlasting sleep.

Nam faicinn-sa cladaichean Alba,
Eadhon cian fad às iad air falbh uam,
Dhùininn mo shùilean
'G ràdh, "Sona, nis, siùbhlam
Is taisgt ann am chridh-sa an dealbh ud".

Ach amharc cho geal 's tha mo cheann-sa
Aig sneachda fuar bagrach a' gheamhraidh,
Mo ghrian ri dol fodha
'S na sruthain a' reothadh
'S an oidhche brais-thuiteam nam ghleann-sa.

Nuair ruigeas tu dùthaich nam fuar-bheann
Cuir thugam de h-ùir na nì cluasag
Bhitheas agam dem fhèin-thìr
Fom cheann-sa an cèin-thìr
Nuair dhùineas mo shùilean sa bhuan-shuain.

The Khaki Uniform

Hitler promised *Lebensraum*
To his countrymen if he were to win the war;
That bears no comparison to the Hitler-like people
Who broke my people's spirit;
The corrupt British tyrants
Who ransacked my country in the north
To create *Lebensraum* for sheep
And routed the people overseas.

The khaki uniform confines me like a prison
And has done since I first wore it.
I am more wretched than a shepherd's dog
Since I joined the army.
I would prefer to wear tweed to this uniform,
So pass me my grey drugget coat
And I will exchange it for the king's uniform
And money to remove it.

They gave me a gun and bayonet
Though I did not ask for them,
A shepherd's crook to gather sheep
On the hillsides on the west
Is what I would prefer and a fleet-footed dog
A sheep dog of my choice.
And the sergeant major
Would not torment me with bad language.

A haversack I was given,
And as one was deemed not enough,
A small one was placed on my hip,
And on my back a large knapsack;
A strap they placed round my shoulders
Full of slender bullets to wound,
That would leave a mother's heart
Somewhere, in sorrow.

An Deis Odhar

Hitler gheall an *Lebensraum*
Da shluagh ma gheibh e bhuaidh;
Cha b' ionnan sin 's na Hitlearan
A bhris spiorad mo shluaigh;
Na Hitlearan breun Breatannach
A mhurt mo thìr mu thuath
Gu *Lebensbraum* dan caoraich
'S na daoine sgiùrs' thar chuain.

'N deis odhar gur e prìosan i
Dhomh fhìn on chaidh i orm,
Oir 's dìblidh na cù cìobair mi
On thug iad mi don arm.
'S e 'n clò a b' àill leam fhìn na i,
Dhomh sìn mo dhrogaid ghorm,
'S bheir mise deis' an rìgh dhut oirr'
'S prìs gu toirt air falbh.

Dhomh thug iad gunna 's bèigeileid,
Cha b' e mis orr' a dh'iarr;
'S bata crom gu sprèidh shireadh
Air slèibhtean an taoibh siar
A b' àill leam is cù rèidh shiùbhladh
Cù sprèidhe gu mo mhiann,
'S cha bhiodh an sàirdseant mèidsear
Gam cheusadh le dhroch bheul.

Abharscan fhuair mi uap',
'S o nach robh aon gu leòr,
Tè bheag chaidh air mo chruachainn
'S air mo dhruim tè mhòr;
Crios chuir iad thar mo ghuaillean dhomh
Làn pheilear caol gu leòn,
'S a bhriseadh cridhe màthar
Ann an àit-eigin le bròn.

O why did my mother insist
On teaching me the Commandments?
Saying "Their meaning, my dear,
Is to love each other."
But what the sergeant said was,
"MacFarlane, of what use
Is love in the *charge*
Against the enemy with a sharp dagger?"

If it was only my back that they fatigued
I wouldn't complain about being tired,
But what they said was "We will drain you
Of each drop of love from your heart.
We will fill it with hatred
And make you a soldier who will not err,
Then you will have no aversion
To a brother's blood in the fight."

"You are not a man now but a number,
MacFarlane, and more so,
You are ours." said the State and gave
Me a khaki uniform and coat.
O freedom! Goodbye for now!
And If I make it out alive
I'll drink to freedom in the *Royal*
When I am able to wear the tweed again.

O cuig a rinn mo mhàthair
Na h-àithntean chur an cèill?
'G ràdh, "Am brìgh, a ghràidh, is e
Bhith gràdhachadh a chèil'."
Ach 's e a thuirt an sàirdseant,
"A MhicPhàrlain, ciod am feum
A nì dhut gràdh san *charge*
'N aghaidh nàmh le bhiodaig ghèir?"

'N druim nam b' e mhàin a shàraich iad
Cha ghearaininn bhith sgìth,
Ach 's e thuirt iad "Tràighidh sinn
Gach boinne gràidh bhod chrìdh.
Is lìonaidh sinn le nàimhdeas e
'S nì saighdear thu nach clì,
'S an uair ud cha bhith sgàig ort
Roimh fhuil bràthar anns an t-strì."

"Cha duine nis ach àireamh thu,
MhicPhàrlain, seadh nas mò,
Is leinn thu," thuirt an Stàit, 's thug
Deis odhar dhomh is còt'.
O shaorsa! Slàn an-dràsta leat,
'S ma thàrras mis' às beò
San *Royal* òlaidh slàint' ort mi
Nuair choinnicheas 's mi 's a' chlò.

Loathsome More Than Anything

We went away to the war,
We battled and fought hard;
Do not mock me
If I say "We triumphed over them."
We paid the price, with gallons
Of the blood of these gracious heroes
And their young, healthy bodies
And fresh-faced cheeks.

The armies of Germany
We put to flight,
At sea, on land and in the skies
We defeated them.
Freedom roared
And applauded with might
And against a flagpole mast
Raised her banner high.

Whilst men of the 51st (Highland) Division
Were falling on the battlefield,
One man down in England
Was gathering wealth and riches.
When the blood of our young men
Was flowing like water,
The greedy man was in his chamber
Counting his heap.

"To the Highlands of Scotland
I will go," said he,
"An estate there I will buy
With a trout loch, a hill and deer
A river with salmon,
And grazing for cattle,
And far from the rat-race
I will spend my days."

'S Lugh' Orm na 'n Donas

Dh'fhalbh sinn dhan a' chogadh,
Chog is chath sinn cruaidh;
Na bi orm a' magadh
Ma their, "Thug sinn buaidh."
Phàigh sinn oirr' na gallain
Dh'fhuil nan gillean suairc,
'S colainnean òg fallain,
'S gruaidhean bu ghlan snuadh.

Airmailtean na Gearmailt
Chuir sinn orra ruaig;
Air muir, tìr is iarmailt
Thug sinn orra buaidh;
Saorsa thog i iolach
'S bhuail a basan cruaidh,
'S thog i ri crann dosrach
Àrd a bratach suas.

'M feadh bha tuiteam gillean
Na "Leth-cheud is a h-Aon",
Bha fear shìos an Sasainn
Tional stòir is maoin;
Nuair bha fuil ar n-òigfhear
Dòrtadh mar am bùrn,
'M fear sanntach bha na sheòmar
Cunntadh suas a chùirn.

"Gu Gàidhealtachd na h-Albann
Falbhaidh mi," deir e,
"'S oighreachd an siud ceannaichidh,
Loch bhric, a' bheinn 's a fèidh,
An abhainn le a bradain
'S an innis air 'm bi sprèidh,
'S fad o rèis-an-rodain
Caithidh mi mo rèis."

It is the landlords' wish
That nothing should inhabit the glens
But deer, snipe and garron
And a timid lad on the hill
Who would carry for them the weight
Of game on his back;
And that neither a celebratory feast nor sustenance
For an expectant mother should be heard.

Calum has a wooden leg
His right hand has lost its strength;
He was injured and disabled
In the routing of Dunkirk
Yet in Scotland
His only possession in spite of everything
Are two short measures of land
In which to bury him in.

When were landlords ever
Known to benefit you Scotland?
O, alas, Kildonan!
You know only too well!
They cleared your people
And plundered your tenants.
Loathsome more than anything to me
Is the name of a duke or lord now!

'S miann nan tighearnan-fearainn
Nach biodh anns na glinn
Ach fèidh is naosgan 's gearran,
Is gille diùid sa bheinn
Dhaibh ghiùlaineadh an eallach
Sitheann air a dhruim;
Urstan, seadh, neo allan
'S bean-thorrach ann nach cluinnt'.

Tha cois-mhaid' air Calum
Tha làmh-dheas gun lùths;
Chaidh a leòn 's a chiorram
Ann an ruaig an Dùin;
Chan eil aige a dh'Albainn
A sheilbh, a dh'aindeoin cùis,
Ach dà gheàrr-cheum talmhainn
Dh'fholaicheas e de a h-ùir.

Cuin bha tighearnan-fearainn,
Albainn, chum do leas?
Ochoin, a Chill Donainn!
Agads' orr tha fios!
Dh'fhuadaich iad do shluagh-sa,
'S rinn do thuath a sgrios
'S lugh' orm na 'n donas
Ainm diùc neo tighearn' a-nis!

Dunkirk

I didn't sleep last night
And I didn't sleep the night before last,
No let up day or night
For well over than a week;
How my body longs for a short spell
Of the silence of the shieling.

The army of the light-grey uniforms
Encompassed us and oppressed us;
They demanded we disarm,
O, how foolish they were
To think that valiant men of the highlands,
Would surrender without a fight.

They burst upon us like the flood
That follows when a dam breaks,
And as surely as rough sea waves
Make their way to shore in winter,
Thousands of fast-wheeled iron vehicles
Surged upon us destructively, devilishly.

"Block them, block them off from Dunkirk"
Their leaders gave as an order;
Their reputation, that they might fail
To break our defences, at stake.
But many a beloved son
Went to his death in combat.

Fire and smoke as far as we could see,
Blood and wounds and mud,
Fleeing, fleeing from the destruction
Children and their grandfather and mother
Cursing war;
Their homes now ablaze.

Dunkirk

Cha do chaidil a-raoir mi
Cha do chaidil neo bhòn-raoir,
Laig' latha neo dh'oidhche
O chionn seachdain is còrr math;
Nach robh greiseag de shàmhchair
Na h-àirigh aig m' fheòil-sa.

Feachd nan truiseachan liath-ghlas
Oirnn dh'iadh iad tro fhòirneart;
Dh'iarr ar n-armachd chur sìos iad,
O, nach iad a bha gòrach,
Fir chròdha nam fuar-bheann
Dol thoirt suas dhaibh gun chòmhrag.

Bhrùchd iad oirnn mar an tuil
Nuair a bhriseas an dam i,
'S mar gu tràigh thig gun sguir
Tuinn gharbha sa gheamhradh,
Mìltean charbaidean iarainn
Sgriosail, luath-rothach, deamhnaidh.

"Gearraibh, gearraibh on Dùn iad"
An cinn-iùil thug mar òrdugh;
An cliù gun dh'fhairtlich a' chùis orr'
Don dìon-cùil a bha oirnne.
Ach is iomadh mac mùirneach
Chaidh gu chùlaibh sa chòmhrag.

Teine is deatach fad 's lèir dhuinn,
Fuil is creuchdan is clàbair,
Teiche, teiche ron leir-sgrios
Chlann 's an seanair 's am màthair
Iad ri mallachadh cogaidh;
Tha 'n dachaighean 's smàl ast'.

From the break of dawn
Until night falls
Striving to find the opportunity to strike,
The noise of bayonets can be heard;
Against iron vehicles
What effect would it have on us?

If we had man to man combat
And a fair chance,
It wouldn't be them but us
Who won, and then would rise,
Driving away the night of bondage
To shine on all, the Sun of Freedom.

O, how those defence forces fought
Until we got to the shore;
As one man fell another earnest, defiant man
Stood in his place
Until finally not one man could be found
Who could fill the breach.

The cry of the wounded of "O, my" and "A Drink"
Were heard from friend and foe,
For the young men of Europe
Are being struck down
Like swathes mown by a scythe
In a nimble and strong hand.

To avenge her offspring the mother,
If she were to see the slaughter,
Would say "Better, my beloved sons,
That you had died as children;
Ah! Rulers of Europe
Do I have to bear you more sons?"

O àm èirigh na grèine
Gu ruig tuiteam na h-oidhche
Strì a' sireadh fàth beuma,
Faram bheuglaid chluinnte;
'N aghaidh charbaidean iarainn
Ciod a dhèanamh an rinn duinn?

Nan robh duine ri duine
Againn 's cothrom na Fèinne
Cha b' ann leotha-san ach leinne
Bhiodh an latha; 'n sin dh'èireadh
A' sgapadh oidhche na daorsa
Grian na saors' air na treubhan.

O mar chog an dìon-cùil ud
Gus an d'fhuair chum na tràigh sinn;
Fear mar thuit sheas dùr, dùlanach
Fear eile na àite
Gus mu dheireadh nach d' fhuaireadh
Aon sheas suas anns a' bheàrna.

"Oich" is "Deoch" an fhir leòinte
Chluinnt' aig caraid is nàmhaid,
Oir tha òig-fhir na h-Eòrpa
Gan sgathadh gu làr iad
Mar rathan na speala
'S oirr' ealamh làmh làidir.

Dìol a h-àlach a' mhàthair
'N siud nam faiceadh le sùilean
Theireadh "B' fheàrr, mo mhic ghràdhach,
Gun d'fhuair bàs aig a' ghlùin sibh;
Ah! Luchd-riaghlaidh na h-Eòrpa
Mic nas motha dhuibh min giùlain?"

Although we made it to the beach
Reaching there was no fun;
The sea threatened to drown us
And the enemy was hot on our heels;
He had us as though we were on an anvil
And he wouldn't spare us from the blows of the hammer.

As plentiful as the terns
That are on Melbost beach in summer,
So they are above us in the heavens
Showering us with lead, in the same way
As a storm from the north
Showers us with hailstones in winter.

But if you had heard the cheer
That we raised on the beach
When our boys saw
Our naval fleet;
We applauded loudly
Cheering "Britain for ever!".

"Is there a Moses who will part the seas
With you?" says the mean enemy.
The world heard the reply
From our naval fleet
That snatched three hundred and fifty thousand men
From the clutches of the enemy.

Be courageous, O, Freedom,
Hear the march of your supporters
Coming with their unfurled banners,
Plentiful, armed, strong,
And vowing vehemently
To fight to the death for you.

Ged a fhuair chun na tràigh sinn
Oirr' air ar càradh cha b' shùgradh;
Muir a' maoidheadh ar bàthadh
'S ar nàmh dàn air ar cùlaibh;
Sinn aige air an innean
'S cha d' chaomhainn buill-ùird air.

Mar na steàrnagan lìonmhor
Air tràigh Mhealaboist as t-samhradh,
Os ar cinn iad san iarmailt
Frasadh luaidh oirnn amhlaidh
Mar fhroiseas tuath ghailleann
Clach-mheallainn a' gheamhraidh.

Ach nan cluinneadh sibh an iolach
A thog air an tràigh sinn
Nuair chunnaic ar balaich
Ar cabhlach sàile;
Bhuail cruaidh sinn ar basan
'S ghlaodh, "Breatann gu bràth!" sinn.

"Maois a thràigheas an caolas
A bheil leibh?" deir nàmh tàireil.
Chual am freagairt an saoghal
Thug ar cabhlach sàile
Spìon trì cheud gu leth mìle
Dhinn à ìnean an nàmhaid.

Glac misneachd, a Shaorsa,
Cluinn caismeachd do chàirdean
Tighinn lem brataichean sgaoilte
Lìonmhor, armaichte, làidir,
'S iad ri bòideachadh daingeann
Gun cathaich gu bàs dhut.

The Old Woman's War Dream

"The Germans are in the bay!"
Said the poor old woman,
"And they'll be here very soon."
And she beat her chest.
"Give me my petticoat,
Give me also my graip,
And we will rout
The enemy tonight."

"There is no lad left to fight
In this place tonight;
They are in ugly France
But I believe
That we need them here
In their own island tonight,
But we won't ever surrender
And we won't be overcome."

"I hear the creak of the oars,"
Said the poor old woman,
"I hear the sound of their laughter
And they don't have an iota of mercy.
Go on, old man, get up,
Reach for the scythe on the beam,
I will take my graip
And a spade won't go amiss."

"Here they are, here they come now."
Said the poor old woman,
"Do not lose heart, old man,
And do not feel dejected, my dear.
For as long as the sun rises in the east,
And then sets in the west,
At this table nobody will eat
But our own disciplined people."

Bruadar Cogaidh na Caillich

"Tha na Gearmailtich sa bhàgh!"
Ars' an t-seann bhean bhochd,
"'S bidh iad ann an seo gun dàil,"
Agus bhuail i a h-uchd.
"Thugam thoir mo chòta-bàn,
Thugam cuideachd thoir an gràp
Agus cuiridh sinne blàr
Ris an nàmh a-nochd."

"Chan eil gille chuireas blàr
Anns an àit-sa nochd;
Tha iad anns an Fhrainge ghrànd
Ach 's e mo bheachd-s'
Gur ann againn orr' tha feum
Nochd san eilean aca fhèin,
Ach sinne chaoidh cha ghèill
Is cha bhi fo smachd."

"Tha mi cluinntinn dìosg nan ràmh,"
Ars' an t-seann bhean bhochd,
"'S tha mi cluinntinn fuaim an gàir-
'S chan eil annt' scrid iochd.
Siud, a bhodaich, ort, bi 'n àird,
Faigh an speal a th' air an spàrr,
'S bheir mise leam mo ghràp
'S cha tèid ceàrr oirnn spaid."

"Seo iad, seo iad nis a' tighinn,"
Ars' an t-seann bhean bhochd,
"Cùm, a bhodaich, suas do chridh'
'S na bi, ghràidh, fo sprochd.
Fhad san ear a dh'èireas grian,
Seadh 's a laigheas i san iar,
Aig a' bhòrd seo chan ith biadh
Ach ar sliochd fo smachd."

"They have landed."
Said the poor old woman,
"I can hear them talking
And there is a large army of them.
Now, when I shout "Charge!",
Go, old man, and with a loud shout
And your trusty scythe in your hand
Get in their midst straight away."

"When I will count,"
Said the poor old woman,
"One, and two and three,
Get in among them and show no mercy."
There the old woman is shouting "Charge!
Whether we conquer or die,
We will not be slaves
Forever under subjection!"

There she hits this way and that way,
There she wallops one on the head;
Now she has thrust the graip into his torso
Now her knee is on his chest.
And just at that moment
The old man said, "Move over."
For it was all a dream,
And the poor old woman awoke.

"Tha iad air a thighinn gu tìr,"
Ars' an t-seann bhean bhochd,
"Tha mi cluinntinn fuaim am bruidhinn
'S tha ann mòr-fheachd.
Nis, nuair ghlaodhas mise "Charge"
Tog, a bhodaich, iollach àrd
Le do dheagh speal na do làimh
Agus bi gun dail nam bad."

"An uair a chunntas mi,"
Ars' an t-seann bhean bhochd,
"Aonan, 's a dhà 's a trì,
Bidh nam bad 's na dèan iochd."
Siud a' chailleach glaodhaich "Charge!
Biodh a' bhuaidh againn neo 'm bàs,
Cha bhi sinn nar tràillean
A chaoidh fo smachd!"

Siud i bualadh bhos is thall,
Siud air ceann fear 'slachd';
Nis, tha 'n gràp aice na chom,
Nis tha glùin air uchd.
Agus dìreach sa cheart àm
Thuirt am bodach, "Teich a-null."
Gur e bruadar a bh' ann,
'S dhùisg an t-seann bhean bhochd.

Stop the World, I'm Coming Off!

Stop the world!
I'm coming off!
The soles of my feet are burning!
The earth is red-hot!
And Margaret and Pym
Haig, Reagan and Bush
And the hirsute president of Russia
Are threatening to kill each other
And all of us,
Yes, me and you
And every living creature and plant.

The two bullies
That are in the arms race
And poor shabby Britain,
Proud but uninspiring,
Trying to keep up with them,
Though her might has gone,
Like when a greyhound
Is chasing deer
Britain is like a lapdog
Slowly running after them,
Forgetting that today is not yesterday.

Lord of all the elements
That are on the face of the earth,
It is one and only one,
The vainglorious son of man
That is threatening to destroy
Himself and the world,
To change it to red-hot embers,
Burning coals and heat,
And the church is silent
And the current carries us
And our children away.

Stad an Saoghal, 'S Mise Tighinn Dheth!

Stad an saoghal!
Tha mise tigh'nn dheth!
Tha mo bhonn gan losgadh,
Tha 'n talamh dearg theth,
Agus Mairead is Pym,
Haig, Reagan is Bush
'S bodach molach na Ruis
A' maoidheadh a' chèile
Agus sinne uil' a' sgrios,
Seadh, mis' agus tus
'S gach beò-chreutair is lus.

An dà phulaidh
Tha san armachd-rèis,
'S Breatann bhochd phiullach
Le uaill gun chuir leis,
Feuchainn riutha cumail
Ged a dh'fhalbh a treis,
Mar nuair bhios mial-choin
Am faghaid an fhèidh,
Breatann bhochd mar measan
Mall a' tighinn nan dèidh,
Dì-chuimhneachadh nach e an-diugh an-dè.

Dhè gach dùil
Th' air uachdar na cruinne,
'S e aon a-mhàin
Mac uaibhreach an duine,
Tha bagairt e fhèin
'S an saoghal a sgrios,
'S a chaochladh gu grìosach
Dhearg, 's èibhlean is teas,
'S tha 'n eaglais na tost
'S an sruth a' falbh leinne
'S le ar cuid chloinne.

Stop the world!
I'm coming off!
The soles of my feet are burning!
The earth is red-hot!
Black plutonium
Is winking its eye,
Proclaiming, "I will destroy every element!
Especially mankind with its lack of direction!
It is mankind who gave me life!
Who shaped me in the beginning!
Now, I will reduce mankind to ashes in one heap!"

Stop the world!
I'm coming off!
The soles of my feet are burning!
The earth is red-hot!
O, machair of my heart,
I saw cattle grazing on your pastures,
As a young man I herded cattle on your land,
The Brahan Seer did not prophesy
That woe and misery would come to you
When NATO came
To reduce us and you to ashes.

Holm and Tong,
Yes, and Sandwick and Steinish
And Melbost with its fertile ridges are in the shadow of death,
And Margaret and Pym, "I abhor them both!"
Bullying us to be at the very centre
Of certain destruction,
It is my great fear that all that will remain
Of us will be hot embers.

Stad an saoghal!
Tha mise tigh'nn dheth!
Tha mo bhonnan gan losgadh
Tha 'n talamh dearg theth,
Plutonium dubh 's e
Ri caogadh a shùil,
Glaodhaich, "Sgriosaidh mise gach dùil!
Gu h-àraidh mac an duine gun iùil!
'S esan thug bith dhomh
'S a dhealbh mi air tùs,
Nis nì mi dheth luath 's aon dùn!"

Stad an saoghal!
Tha mise tigh'nn dheth!
Tha mo bhonnan gan losgadh
Tha 'n talamh dearg theth,
O mhachair mo chridhe,
Chunnaic mis' ort crodh uair,
Bha mi tùs-sa mo latha ort a' buachailleachd buair,
Cha do dh'fhàisnich Coinneach
Ort gun tigeadh droch thruaigh
Nuair thigeadh NATO
Dhèanadh dhuinne 's dhìots' luath.

Tha Talma agus Tunga
Seadh, is Sanndabhaig 's Stèinis,
'S Mealabost nan imirean torrach fo eug sgàil,
'S Mairead is Pym, "Gràin orra le chèile!"
A' maoidheadh gu feum sinn
A bhith teis-meadhan lèirsgrios,
'S mòr m'eagal nach fhàgar
Ach grìosach an èis dhuinn.

The waves that were once green
And white-crested,
Their everlasting swell
Rushing to the shore,
Black! Black are they now!
Black, thick and black like tar!
And every rig being hit,
The oil spouting into the air
Alas, and my goodness,
The North Sea is polluted and soiled.
"Mankind this is your invention!"

Stop the World!
I'm coming off!
The soles of my feet are burning!
The earth is red-hot!

Na tuinn bha uair uaine
Le cìrean geal, bàn orr',
Len ataireachd bhuan iad
A' sluaisreadh na tràghad.
Dubh! Dubh a-nis fhuaireadh!
Dubh, tiugh dubh, mar an teàrr iad!
'S gach rig air a bualadh
'N ola spùtadh an àirde,
Mo chreach is mo thruaighe,
An Cuan a Tuath truaillt', gànraichte',
"Mhic an duine, seo obair do làmhan!"

Stad an saoghal!
Tha mise tigh'nn dheth!
Tha mo bhonnan gan losgadh
Tha 'n talamh dearg theth.

They Dropped the Bomb Last Night
(A mother's lullaby to her child in the year 2050)

Hush, my child, hush, hush,
Do not wake up until the dawn breaks
And I climb out of this cave with no joy
To see, and I will look out on the view.

Did they drop the bomb last night, my love?
Did they destroy the living, the herds and the crops?
Did they drop the bomb last night?

My dear one, sleep! My dear, beloved!
Sleep! O, sleep! And do not ever wake up,
For I looked out of the cave just now,
I looked and the sight broke my heart.

Hush, my child, hush, hush,
Do not ever, ever wake up;
They dropped the bomb last night!

Hush, my child, hush, hush,
And do not wake up in the morning or at dawn,
For I looked out of the cave at the view
And the destruction is worse than the great flood.

Hush, my child, hush, hush,
Do not ever, ever wake up;
They dropped the bomb last night!

The lark was heard singing high in the sky
When the world dried up after the flood
She won't ever, ever be heard again
By mankind, the world is extinguished.

Hush, my child, hush, hush,
Do not ever, ever wake up;
They dropped the bomb last night!

Leag Iad am Bom A-Raoir
(Crònan-tàlaidh màthar dha leanabh sa bhliadhna 2050)

Ba bà mo leanaibh, ba bà, ba bà,
'S na dùisg gu madainn 's am bris an latha
'S gun dìrich mi mach às an uaimh 's gun àigh
Is chì, is seallaidh mi mach air fàth.

Na leagadh am bom a-raoir, a ghràidh?
Na sgriosadh am beò, 's am buar 's am bàrr?
Na leag iad am bom a-raoir?

Mo chaomhain caidil! O, chaomhain ghràidh!
Caidil, O, caidil 's na dùisg gu bràth,
Oir sheall mi mach às an uaimh an-dràst'
O, sheall, 's an sealladh mo chridhe-sa chràidh.

Ba bà mo leanaibh, ba bà, ba bà,
'S na dùisg mo leanaibh gu bràth, gu bràth;
Leag iad am bom a-raoir!

Ba bà mo leanaibh, ba bà, ba bà,
'S na dùisg sa mhadainn neo 'm briseadh an latha
Oir sheall mi mach às an uaimh 's air fàth
'S tha 'n sgrios nas miosa na dìle na h-àirc'.

Ba bà mo leanaibh, ba bà, ba bà,
'S na dùisg mo leanaibh gu bràth, gu bràth;
Leag iad am bom a-raoir!

Chualas an uiseag ri seinn gu h-àrd
Nuair thiormaich an domhain 'n dèidh dìle na h-àirc'
Cha chluinnear i tuilleadh gu bràth, gu bràth;
Aig mac an duine, tha 'n cruinne na smàl.

Ba bà mo leanaibh, ba bà, ba bà,
'S na dùisg mo leanaibh gu bràth, gu bràth;
Leag iad am bom a-raoir!

The dove returned with an olive leaf, a joyful tale
The raven awaited his fill 'til the waters abated,
But this destruction is worse than the great flood.
Hush, my child, do not ever wake up.

Hush, my child, hush, hush,
Do not ever, ever wake up;
They dropped the bomb last night!

Thill an calman le duilleag chrainn-ola, sgeul àigh;
Am fitheach rinn fuireach ri faighinn a shàth,
Ach tha 'n sgrios seo nas miosa na dìle na h-àirc'.
Ba bà mo leanaibh, 's na dùisg gu bràth.

Ba bà mo leanaibh, ba bà, ba bà,
'S na dùisg mo leanaibh gu bràth, gu bràth;
Leag iad am bom a-raoir!

4
POETRY AND SONGS
b) Homeland, Tradition and Way of Life

4
DÀIN IS ÒRAIN

b) Dùthchas, Dualchas is Dòigh-Beatha

The Old House by the Shore

They knocked you down, demolished you, old house;
There isn't a stone on your site,
Where your hearth was is now full of nettles,
Inhospitable and cold
Is the welcome that awaits visitors,
This was not how it used to be.

So peaceful was my sleep,
So joyful was my awakening
In you, old house by the shore,
I hadn't a care or responsibilty
And no thought of the transience
Of this mirthful time in my life.

Smoke rising from your peat fires was a constant,
Your door open with no latch,
Topped by a warm thatch of golden barley,
Free from the wrath of the wind,
In the shelter of the brae
Beside Loch Branahuie.

A still, heavy, penetrating peace
Lay like dew on that place,
A peace not broken by bustle or commotion
Or a hooter with a loud siren;
The only sound was the murmur of the waves
When they broke their wall ashore.

White-crested murmuring waves
In their walls of dark-green,
In a hurry to reach the shore
They would entice me to sleep,
That, and the gurgling of the mallard
Forever playing by the banks of the loch.

Seann Taigh a' Chladaich

Leag, leag iad thu sheann taigh;
Chan eil clach air do làrach,
Tha do chagailt fo fheanntaig
'S neo-aoigheil, fuar fàilte
Agus furan 'n fhir-turais,
Cha b' e seo air an àbhais.

Bu ro shuaimhneach mo chadal,
Bu ro aoibhneach mo dhùsgadh
Annads', sheann taigh a' chladaich,
Agus mi air bheag chùram
Gun ghuth air neo-mhaireantas
Aimsir mo shùgraidh.

Às do theinntean ghnàth ceò bhiodh,
'S do dhoras gun chlàimhean,
Blàth thughadh bhuidh' eòrn' ort
Saor bho fheirge na gaoithe,
Ann am fasgadh an leothaid
Làmh ri Loch Bhràigh na h-Aoidhe.

Sìth thostach, throm, dhrùidhteach
Laigh mar dhriùchd air an àit' ud,
Nach d' bhris collaid neo ùpraid
No dùdach le h-àrd-sgread;
Mhàin gàirich na tuinne
Nuair a dh'aomadh a gàrradh.

Tuinn gheal-chìreanach ghàireach
Nan gàrraidh dhubh-uaine,
'S ceud cabhaig gu tràigh orr'
Bhiodh gam thàladh gu suain ann;
Bhitheadh, 's glugraich an luiche
Sìor chluiche ri bhruaichean.

Often I clasped my hands
And closed my eyes
In prayer, as a child
In the box-bed
With the branched, patterned curtains
On which the leaves were, forever, green.

There was no word of time,
Of old age, hatred, deception or torment,
Sailing the gentle, smooth waters
Of the sheltered bay of youth,
Not a mention of storms
And the raging waves of the open ocean.

My sun was newly risen,
My skies were cloudless,
The heart was light, joyful, witty
For it had not yet learned deceit;
The torrent of time was going at a slow pace
Through the hopeful land of childhood.

I had no worries about my daily bread
And not a shadow of trouble on my mind,
Only building sandcastles,
Then watching as the waves demolished them,
And launching a little vessel on a voyage
Across Loch Branahuie.

And in order that she sailed in a straight line,
A plummet was placed beneath her keel,
Wool was used instead of ropes,
Beautiful, elegant white sails she had,
And I imagined being aboard
And sailing the seven seas in her.

'S tric a phaisg mi mo làmhan
'S a dhùin mi mo shùilean,
Dèanamh ùrnaigh nam phàiste
Anns an leabaidh dhùinte
Leis na cùirtearean craobhach,
'N duilleach daonnan uain ùr orr'.

Cha robh guth gun robh tìm ann,
Aois, fuath, foill no dòrainn,
Seòladh uisgeachan mìn-rèidh
Bàgh fasgach na h-òige,
Neo iomradh air stoirmean
Agus garbh-thuinn a' mhòr-chuain.

Bha mo ghrian air ùr èirigh,
Bha mo speur gun aon sgòth oirr,
'N cridhe aotram, ait, èibhinn
Oir cha d' fhoghlam fhathast gò e;
Sruth tìm 's aige mall-cheum
Troimh thìr ghealltanach na h-òige.

Mi gun iomnaidh mum aran
No sgàil buaireis air m' inntinn,
Togail chaistealan gainneimh
'N sin leagadh na tuinn iad,
'S ri cur longag air bhòidse
Tarsainn Loch Bhràigh na h-Aoidhe.

'S gus an seòladh i còmhnard
Luaidhe foidhpe ri druim oirr',
Snàth an àite nan ròpan
'S fo shiùil bhòidheach gheal ghrinn i,
'S mise dealbh a bhith falbh
Nam sheòladair innte.

But my sky became dark and gloomy,
And the wind strengthened,
My vessel was chased away
And all her sails were torn,
And to the sheltered bay of youth
She will never sail in gladness or fun.

The white house, although I like it,
The white house, although it is fine,
It is your ruin, old blackhouse,
That is the sweet pasture of memory,
Nestled in childhood's morning dew,
For me, it will be forever green.

Ach mo speur dh'fhàs dubh gruamach,
'S a' ghaoth rinn i èirigh,
'S mo long rinn i ruagadh
'S a siùil uile reubadh,
'S gu bàgh fasgach na h-òige
Chaoidh cha sheòl i ait, èibhinn.

An taigh geal ged 's toigh leam e,
An taigh geal ged is grinn e,
'S e do làrach-sa sheann taigh
Innis mhilis na cuimhne,
Fo dhriùchd mhadainn na h-òige,
Uaine dhòmhsa bidh chaoidh e.

O Well, O Well, Yield Water!

With my hoop and my pail
I made the most futile trip
To the well early this morning
As somebody else had already drained it.

Chorus
O well, o well, yield water!
O well, o well, yield water!
The king's daughter would like a drink,
A regal drink to quench her thirst,
And may dross not rise up from your depths.

This was the pointless work,
Waiting by a well with not a drop of water,
And my potatoes not weeded
And my peats not lifted.

Come, deluge, by morning,
Come, deluge, by night;
Fill the well with fresh springwater,
My well, and give us water.

My spinning and my knitting,
My washing, none have been done;
And I am sitting here
When I could be busy working.

My cows haven't been milked
And my milk basins are not lifted;
My cream is in the churn
And my curds havn't been made.

The men are on Ben Chailein
Shearing the sheep,
And before the day is out
I have to go to the shore for shellfish.

Tobar, Tobar, Sìolaidh!

Le mo chearcall 's mo chuman
Thug mi 'n turas bu dìomhain
Dhan tobar 'n-diugh moch-thrath,
'S neach eile air a dèabhadh.

Sèist
Tobar, tobar, sìolaidh!
Tobar, tobar, sìolaidh!
Tha nighean an rìgh ri 'g iarraidh deoch,
Deoch rìoghail dhi na h-ìotadh,
'S na èireadh sal od ìochdair.

B' e seo a' bhun-obair,
Feitheamh tobar gun drùdh innt',
'S mo bhuntàta gun phriogadh,
'S mo mhòine gun rùdhadh.

Thig, a dhìle, fo mhadainn
Thig, a dhìle, fo oidhche;
Cuir le fìor-uisg air fhad i,
Mo thobar, 's bheir dhuinn uisg'.

Tha mo shnìomh agus m' fhighe,
Tha mo nighe gun dèanamh;
'S mi seo na mo shuidhe
Nuair dh'fhaodainn bhith gnìomhach.

Tha mo chrodh gun am bleoghan,
'S cha togta mo mhiasan;
Agus m' uachdar 's a' mhuidhe,
'S mo ghruitheam gun dèanamh.

Tha na fir am Beinn Chailein
Ri bearradh nan caorach,
'S agams' 'n-diugh fhathast
Ri dhol dhan tràigh mhaorach.

I left the cow in the ridges
And she will steal the corn blades;
I left the pot boiling away on the fire
And I fear greatly that it will boil dry.

I left my lovely little darling
Fast asleep in the cradle;
I cannot wait
Any longer for you, spring.

O well, o well, yield water!
O well, o well, yield water!
The king's daughter would like a drink,
A regal drink to quench her thirst,
And may dross not rise up from your depths.

Dh'fhàg mi bhò anns na claisean
'S goididh fochann air fàth i;
Dh'fhàg mi cas-ghoil a' phrais air,
'S mòr m' eagal gun tràigh i.

Dh'fhàg mo chagaran lurach
'S a' chreathaill na shuain mi;
Chan urrainn mi fuireach
Na's fhaide riut, fhuarain.

Tobar, tobar, sìolaidh!
Tobar, tobar, sìolaidh!
Tha nighean an rìgh ri 'g iarraidh deoch,
Deoch rìoghail dhi na h-ìotadh,
'S na èireadh sal od ìochdair.

The Seashore Song

Come to the shore,
The tide has left its riches
By Great Langaisgeir
And Little Langaisgeir.

Chorus
Ho-ro hìl ir-ic hìl ir-ic hiù ro
Climbing to the heap, my great mound of seaweed

MacRae and MacAndie
Made their way to the shore,
And the children of Murdo MacAndrew
There they go past.

If the shore is not reached
My potato rigs will be bare
Give me my graipe
And give me my shawl.

Give me my creel
O pass me my creel cushion;
And my two sturdy boots
And my creel coat.

Hurry, cut, reap, cut
Swift is your scythe's blade.
The seaweed will encourage growth
And the harvest will make our bread.

O blessed manure,
The potatoes will flourish in you;
The blossom on my potato ridge
Is a joyous sight.

Òran Cladaich

Greas, thugainn don tràigh,
Tha bàrr a' bhraga ris,
'S Langaisgeir Mhòr
Is Langaisgeir Bheag tha ris.

Sèist
Ho-ro hìl ir-ic hìl ir-ic hiù ro
'S dìridh don tiùrr mo dhùn math feamad mi.

MacRath is MacAnndaidh
Seall, siud seachad iad;
'S Clann Mhurchaidh MhicAnndrais
Chrom don chladach iad.

Mur tèidear don tràigh
Bidh bàn iad, m' fheannagan;
Thugam mo ghràpa
Thugam mo bheannag, thoir;

Thugam mo chliabh
O thugam mo dhronnag, thoir;
'S mo dhà bhròig mhòr
'S mo chòta dronnaige.

Greas, geàrr, buain, geàrr,
Luath sàth do chorran innt',
'S e 'n fheamainn nì 'm bàrr,
'S e 'm bàrr nì 'n t-aran dhuinn.

O inneir an àigh
'M buntàta cinnidh leat;
'N sin sùgradh don t-sùil
'M barr-gùg air m' iomair-sa.

My oats and my barley
Will thrive beautifully,
And with a flail for threshing and a sieve
The mill at Gress will make meal flour for us.

Hurry, climb up quickly,
The sea will not wait for us.
This is the spring-tide of Gille-bride,
The time to act.

Mo chorc agus m' eòrna
Bòidheach cinnidh leat,
Sùist, suathadh is criathair,
Griais dhuinn min nì dheth.

Greas, greasaibh a dhìreadh,
Muir chan fhuirich ribh;
Seo reothairt 'Ill Bhrìghde
An tìde builichibh.

Milking Song

White-legged cows
Come to us from the south,
But I would much prefer
My dappled and dark-grey cow.

Chorus
Milk, milk, milk, milk!
Milk, my dark-grey cow;
Yield your milk for me in abundance
At the back of the hill, dusk is falling.

White-legged cows
Come to us from the south,
But they will never taste
Heather or moor grass.

My white-backed cow
I will drive slowly
To the back of the hillock
Where there is grass for her.

At the back of the hill
My white-backed cow
Will fill my milking pail
To the brim with milk.

She will yield milk
For me that is whiter
Than a swan's breast
When the sun shines on it.

White-legged cows
Come to us from the south,
But I would much prefer
My dappled and dark-grey cow.

Duanag Bleoghain

Crodh nan cas-fhionn
Thig o dheas oirnn,
'S mòr gum b' fheàrr leam
M' odharag chiar-dubh.

Sèist
Bleoghan, bleoghan, bleoghan, bleoghan!
Bleoghan mo bhò odhar chiar-dhubh;
Leag do bhainne dhomh gun ghainne
'N cùl na beinne, 'n oidhch' tha ciaradh.

Crodh nan cas-fhionn
Thig o dheas oirnn,
O cha bhlais air
Fraoch neo fianach.

Mo bhò dhruimfhionn
Nì mi iomain
Chùl an tomain
Far eil feur aic'.

'N cùl an tomain
Mo bhò dhruimfhionn
Nì mo chuman
Dhomh a lìonadh.

Bainne silidh
Dhomh nas gile
Na uchd eala
Nuair tha ghrian oirr'.

Crodh na cas-fhionn
Thig o dheas oirnn
'S mòr gum b' fheàrr leam
M' odharag chiar-dubh.

The Fisherman's Wife

Pity those that wrestle with you o, sea;
Better to be sowing and reaping
And to have a small holding for ourselves.
The fisherman's wife is always on the alert
With an ear listening to the level of the wind
And her eyes surveying the skies.

Wife of the ploughman,
You are relaxed about the sound of the storm,
It does not bother you;
You will be sheltered within,
But the fisherman's wife is full of fear
As her provider is at sea.

"Mother, what's the matter with you tonight,
What leaves you so dejected?
Tell me why you are so sad.
O! Tell me please,
Why, from your eyes, you have tears
Running down your cheeks?"

"Rest your head on my lap
And I will tell you the reason
For my dejection, my beloved Donald:
Hear the wind and the rain
Alarming us all,
Hear the waves crashing on the shore.

The creatures have fled and are taking shelter
From the wrath of the elements,
The otter and the seal have abandoned the sea;
But where, where tonight, my dear,
Will your father escape to?
He who brings home food from the sea."

Bean an Iasgair

'S mairg tha strì riut, a chuain;
B' fheàrr bhith cur is ri buain
Is tuath bheag bhith againn dhuinn fèin.
Bean an iasgair tha chaoidh
Cluais ri àirde na gaoith',
'S a sùil a' toirt breith air na speur.

Bhean treabhaiche an fhuinn,
Gur sona ged chluinn
Thu 'n doineann, cha chuir e ort smuain;
Bidh sibh seasgair fo dhìon,
'S bean an iasgair fo fhiamh
'S fear-cosnaidh a lòin air a' chuan.

"Ciod tha ceàrr ort a-nochd
'S g' eil thu, mhàthair, fo sprochd?
Nach innis thu adhbhar do ghruaim?
O! innis dhomh fèin
Cuig od shùilean tha 'n deur,
'S iad ruagadh a chèil' bhàrr do ghruaidh?"

"Leag do cheann dhomh air m' uchd
Agus adhbhar mo sprochd
Dhuit innseam, mo Dhòmhnallan caomh:
Cluinn a' ghaoth is an t-uisg'
Cur an t-saoghail air chlisg,
Cluinn tonnan a' chladaich len gaoir.

Theich na dùil 's tha fo dhìon
O chorraich nan sian,
Muir thrèig a' bhiast-dhubh is an ròn;
Ach càit' an teich, càit',
A-nochd d' athair a ghràidh,
Tha toirt às an doimhne dhuinn lòin?"

"God will still the wind for us,"
Said tender Donald,
"And bring our father home safely."
But she shook her head,
For she had lost her own father
On a night such as this, when young.

She remembers it well,
It seems like last night,
Thinking about it sent a shiver through her bones;
Then she prayed to God
To quell the storm,
And said "My beloved Donald,

You stay there and rock
The cradle, my dear,
Till your mother returns from the shore."
She held him and kissed him,
And the young, tender infant;
And in an instant she is on the shore.

The cockerel crowed at three o-clock,
And at six o-clock she is still
Waiting and intensely scanning the sea;
Daybreak came,
And now…alas! She can see
That the boat is smashed on the waves.

The peat fire has turned to ashes,
And young Donald has fallen asleep;
His hand stopped rocking the cradle.
He woke up and looked around him.
To see his mother looking sad.
"Are you awake," she said, "My love?"

"Caisgidh Dia dhuinn a' ghaoth,"
Arsa Dòmhnallan maoth,
"'S bheir dhachaigh ar n-athair dhuinn slàn."
Ach chrath ise ceann-
Rinn i h-athair a chall
Air oidhche mar seo 's i na pàist.

'S math air aic' tha cuimhn',
Tha e dhi mar a-raoir,
Chuir smuain air troimh cnàmhan crith-ghaoir;
'N sin ghuidh i air Dia
Air an t-saoghal thoirt fèath,
'S thuirt i, "Mo Dhòmhnallan caomh,

Fan thus agus gluais
A' chreathail, a luaidh,
Gus am pill on chladach do mhàth'r:"
Is ghlac i e 's phòg,
'S an naoidhean maoth òg;
'S an tiota tha i air an tràigh.

Ghoir an coileach aig trì,
'S aig a sia 's fathast i
Ri feitheamh geur-amharc gu cuan;
'S bhris an là air an speur,
Nis…mo chreach dhi is lèir!
An eathar na clàir feadh nan stuadh!

'N teine mòn' tha na luath,
'S thuit air Dòmhnallan suain;
Sguir a ghluasad na creathail a làmh.
Dhùisg is sheall e mun cuairt,
Feuch a mhàthair fo ghruaim,
"Na dhùisg thu," ars ise, "mo ghràdh?"

"What is wrong with you, mother?
You haven't got a song or a smile
For me today, only 'Oh dear and oh my!'
I dreamt last night
That my father was tired and exhausted
And, mother, he was being chased by a lion."

"Come here, sit on my knee,
And listen to me, my dear,
You have woken as an orphan today,
And your mother is a widow,
For your father is drowned
And his boat is smashed in the currents.

Do not shed tears my dearest,
For though this is hard
For a weak widow and orphan,
The father is the Lord
Who made seas and land
And will decorate the lily of the glens.

The Lord of that castle above,
If he were to have pity on us
And gave us a portion of the land,
You would never, ever,
Go to sea; you would be, dear,
Making a living as a ploughman."

"Ciod tha, mhàthair, ort ceàrr?
Chan eil dàn neo fiamh ghàir
Agad 'n-diugh dhomh ach 'Ochoin' is 'Oich'.
Bha mi bruadar a-raoir
Gun robh m' athair sgìth, claoidht',
'S, a mhàthair, bha leòmhann ga ruith."

"Thig, suidh air mo ghlùin,
Agus èist rium, a rùin,
Nad dhìlleachdain dhùisg thus an-diugh;
'S banntrach do mhàth'r,
Oir d' athair tha bàit,
'S tha 'n eathar na clàir air an t-sruth.

Na guil thus, a luaidh,
Oir, ged tha seo cruaidh
Do bhanntrach 's do dhìlleachdan fann,
Is athair an Tì
Rinn muir agus tìr
'S a sgeadaicheas lili nan gleann.

Tighearn' a' chaisteil ud shuas,
Nan gabhadh dhuinn truas,
'S gun tugadh den fhearann dhuinn mìr,
Cha deidheadh tusa gu bràth
Gu muir; bhiodh tu, ghràidh,
Nad threabhaiche toirt teachd-an-tìr."

Mùirneag
Part I

There are two Mùirneags in Lewis,
One at sea and one on the moor,
But the song that I will compose
Will be about you, *Mùirneag* of the sea.

Chorus
Lord, the crew was capable,
The competitive lads of Point
I would trust them, Lord,
With white, silken sails and golden nets.

When they are at sea in bad weather
And the *Mùirneag* is contending with the elements,
Her namesake will guide her to shore
When she comes into view.

Knock of the Eye, the lovely hill,
Oats and barley were grown there,
Bright, young lads were raised there,
Few could handle oars as well as they could.

It was not with withering wood
But with the young upright oak
That the *Mùirneag* was built,
Each plank strong and watertight.

It wasn't a boatbuilder without good sense
Who gave her form and shape to the *Mùirneag*,
From her bow to her rudder
He made her a fast greyhound of the waves.

She could be recognised by her sails,
Her shape and her movement
From Caithness to Lerwick
When she came into view.

Mùirneag
Earrainn 1

Dà Mhùirneag tha 'n Leòdhas,
Aon air muir is air mòinteach,
Ach 's ann a bhios m' òran-s'
Ortsa *Mhùirneag* an t-sàil.

Sèist
Rìgh, cha bu chlì criutha
Ghillean strìtheil an Rubha,
Dh'earbainn, O rìgh, riutha
Siùil ghil shìoda 's lìn òir.

Nuair ri muir is droch thìde
Bhios mo *Mhùirneag* ri sìor shrìth,
Bheir a piuthar air tìr dhi
Misneachd nuair thig air fàir.

Cnoc na h-Aoidhe, 'n cnoc bòidheach
Chinneadh corc agus eòrn' air
'S chinneadh gillean glan òg air,
Tearc an seòrs' air cùl ràmh.

Cha b' ann den a' choille chrìonaich;
Ach an darag òg gun fhiaradh
Chaidh mo *Mhùirneag* a dhèanamh
Diongmhalt, dìonach 's gach bòrd.

Cha bu shaor-long gun tùr thug
Cruth 's a cumadh do *Mhùirneag*,
Rinn o toiseach gu stiùir dhith
Miolchù lùthmhor nan tonn.

Dh'aithnicheadh iad i air a h-èideadh,
A cruth is a ceum i,
O Ghallaibh gu Lèiruig
Nuair a nochdadh air fàir.

When her sails were hoisted
She would cut easily through the dark-blue sea;
And when the sea couldn't catch her rear
Happier were the lads.

When others said, lower the sails,
Alasdair would say, raise them up,
With the green sea to her shoulder
And her prow sharp like a coulter.

If there was a breath of wind,
White crested waves would be at her bow,
And when the wind was in the heads of her three sails
Macleod was in his element.

Depth, a gale and a deluge,
Her musical rhythm like fiddle strings,
And the northern lights dancing
Above the darling girl of the waves.

She was an excellent hunter of herring,
And skilled in locating salmon,
Returning with a full catch in the early morning,
A dram of White Horse whisky awaited the men.

Nuair dheidheadh rithe cuid siùil chur,
Glan gu sgoltadh muir dubh-ghorm;
'S nuair nach beireadh muir cùil oirr'
'S ann bu shùgraich na seòid.

Nuair a theireadh càch, nuas iad,
Theireadh Alasdair, suas iad,
'S am muir-uaine gu gualainn
'S geur mar choltair a sròn.

Nam biodh deò gaoithe ann,
Gum biodh caoir gheal ri cuinnlean,
'S nuair a bhiodh i 'n trì cinn ac',
'S ann a b' aoibhnich MacLeòid.

Doimhne, doineann, is dìle,
'S ceòl a buill mar theud fidhle,
'S na fir-chlis anns an ruidhle
Seinn air rìbhinn nan tonn.

Sàr shealgair an sgadain,
'S math a lorgadh i bradain,
'S philleadh làn i moch madainn,
'S gheibh fir drama den each-bhàn.

Part II

To the hunter and his hound
Age will come, as it does to us all;
Now the *Mùirneag* lies beside a hillside
And MacLeod is grey-haired, stooped and sorrowful.

Though today he remains in the village,
There was a time when he was a working man,
His preferred place was not by the fireside,
The bosom of the wave was his first love.

Mùirneag will not sail from port
Under new sails, whether black, russet or white;
Not from Stornoway or Sutherland
No, nor the Bays of Shetland.

Never will she sail into the loch
Like a maiden on her wedding night;
In full sail, with two sails and a jib
And with a flock of birds at her heel.

Look at my hero on his elbow
Up at the top of the cornyard,
The seaman's eye looks seaward,
His beloved is beyond the reach of the sea.

Look at my grieving hero
And *Mùirneag* of the storms,
Instead of being windward at Gallan Head
She is being used as a cattle pen in Balallan.

Earrainn II

Air an t-sealgar 's a chuilean
Thig an aois mar oirnn uile;
Nis tha *Mùirneag* ri bruthach
'S liath crom dubhach MacLeòid.

Ged tha an-diugh na chù bail' e
Bha e uair na chù beinne,
Àit' cha b' e tac an teine,
B' uchd na tuinne chiad ghràdh.

Cha sheòl *Mùirneag* à cala
Fo ùr-shiùil, dhubh, ruadh neo gheala;
Steòrnabhagh neo 'n Gallaibh
Seadh neo 'n Sealltainn nan Òb.

Chaoidh steach an loch cha sheòl i,
'S i mar òigh oidhche pòsaidh;
I fo dhà sheòl is seòl spreòid
Le sgaoth eòin air a sàil.

Seall mo ghaisgeach air uilinn
Shuas an uachdar na h-iodhlainn,
Sùil a' mharaich' 's air muir i
'S gràdh a chridhe 'm bàrr na tiùrr.

Seall mo ghaisgeach fo smalan
Agus *Mùirneag* nan gailleann
'N àit bhith fuaradh bhar a' Ghallain
Tha 'm Bail-Ailean na crò-sprèidh.

The Sea's Rent

Though you heard the wind
O ploughman's wife,
You slept soundly
On the same pillow as your husband.

Chorus
O wife of the ploughman
The factors aren't as hard on you
Nor the cursed rent as tough on you
As it is on us.

Dear, dear, dear,
Dear is the sea's rent,
The sea is costly to us
Who are constantly cultivating it.

Whilst slumbering,
The mother and the maiden
Have had the sea's factor
Hammering the door

The beaten yellow gold,
The sea's factors would refuse it.
As rent they would only take
The valued blood of our youths.

A son taken from mother,
From the sister the brother,
The father from the children
And beloved from the maiden.

When the wind rises
My eyes far out at sea,
Searching for my beloved
On the horizon.

Màl na Mara

A' ghaoth ged a chual' thu
Bhean treabhaiche na buaile,
Do chaidil thu gu suaimhneach
'S air do chluasaig do chèile.

Sèist
*Bean treabhaiche na buaile
Chan eil na maoir cho cruaidh ort,
Ni mò tha 'm màl, mo thruaighe,
Cho cruaidh 's a tha e oirrne.*

O 's daor, 's daor 's daor e
Màl na mara 's daor e,
Am muir oirnn 's daor e
Tha daonnan ga àiteach.

Tric is nan suain iad
A' mhàthair 's a' ghruagach,
Aig an doras bualadh
'S an cuan air a' mhaor chur.

An t-òr buidhe buailte,
Dhiùltadh maoir a' chuain e,
Mar mhàl cha ghabhadh uainne
Ach fuil luachmhor ar n-òigfhear.

Mac bheir bhon mhàthair,
On phiuthar bheir bràthair,
An athair bho phàistean,
'S fear-gràidh on an òighe.

A' ghaoth nuair nì èirigh
Mo shùil ri bun speur bidh,
Sealltainn gu geur ach
Eil m' eudail air fàire.

Though the cutter is watertight
With its mast, sail and new ropes,
The skipper cannot afford
To be too daring and bold.

Cape Wrath on the windward side
And heavy, dark seas by her shoulder,
Proud men would be humbled
By the murmur of the swelling waves.

Though you heard the wind
O ploughman's wife,
You slept soundly
On your husband's pillow.

Chorus
O wife of the ploughman
The factors aren't as hard on you
Nor the cursed rent as tough on you
As it is on us.

Ged 's dìonach an iùbhrach
Crann, seòl, is buill ùr oirr',
Chan fhaod am fear-stiùiridh
Bhith dùbhlanach dàna.

An Carbh air an fhuaradh
'S muir garbh gorm ri gualainn,
Dh'irislicheadh uaibhrich
An nuallan th' aig bòc-thonn.

A' ghaoth ged a chual' thu,
Bhean treabhaiche na buaile,
Do chaidil thu gu suaimhneach
'S air do chluasaig do chèile.

Sèist
Bean treabhaiche na buaile
Chan eil na maoir cho cruaidh ort,
Ni mò tha 'm màl, mo thruaighe,
Cho cruaidh 's a tha e oirrne.

Melbost Machair's Sorrow

Look at me, I am in sorrow,
For from Steinish to Strùpair
Nothing is as it was,
Unless you shut your eyes
And remember how things were,
Ancient hills and pastures
And a green, steep brae
On which lambs frisked and frolicked in May.

Those of you who saw me in all my glory
At the end of the month of June,
Adorned like a maiden
On her wedding day,
You will never see me as I once was;
And you would not recognise what I have become
Given how you knew me,
For they changed my appearance and pained me.

I saw the Norsemen
Sailing steadily on the crests of the waves,
Coming to pillage in the eighth century
The land, plundering and burning,
A black raven on their banner up high.
But, they were not intent on stripping
Me of my green grassy covering;
It was my own people that did that without mercy.

Even my ancient, beautiful name
They deprived me of that like everything else;
For no more am I known,
By the name of "Machair", but aye, "The Drome";
Aye, Aye! How things have changed for me!
Instead of cows chewing the cud,
And lying in peaceful pastures,
Comes the frenzied advance of war and the din of arms.

Bròn Machair Mhealaboist

Amhairc ormsa fo thùrsa,
Oir, o Steinish gu Strùpair,
Chan eil nì mar o thùsa
Mura dùin thu do shùilean
'S gun dealbh thu nad inntinn mar bha,
Cnocan aosta agus cluaineag,
Agus cas-leathad uaine,
Air 'm bu mhireagach uain sa mhiòs Mhàigh.

Thusa chunnaic nam ghlòir mi
'N deireadh an Ògmhìos,
Sgeadaicht' mar òg-bhean
Air lath' a pòsaidh,
Chan fhaic thu nas motha mi mar bha;
'S chan aithnicheadh mo chrìocha
Gum faca tu riamha,
Oir, chaochlaidh iad m' ìomhaigh is chràidh.

Chunnaic mise fir Lochlainn
Seòladh siùbhlach air uchd-thonn,
Tighinn a' spùinneadh san ochd-linn
'N dùthaich; creachadh 's a' losgadh,
'S fitheach-dubh ac' na shuaicheantas àrd.
Gidheadh cha ro reubadh
Leotha m' uaine chòt feurach;
'S e m' fhèin-shluagh a reub mi gun bhàigh.

Eadhon m' aost ainm bòidheach,
Spùinn iad siud mar an còrr uam;
Oir, cha chanair nas motha rium
"Machair", seadh, ach "an Dròm";
Faire, faire! B' e 'n dà latha e orm!
'N àite crodh cnàmh an cìre,
Nan laighe ann an sìth, tha
Iomairt cuthach a' chogaidh 's toirm airm.

I was the sweet grazing meadow for cattle,
That produced copious amounts of milk for me;
Calves, colts and yearling sheep
Thrived on my yields,
Even on what the cows had left from their grazing;
The island in winter
Did not need tillage,
For I would fill its barns with produce.

Curse on them, the first time
That these eerie, iron birds
(with not a feather in their wings)
Came from the south-west in the heavens
And landed on my pastures;
All the birds in fear took flight,
The eagle with its hooked talons
Is no longer the winged king of the skies.

Like other birds of the place
They aren't heard in the early morning,
Tuning their harp,
Greeting a new day,
And with their song praising the Almighty;
The cattle herd and the herder have fled
With fear of the horror;
O, goodbye to my tranquility and peace!

Dubhaig and Ivor Hills
With their lean and speckled turf,
Won't ever again be praising
My beautiful green land,
Woven by the queen of the heavens for me
In fine wool of the dusky clouds
And brightened it by borrowing
Colours of a rainbow in the west at noon.

B' innis mhilis nam bò mi,
Bliochd 's bainne iad dhomh dhòirteadh;
Laoigh, lothan is othaisgean
Chinneadh brais air mo phòraibh
Ged dh'fhàgadh le mairt air bheag chlì;
An t-eilean sa gheamhradh
Chan fheumadh bhith treabhadh,
Air liònainn a shaibhlean làn bìdh.

Mairbh-phaisg orr', a' chiad uair,
Thàinig iargalt eòin-iarainn
(Gun aon ite nan sgiathan)
On iar-dheas san iarmailt
'S air mo chluain a laigh sìos iad;
An ealtainn le fiamh theich,
Chan e iolair na geur-spuir
Rìgh sgiathach na h-iarmailt nas motha!

Mar eòin eile 'n àit
Cha chluinnear moch-thràth iad
A' gleusadh an clàrsaich,
Cur air nuadh latha fàilte,
'S len òrain a' moladh 'n Àrd-Rìgh;
Theich am buar is am buachaill'
Le eagal nan uabhais;
O, slàn le mo shàmhchair 's mo shìth!

Cnoc Dubhaig 's Cnoc Ìomhair
Lem blian chòta riabhach
Cha bhi tuilleadh a' fiannachd
Air m' uaine-chòt sgiamhach
A dh'fhigh ban-rìgh na h-iarmailt
Dhomh, de mhìn-chlòimh nan ciar neòil,
'S a dhath i le iasad
Dhathan frois-bhogha siar aig tràth-nòin.

Look at gloomy Gormacleit,
She has been severely hit,
For her land was plundered,
For me, alas,
Tarred pavements traverse my ridge,
Look, there is no sign
Of my lovely pastures
Or of even one of my hundreds of hillocks.

Many's an old man - no longer living -
Many's a young man and maiden,
Who, when there were tenants and cattle,
Would greet the morning sunrise
Having spent time here herding cattle;
Today if they were to see my condition
They would have aching hearts,
Remembering the days of their youth.

Here, children were joyful and playful,
Twining garlands of flowers
And making crowns for each other;
There was no throne or court though
Just a green hollow, and a heady fragrance;
But their cups were overflowing
With pure joy and freedom,
Something not found in the palace of kings.

For shinty players I was Paradise!
Two Rodericks and Peter played here,
MacRaes and John Charlie's sons,
Oh, and so did the fair-haired lads,
I can't count them all,
The coaches drawn by two horses
Would come from Stornoway full of players;
Nothing now is as it was and never will be!

Seall air Gormacleit ghruamach
'S i air a trom bhualadh,
Oir chreachadh a buailtean,
Ach mise, mo thruaighe,
'S fo chabhsairean tearra mo dhruim,
Seall, chan eil sgeul orr'
Mo chluaineagan brèagha,
Seadh neo aon às mo cheudan de thuim!

'S iomadh seann fhear – cha bhuan iad –
'S iomadh gille agus gruagach,
Nuair bha tuath agus buar ann,
Bhiodh teirt mhadainn ann nuair ud,
Orm greis thug a' buaicheallachd bhò;
'N-diugh nam faiceadh mo chàradh
An cridhe siud chràidheadh,
A' cuimhneachadh làithean na h-òig.

Ormsa chlann bhiodh ait, sùgrach
Fighe fleasgaichean fhlùran
'S leotha chèile ri crùnadh;
Cha robh cathair neo cùirt ach
Lagan uaine 's trom cùbhraidh;
Ach bha cnuaic air an cupa
Le fhìor aoibhneas gun chùram,
Nì nach fhaighear an lùchairt nan rìgh.

Do luchd-iomain 's mi Pàrras!
Bhiodh dà Ruairidh is Pàdraig,
Clann 'ic Rath 's Clann Iain Theàrlaich,
O bhiodh 's na Bànaich,
Chan fhaigh mise air an àireamh
Bhiodh na coidseachan dà-each
Tighinn à Steòrnabhagh làn dhiubh;
Chan eil nì mar a bha is cha bhi!

But in spite of it all
Still there, unspoilt,
Is the white, fine, sandy shore, lapped by waves,
With a constant, heavy, crashing beat
A marram grass slope above it;
Many's a handful of grass there was reaped
And woven into baskets and brooms;
People didn't frequent the shop often in those days!

Ach ge b' oil leotha fhuaireadh
'N siud fhathast, gun truailleadh,
An tràigh bhàn, mhìn, thonn bhuailte,
Le ceòl domhainn, trom, buairte,
Slios mhurain na h-uachdar;
'S iomadh dlòth ann a bhuaineadh
Dhèanamh chiosain is sguaban;
Cha robh 'n tuath cho tric nuair ud sa bhùth!

The Old Barn Door

There was once a time
When a boy got his first clasp knife,
A brand new one from the shop,
The tip would be removed in the first instance,
As it's easier to carve a name without the tip.

Chorus
It is the old, old, old barn door
Hanging on one hinge
That inspired me to verse just now,
For look, look, look at the number
Of names of contemporaries
Carved on the planks of the old door.

Names clad and covered
In green moss,
It was neither yesterday nor the day before
That their names were carved into the door,
But where are these lads today, where?

Names of outstanding heroes
Carved on that door,
They are sweeter than the sound of a harp chord
In the ear of the bàrd,
An echo for him from a happy time of youth.

Some of them I don't remember,
They were of an earlier generation,
But I remember hearing
At many an evening cèilidh,
That they had left a long, long time ago.

Seann Doras an t-Sabhail

Uaireigin sgian lùthaidh
Nuair gheibheadh balach ùr i,
Seadh talc-ùr às a' bhùth i,
Am bàrr dheidheadh dhith air tùsa,
Ainm gearraidh i nas fheàrr a dhìth a' bhàrr.

Sèist
'S e seann, seann, seann doras
An t-sabhail le aon bhanntaich air
A bhior mi fhìn gu ranntaireachd an tràths',
Oir seall, seall, seall na tha
A dh'ainmean mo chompanach,
Air dèilichean an t-seann dorais ud geàrrt'.

Ainmean le còinneach
Uaine 'n dèidh an còmhdach,
Cha b' ann an-dè neo bhòn-dè
Ghearradh air a' chòmhl' iad,
Ach càit' a bheil na seòid ud an-diugh, càit'?

Ainmean nan sàr laoch
Air a' chòmhl' ud geàrrte,
'S binne na teud chlàirsich
Ann an cluais a' bhàird iad,
Mac-talla bhon tìr àigh iad, tìr na h-òig'.

Cuid dhiubh leam cha chuimhne,
Bha iad ro mo linn-sa,
Ach 's cuimhne leam a chluinntinn
Sa chèilidh air an oidhche
Gun dh'fhalbh iad o chionn fhada, 'n fhada an t-saoghail.

Some had left as kilted troops
To battle against the Kaiser,
They sang Tipperary,
Some of them fell and never got up again,
There was a demand for the healing black knapweed across Europe.

Some left for the plains of Manitoba
To plant wheat, oats and barley,
They migrated from Lewis,
Young, full of expectation and hope,
Their names on that door are expertly carved.

Some went to Fort George,
Aged barely fifteen;
They left on a Sunday
When the barley was ripe,
To fight the bloody war in Europe and did not return.

Some sailed away on the *Metagama*,
The *Canada* and the *Marloch*,
Heroes who were victorious in battle,
Now where is the pleasant land
They were promised on return from the war?

Murdo, Norman and Donald,
Went to sea as young lads,
They went on distant voyages
And were never heard from again,
The ocean without compassion or mercy took its toll.

It was the plea and wish of every exile
Who ever carved his name on that door,
That when they came to the end of their days
They, finally, would be laid to rest
In beautiful green Aignish on the peninsula.

Cuid a dh'fhalbh san fhèileadh
Chogadh dearg a' Chèiseir,
Sheinn iad Tipperary
'S thuit dhiubh cuid 's cha do dh'èirich
An cneap-dubh bha fèill air feadh na h-Eòrp'.

Cuid gu còmhnaird Thòba
Chur cruithneachd, coirc is eòrna;
Dh'imrich iad à Leòdhas
Òg, làn dùil is dòchais
Tha 'n ainmean air a' chòmhl' ud gu glan geàrrt'.

Cuid a thug Fort Dheòrs orr'
Mun robh iad càil ach còig-deug;
Dh'fhalbh iad air Didòmhnaich
Nuair dh'fhàs buidhe an eòrna
Chogadh dearg na h-Eòrpa 's cha do thill.

Cuid air a' *Mhetagama*,
An *Canada* 's am *Marloch*,
Sheòl; seòid thug buaidh sna blàraibh.
Nis, càit' eil an tìr àghmhor
Ghealladh dhaibh nuair thilleadh às a' bhlàr?

Murchadh, Tormod 's Dòmhnall,
Dh'fhalbh iad òg a sheòladh,
Dh'fhalbh iad air cèin-bhòidse
'S cha chualas riamh an còrr uap',
An cuan gun iochd gun thròcair thog a' chìs.

B' e guidhe is miann gach fògarrach
Gheàrr ainm uair air chòmhl' ud,
Nuair ruigeadh ceann an lò iad
Gun càirte seadh fa-dheòidh iad
An Aignis uaine, bhòidheach air an Aoidh.

This is the history of my land,
Mothers carrying sons
For three seasons until delivery,
Nurturing them with great care,
But, as soon as they can fly, losing them.

O, Scotland, when will we see
You keeping your sons and daughters,
Instead of forever losing them
As soon as they come of age,
After ploughing, sowing and harrowing, others are reaping

Chorus
It is the old, old, old barn door
Hanging on one hinge
That inspired me to verse just now,
For look, look, look at the number
Of names of contemporaries
Carved on the planks of the old door.

Seo eachdraidh mo dhùthcha,
Mic màthraichean gan giùlain
Trì ràithean air an siùbh'l iad
'S gan àrach le mòr-chùram,
Ach, cho luath 's a nì iad iteag, bhith gan call.

O, Albainn cuin a chìtear
Gleidheadh do mhic 's do nigh'nean
Thu, 'n àite bhith gan sìor chall
Cho luath 's a thig gu ìre,
'N dèidh treabhadh, cuir is cliathadh, càch a' buain.

Sèist
'S e seann, seann, seann doras
An t-sabhail le aon bhanntaich air
A bhior mi fhìn gu ranntaireachd an tràths',
Oir seall, seall, seall na tha
A dh'ainmean mo chompanach,
Air dèilichean an t-seann dorais ud geàrrt'.

A Lad to Keep the Plough Coulter Clean

My plough lies above the furrow
And the plough sock has been sharpened,
I have spread my seaweed evenly
And I only want for one thing.

Chorus
My dung and my furrow are ready
And a lad to keep the plough coulter clean
Is what I require,
And I will give my absolute word
That when market day comes around
He'll get a groat from me.
O who? O who? Who will I get to keep the coulter clean?

My yoke and my muzzle-bar
And my drag ropes are all in order,
My garron is newly shod
By "Steallag" in Stornoway.

Like an ill-tempered horseman
Going to fetch the midwife,
Shouting that he didn't
Have long to wait for her.

The grey mare is in the furrow
And the black horse is on the left side of the furrow
So that I may plough straight, close and deep
And leave nothing unploughed.

The gorse wears its golden crown
And with no ploughing or harrowing done
It is the cuckoo's crop
That I will be left with this year.

Gille gu Geingealadh

Tha mo chrann an ceann m' iomair
'S a shuic air an geurachadh,
Sgaoil cunbhalach m' fheamainn
'S chan eil ach aon èis orm.

Sèist
Tha m' inneir air m' iomair
Is gille gu geingealadh
Tha mise ri sireadh,
'S bheir mise mo chinnt-ghealladh
Nuair thig latha na dròbha
Gu faigh e uam gròta.
O cò? O cò? Cò gheibh mi nì geingealadh?

Mo ghreallagan 's m' amall
'S mo shliosan an òrdugh tha,
Cruidhean ùir air mo ghearran
Chuir "Steallag" an Steòrnabhagh.

Mar mharcach an carrach
Dol a dh'iarraidh bean-ghlùin 's e
Ri 'g èigheach chan urrainn
Dhomh fuireach cus ùine riut.

Anns an sgrìob an làir odhair
'S an t-each-dubh air a' bhàn do bhi
Treabham dìreach, dlùth, domhainn
'S na fàgam fiù fàrag ann.

Tha 'n crùn-òir air a' chonasg
'S gun treabhadh no cliathadh deis,
'S e coirce na cuthaige
Agams' am bliadhna bhios.

If I don't plough and if I don't sow
How will we have a harvest?
Or bake bread
When the meal chest is entirely empty?

I met a young man
Who was herding cattle,
Leave your cattle on the machair land
And I will reward you.

Mur treabhair 's mur cuirear
O, cionnas bhios buain againn?
No aran a dh'fhuinnear
'S a' chiste-mhìn' fuar falamh?

Rium òganach thachair
Le crodh dol gam buachailleach,
Fàg do chrodh air a' mhachair
'S nì mise do dhuaiseachadh.

Who Would Have Thought Last Year?

I'll take my love
To the island this year
I'll take my love
To the glen, and who?

Chorus
Who would have thought last year
My tender, comely maid,
That this year she'll have her pail
Ready for milking in the cattle-fold,
Ready for milking with a pail
In the cattle-fold?

My mother will instruct her
How to spin and card wool,
She will teach her Gaelic
And how to rear cattle.

She won't be affronted to spread manure
On the field,
And my maiden will learn
How we make our living.

We'll have cattle and sheep
On the Island of Heather,
And my love will tend to them
As the sun is setting.

Hero, my trusty pup,
Will greet her heartily
And he will gather for us
Our sheep into the fold.

To the town of the spires
And to the fuss and commotion
She will turn her back and set a course
For the land of MacLeod.

Cò Shaoileadh An-Uiridh?

O bheir mi mo leannan
Am bliadhna dhan eilean
O bheir mi mo leannan
Dhan ghleannan, is cò?

Sèist
'S cò shaoileadh an-uiridh,
Mo chailin chaoin chuimir
Bhith 'm bliadhna le cuman
Air buaile ri bleogh'n,
Bhith bleoghain le cuman
Air buaile nam bò?

Dhith seòlaidh mo mhàthair
Dhith snìomh agus càrdadh,
Dhith ionnsaichidh Gàidhlig
Is àrach nam bò.

'S cha tàire dhith inneir
A sgaoileadh air iomair
'S m' ainnir gheibh aithn' air
Mar tha sinn tigh'nn beò.

Againn crodh agus caoraich
An Eilean an Fhraoich bithidh,
'S gan iarraidh mo ghaol thèid
'S a' ghrian ri dol fodha.

Cuiridh Siad, mo dheagh chuilean,
Oirr' fàilt' agus furan
Is cruinn dhuinn e cuiridh
Ar caoraich dhan chrò.

'S ri baile nan tùirean
'S ri boile 's ri ùpraid
Cùl cuiridh 's nì cùrsa
Air dùthaich MhicLeòid.

I Am On My Own

I am on my own, weary, planting potatoes,
Ascending the brae, Lord, going downhill would suit me better
As time has made the joints of my bones stiff.
I am on my own, weary, planting potatoes.

For a poor, stooped old woman the hoe and graip aren't easy
    implements to handle,
Yet, when my body is at its most tired my heart is stirred to compose
A joyous melody like the dawn chorus in May.
I am on my own, weary, planting potatoes.

Though I am on my own, weary, planting potatoes,
My trust is in the One who will bring good weather, produce
    and growth,
And with just a little, and peace, I am content with my day.
I am on my own, weary, planting potatoes.

O, let me add soot in the hope that it will increase the crop,
And when the potatoes flower I'll reach in earnest for my graip,
And I'll get from the *Mùirneag* plenty to accompany the potatoes.
I am on my own, weary, planting potatoes.

Its root will provide sustenance and its haulm will shelter me from rain,
When storms blow, a straw rope will hold the thatch in place,
A better thatched roof would be hard to find.
I am on my own, weary, planting potatoes.

I won't be in need of anything, no, not at all, if I have potatoes
With Loch Fyne herring and a stack of moorland peats,
When inclement weather comes I'll be happily by the fireside.
I am on my own, weary, planting potatoes.

Tha Mise Leam Fhìn

Tha mise leam fhìn gu sgìth ri cur a' bhuntàt',
An leathad ga dhìreadh, Rìgh, b' e chromadh a b' fheàrr
A thigeadh orm fhìn, 's aig tìm rag altaibh mo chnàmh.
Tha mise leam fhìn gu sgìth ri cur a' bhuntàt'.

Air seann bhean bhochd, chrom, 's droch cheann an croman
        's an gràp,
Gidheadh, nuair is trom nam chom, mo chridhe nì dàn,
E ait mar am fonn, aig moch-ghrèin madainn sa Mhàigh.
Tha mise leam fhìn gu sgìth ri cur a' bhuntàt'.

Ged tha mi leam fhìn gu sgìth ri cur a' bhuntàt',
Tha m' earbsa san Tì bheir tìde 's toradh is fàs,
'S le beagan is sìth tha mi gu toileach lem latha.
Tha mise leam fhìn gu sgìth ri cur a' bhuntàt'.

O, cuiream ris sùith an dùil gun toir e dhomh bàrr
'S nuair thig am bàrr-gùg le sùrd bidh mis' a' lorg gràp,
Is gheibh mi bho *Mhùirneag* pailteas annlan buntàt'.
Tha mise leam fhìn gu sgìth ri cur a' bhuntàt'.

A bhun nì dhomh biadh 's mo dhìon on t-sileadh nì bhàrr,
An àm sèideadh nan sian, nì sìoman chumail na àit,
'S chan fhacas a-riamh fo shìoman tughadh nas fheàrr.
Tha mise leam fhìn gu sgìth ri cur a' bhuntàt'.

Cha bhi orm dìth, cha bhi, is agam buntàt',
Le sgadan Loch Fhìn' is brìg de mhòine nam blàr,
Nuair thig an droch thìd' nì mi mun teine ri gàir.
Tha mise leam fhìn gu sgìth ri cur a' bhuntàt'.

The Lobster Fisherman

It is easier to stalk deer
Out on a steep hillside,
Also easier to aim at geese and duck
As they sit on a calm loch,
Than it is to look for and locate lobster
In rough and choppy seas.

When the day breaks
And blows away the white stars,
Snuffing them out one by one,
Donald goes in search of the feast
As he goes forth to fish for lobster
In rough and choppy seas.

It is of little note, concern or worry
To those who eat lobster and crab,
How many big and dark blue waves
Between Tolsta Sands and Strùpaig
The skilful lobster fisherman has to encounter
In stormy and angry seas.

The length and breadth of Broadbay
Are lines of white-crested waves,
Like brisk, high-spirited, exuberant horses;
Finally, they are quelled as they break on the shore;
But the skilful lobster fisherman
Will be attempting to escape them.

The raging sea like destructive harrows
Displaying all the wrath of the western ocean,
And in-between these harrows there will be a period of calm;
The three end ones are the most forbidding
And threatening for the skilful lobster fisherman,
For, if caught, he will not rise and proceed.

Sealgair a' Ghiomaich

'S e a bhith sealg an fhèidh is fhasa
Muigh air aodann nam beann casa;
Seadh, 's a' sealg a' gheòidh 's na lacha
Nan laighe air uchd sèimh an locha,
Na bhith sealg 's a' lorg a' ghiomaich
Ri oir fairge gharg is ghreannaich.

Nuair a bhios an latha 'g èirigh,
'S e air na reultan geala sèideadh,
Ri cur às tè 'n dèidh tè dhiubh,
Dòmhnall bidh ri lorg an fhèillidh
'S e ri falbh a shealg a' ghiomaich
Ri oir fairge gharg is ghreannaich.

'S beag tha dh'fhios, a dhragh neo chùram,
Aig fear-ithe ghiomaich 's chrùbaig,
A liuthad steall-mara 's tonn dubh-ghorm
Eadar Tràigh Tholastaidh agus Strùpaig
Thig air sealgair teòm' a' ghiomaich
Ri oir fairge am feirg-chorraich.

Air fad is leud an Loch a Tuath bidh
Sreathan each na muinge bàine,
Colgail, meanmnach, brais nan gluasad;
Fa-dheòidh, cìosnaichidh an tràigh iad;
'S ann bhios sealgair teòm' a' ghiomaich
Feuchainn ach an glac e fàth orr'.

Bidh muir bàrcach 's e na chliathan
'S coltas corraich a' chuain siar air,
'S eadar chliathan greiseag fèath bidh;
Na trì dheiridh 's iad as iargalt,
Bagairt sealgair teòm' a'ghiomaich
Chur às – nach èirich is nach imich.

For you sitting at the head of the table,
Lobster is expensive, or so you said,
But it is truly costly and imposing
For the one who has to set and lift the creels,
Yes, the skilful lobster fisherman
Against rough and choppy seas.

Orts' nad shuidhe an ceann a' bhùird,
'S daor an giomach, 's e sin a thuirt thu
Ach, 's ann a tha e daor is drùidhteach
Airsan tha cur 's a' togail sgùilean,
Seadh, sealgair teòm a' ghiomaich
Ri oir fairge gharg is ghreannaich.

The Milkman

Consider the milkman,
How you would be left wanting and held back,
If he didn't rise early, forsaking the warmth,
To sell you the cow's nourishing milk.

Consider, ladies of the village,
How you would be left wanting and held back,
If the milkman didn't rise early,
How that would affect children's food and their *creamola pudding*.

When his sleep is at its deepest, off goes the cursed alarm
Ringing in his ear with a fury and frenzy,
Proclaiming, "Rise, rise, rise!
It's time to get up!"

Just a wee minute, another wee one,
He says to himself in sleep,
For it is indeed sweeter than honeycombs.
The extra minute he will now take.

That's when time is at its most precious for the boy,
Outside, the weather is cold, wet and miserable.
Inside, his bed is so very warm,
My goodness! We would all prefer to stay in bed!

Listen to the murmurings of the women complaining
If they don't have their bottle of milk on the path;
The ploughman, the harvester, the milkman
If they were to go on strike
There would be famine and shortages
And both the lowly and noble would suffer.

Balach a' Bhainne

Nach smaoinich sibh fhèin air balach a' bhainne,
Seadh an liuthad èis bhiodh oirbh is maille
Mur dèanadh e èirigh ri trèigsinn an teine
A reic sàir-mhath shùgh nam bò ribh.

Nach smaoinich sibh fhèin a mhnathan a' bhaile,
Seadh an liuthad èis bhiodh oirbh is maille
Mur dèanadh e èirigh, balach a' bhainne,
Cà' m biodh biadh chloinne is *creamola*.

Nuair 's milis tha shuain, siud tairm na mollachd
Ri seirm na chluais le luath chaoch cuthach;
'G èigheach, "Èirich, èirich, èirich!
Tha tìm a-nis dhut èirigh!

Mionaid bheag bhìodach, bheag bhìodeach eile,
'S e their esan ris na shuain gum bheil e,
Oir 's milis gu fìor na cìr den mhil i,
Mhionaid nì 'n dràst e thàrsainn.

Siud nuair is prìseil tìm aig balach
A-muigh an droch thìde fuar, fliuch, salach,
Leabaidh cho fìor-bhlàth, Rìgh! B' e fuireach
B' àill leinn uile na èiridh!

Èistibh ri monmhar mhnathan a' gearain
Mur faigh iad am botal bainn' air an staran;
An treabhaich', 's am buanaich', 's balach a' bhainne
Na stailceadh gu luath
Bhiodh gort is gainn' ann
'S cha chaomhnadh ìosal neo uasal.

What use would your gold be in a land without bread?
Or your boast of how much is in your purse?
No more use than a crock of a garron's droppings.
When you sit at your table, what I would say is,
Remember the worth of the ploughman and the harvester.

But I saw a time and I knew it well,
When on the land the cowherd was a regular sight,
Butter, crowdie and cream were in endless supply in summer,
And bread that hadn't been earned was a rarity then.

Dè dhèanadh dhut d' òr an tìr gun aran?
Neo idir do bhòst am meud do sporain?
Cha b' fheàrr e na crog de bhuachair gearrain
Nuair shuidheas aig do bhòrd thu sìos 's e theirinn,
Cuimhnich luach 'n treabhaich' is a' bhuanaich'.

Ach chunnaic mis' uair 's dhomh a b' aithne
A leithid air tuath ri balach a' bhainne,
Ìm, gruidheam is uachdair san t-samhradh gun ghainne,
Aran gun a chosnadh 's gann gun d' ith duine nuair ud.

Will You Buy Fish?

I've been to London,
To Paris and Edinburgh
I've seen the sights of New York
But my favourite and most beloved town
Is Stornoway.

Chorus
Where each morning you'll hear:
"Will you buy fish?"
A shilling per string of fish
Lovely haddocks
In Stornoway.

The small, sleepy, dusky town,
Draws the western sea into its bosom,
The Norsemen named it a long time ago
Stornoway.

O, when, when will I see,
When shall my eyes behold it again?
When will I ever cross the Minch
To Stornoway?

O, when, when will I hear the sound
Of the clean, hard tap of their wooden clogs
On the herring girls, who aren't in the least bit vain,
In Stornoway?

Charlie Morrison's shop sell to seamen,
In Hugh Matheson's bakery you'll find the best bread,
Murdo Maclean's shop will give you goods on the never-never
In Stornoway.

O, when, when will I see,
When shall my eyes behold it again?
When will I ever cross the Minch
To Stornoway?

An Ceannaich Sibh Iasg?

Bha mi 'n Lunnainn
'S am Parais 's an Dùn
'S chunnaic mi Nuadh-arc-nan-tìr
Ach baile mo roghainn 's mo rùin
'S e Steòrnabhagh.

Sèist
Far an cluinntear gach madainn
"An ceannaich sibh iasg?"
Air tastan an gad iad
Na h-adagan brèagha
A Steòrnabhagh.

Am baile beag, cadalach ciar
'S ga thàrladh na uchd an cuan siar,
Na Lochlannaich shloinn iad o chian
E Steòrnabhagh.

O, cuin, cuin, O, idir a chì
Cuin dhearcas mo shùil air a-rithist
O, cuin thèid mi thar a' Chuain Sgìth
Gu Steòrnabhagh?

O, cuin, cuin a chluinnear leam fuaim
Brag bròg a' bhoinn fhiodha glan, cruaidh
Air caileag na cutaig gun uaill
A Steòrnabhagh?

Bùth Theàrlaich bidh reic ri luchd-sàil,
Am bùth Ùisdein tha 'n t-aran as fheàrr,
Bùth MhicRuairidh riut reicidh air dhàil
A Steòrnabhagh

O, cuin, cuin, O, idir a chì
Cuin dhearcas mo shùil air a-rithist
O, cuin thèid mi thar a' Chuain Sgìth
Gu Steòrnabhagh.

The Small Three-Legged Cooking Pot

I wish you were able to tell tales,
O, small three-legged cooking pot,
For many a tale you would tell us
From days gone by,
When the world was carefree and young,
With no word of age or death
Or that the world would change.

Chorus
I wish you were able to tell tales,
O, small three-legged cooking pot.

A brass pot, is what others said you were
And that you were neither polished nor elegant;
Who cares what they say or don't say!
You may be black but to me you are radiant,
Though I were to find you smashed on the shore
My fondness for you would not lessen,
O, small three-legged cooking pot.

Fragrant smells of my youth arose from you
Just like a garden of flowers,
Youth that only comes once
To the living, this is true,
Though the nature of living is not in death
Time would waste away and decay,
Each and every growing thing.

O, how many fresh herring and salmon
Were cooked in you on the pot hook
Before we became haughty and stylish
In our lovely white, modern houses;
They filled you full of earth
And planted flowers in you,
With no pot-hook and no lid on you.

Prais Bheag nan Trì Chasan

B' àill leam gun robh beul gu aithris,
A phrais bheag nan trì chasan, ort,
O liuthad sgeul mun àm chaidh thairis
Dh'aithriseadh 's a dh'innseadh tu dhuinn,
Nuair bha 'n saoghal aotram òg
Is gun ghuth air aois neo aog
Neo gun tigeadh caochladh air.

Sèist
B' àill leam gun robh beul gu aithris,
A phrais bheag nan trì chasan, ort.

Pràisteach, 's e thuirt càch a bh' annad
'S nach robh lìomht neo rìomhach thu;
Dragh dè their iad neo nach can iad!
Dubh, ach 's geal leam fhìn tha thu
Ged gheibhinn brist' thu air tràigh
Cha lughdaicheadh mo bhàidh
Riut, O, phrais bheag nan trì chasan.

Boladh cùbhraidh m' òig' od anail
Amhail mar lios dhìtheanan,
'N òig nach eil ach aon uair
'M beatha nam beò 's fìrinn seo,
Ged nach robh gnè bheò am bàs
Chnàmhadh tìm, is chaitheadh às
Fàs suas neo sìos, gach nì a tà.

O liuthad sgadan ùr is bradan
Bhruicheadh air an t-slabhraidh leat
Mun do dh'fhàs sinn uaibhreach, spaideil
Nar taighean greannmhor geal;
Lìonadh leotha thu làn de dh'ùir
Agus chuir iad annad flùr
'S gun phùlais thu, 's gun cheann annad.

From their glory, kings and the wealthy
Often fell to a lower state;
Some today are sporting Harris Tweed
Whilst yesterday they were in satin and silk;
But though you may have been viewed with contempt
Do not be ashamed;
For you are highly valued by the poet and his contemporaries.

O, how many first peats and top peats
You saw being burnt to ashes;
Like the first peat and the top peat
I and you will quickly or slowly advance,
Until, at last, time loosens the knot
That binds life to the living,
With no difference between a slip knot and a hard knot.

It is true that luxuries and wealth
Do not guarantee happiness, poverty is their enemy;
Better the modest gift given with a blessing
Than a pretentious one given in indulgence,
One glorious day of our childhood cannot be bought for us
With even the gold and wealth of Onassis.

I wish you were able to tell tales,
O, small three-legged cooking pot.

On glòir rìghribh is luchd-earrais
Tric gu staid na b' ìsle thuit;
'S cuid an-diugh tha sa chlò Hearach
An-dè bha 'n sròl 's an sìoda orra;
Ach ged a rinneadh ortsa tàir,
O, na bitheadh idir ortsa nàir;
Aig linn a' bhàird is prìseil thu.

O, liuthad corr-fhàd agus bàrr-fhàd
Chunna' tu na luath ri dol;
Mar am bàrr-fhàd is an corr-fhàd
Mis' is tus' bithidh luath neo mall
Is fuasglaidh tìm an snaidhm, fa-dheòidh,
Ta ceangail beatha ris a' bheò,
'S ionann snaidhm-ruith is cruaidh-shnaidhm leis.

'S fìor nach urras sògh is earras
Air sonas, bochdainn 's nàmhaid dhiubh;
B' fheàrr am bonnach beag le beannachd
Na fear mòr is toic neo-shàsaichte,
Aon latha geal de ar n-òig cha cheannaich
Òr is stòr Onassis dhuinn.

B' àill leam gun robh beul gu aithris,
A phrais bheag nan trì chasan, ort.

Ode to the Oatcake

Eat it, eat it, the substantial oatcake,
Eat the bread that gave our ancestors their stamina,
It's a fine meal for children even without butter,
It would strengthen the bone and give it real marrow.

You were from the beginning in the land of the mountains,
You would strengthen children in a way that flour would not,
Whether climbing the mountains or sailing the seas
How invigorating was a morsel of oats when one would weaken.

On the athletics' field or in the tumult of battle,
In the folding of sails, the wind clipping tall masts,
There your essence is displayed, o finely ground meal of the quern,
The oatcake, that nourished our unyielding ancestors in crisis.

At the Battle of Bannockburn you proved your worth,
You manifested your strength in the arm of the King
With a blow of his battle-axe, he struck and it did not miss its target,
He beheaded the nobleman as the battle was beginning.

O, many a brave son was raised in Scotland,
Fit and upright, handsome and shapely, with round calves and full
            of vigour,
For the burn and the bannock there will be joy in their fame
Forever in history, these two will certainly be connected.

O, bread of blessings, O, bread of virtues
You were a staple of men in highland hills and glens,
Lads who wouldn't weaken in the face of hardship and privation,
The bold would not become feeble and their strength would not
            forsake them.

Moladh an Arain-Coirce

Ithibh e, ithibh e, an t-aran-coirce brìoghmhor,
Ithibh an t-aran chuir smior ann ar sinnsear,
'S biadh na cloinne e ged nach biodh ìm air,
Cnàimh 's e dhèanadh 's a lìonadh le fìor smior.

O, 's tu bha bho thùs ann an dùthaich nam beann,
'S tu chuireadh lùths 's cha b' e flùr dhan a' chlainn,
Ri dìreadh nam mòr-bheann neo seòladh nan tonn
Bu tacail bhiodh grèim dhiot nuair dh'fhàsadh fear fann.

Air faiche nan lùth-chleas neo 'n ùpraid a' bhlàir,
Neo pasgadh nan siùil, 's gaoth ri rùsgadh chruinn àrd,
An siud chìthte do bhrìgh, a mhin mhìn-bhleithte na brà,
'S aran-coirce bh' aig ar sinnsear nach dìobradh an càs.

Aig Blàr Allt-a' Bhonnaich do dhearbh thu do bhrìgh,
Rinn do thaisbeanadh fèin ann an gàirdean an Rìgh,
Le buille de a thuagh, esan bhuail, 's cha b' ann clì,
Chuir a cheann bhàrr an uaibhreach, mun thòisich an strì.

O, 's iomadh mac calma thog Albainn o thùs,
Deas dìreach, grinn dealbhach, cruinn-chalpach làn lùths,
Aig an allt 's aig a' bhonnach bidh ait ann nan cliù,
Chaoidh fuaight' ri-h-eachdraidh bidh 'n dithis ud co-dhiù.

O, arain nam beannachd, O, arain nam buadh
Bh' aig balaich nam beannaibh 's nan gleannaibh bho thuath,
Na balaich nach fhannaicheadh 'n cruadal uair-chruaidh,
An tapaidh cha lapadh 's cha dìobradh a smuais.

Awaken Scotland, rise up, and put on your shoes,
And still invest in the heroic spirit of your youth,
You will self-govern yet and not be under the control
Of the legislators of London, Brussels or Rome.

Eat it, eat it, the substantial oatcake,
Eat the bread that gave our ancestors their stamina,
It's a fine meal for children even without butter,
It would strengthen the bone and give it real marrow.

Dùisg Albainn, suas èirich, 's cuir ort do dhà bhròig,
'S bi fhathast air d' èideadh le treun spiorad d' òig,
Bi fhathast gad fhèin-riaghladh 's nì h-ann fo spòig
Reachdairean Lunnainn is Bhrussels, neo Ròimh.

Ithibh e, ithibh e, an t-aran-coirce brìoghmhor,
Ithibh an t-aran chuir smior ann ar sinnsear,
'S biadh na cloinne e ged nach biodh ìm air,
Cnàimh 's e dhèanadh 's a lìonadh le fìor smior.

Herring

Herring is not to be found,
Today we cannot get herring,
We can scarcely remember
How good you taste, my friend.

Scarce too are the fishermen
In search of herring,
Today what are valued are prawns,
By the great and the good in England.

The food that was once a staple for us
Is now more scarce
In the North Beach shop
Than venison from the hill.

It is rare today
For anyone in the middle of July
To see herring caught in the Minch
Full of milt and roe.

The small Loch Fyne herring
Was the king of herring,
I would eat three of them
With new potatoes quite easily.

Indeed, at one time you would see
Hanging on a trilateral
Fresh, clean speldings
Drying in the sun before eating.

The cry, "Fresh herring!"
Is never heard and the man who
Once sold it will not come
With his horse and gig.

Sgadan

Sgadan chan fhaigh sinn,
An-diugh chan fhaigh sinn sgadan,
'S gann g' eil againn cuimhn'
Air do bhlas, a bhraidein.

Iasgairean nas mò,
Tearc tha 'n tòir air sgadan,
An-diugh chan fhiach ach pròns
Dhaoine mòra Shasainn.

Am biadh a bh' againn uair,
Tha e an-diugh nas gainne
'M Bùth a' Mhuile Tuath
Na feòil fiadh na beinne.

'S gann an-diugh a chì
Am meadhan mìos an Iuchair,
Neach sgadan a' Chuain Sgìth
'S e làn meilg is iuchair.

Sgadan beag Loch Fhìn',
B' esan rìgh nan sgadan,
Dh'ithinn dhiubh a trì
Le buntàta ùr mun stadainn.

Naile! Aon uair chìtht'
Trì-shliosnach, 's orr' crochaid
Spealltagan glan ùr
Muigh sa ghrian mun ithte'.

An glaodh, "Sgadan ùr!"
Chaoidh cha chluinn, 's cha tig e,
Ga reic, mar o thùs,
Fear an eich 's a' ghige.

People's craving for wealth
Means that soon
The fish in the sea and ocean
Will, in folly, be decimated.

Herring is not to be found,
Today we cannot get herring,
We can scarcely remember
How good you taste, my friend.

'S coltach cìocras-maoin
Chloinn nan daoin', nach fhada
Gus an sgrios gu faoin,
An t-iasg sa chuan, 's air aigeann.

Sgadan chan fhaigh sinn,
An-diugh chan fhaigh sinn sgadan,
'S gann g' eil againn cuimhn'
Air do bhlas, a bhraidein.

Be Off, My Faithful Dog

Be off, my faithful young dog,
The evening dusk is approaching
And the cattle are grazing
At Loch na Bà Riabhaich.

My white-legged old dog,
You keep a watch over me,
And you'll get a bone to nibble from me,
Yes, you will, my faithful old dog.

The girls and the lads
Have emigrated overseas,
Now it's just us,
The old ones, who are left.

If I had the strength,
The energy and the agility of youth,
I wouldn't stay here,
I would be off with you, young dog.

Like golden darts
The sun goes down on the Clisham,
Her rays are poking
The sea and my moor.

Be off, my faithful dog,
Do not delay further,
The black cow and the white-backed cow
Will be this side of Cnoc Sgàile.

Be off with the stirks,
Morning milking time will be as usual,
From seven until nine
On the machair tomorrow.

Bi Falbh, Mo Chuilein

Bi falbh, mo chuilein,
Tha 'm feasgar ri ciaradh
'S tha 'n crodh air an innis
Aig Loch na Bà Riabhaich.

Mo sheann chù nan casan geala,
Bitheadh tusa nad bhuachaille dhòmhsa
'S cnàimh gu spioladh gheibh uamsa thu
Gheibh uamsa thu, mo dheagh sheann chù.

Tha na nigheanan 's na gillean
Air imrich thar sàile
'S gun a-nis ann ach sinne,
Na seann fhir, air fhàgail.

Nam bitheadh agamsa spionnadh,
Lùth 's clise na h-òige,
Fuireach cha dèanadh
'S ann dh'fhalbhainn-sa còmhla riut.

'S mar shaighdearan òr-bhuidh'
Tha ghrian air a' Chlisham,
Tha gathan ri briogadh
Na mara 's mo mhòintich.

Bi falbh, mo chuilein,
Na dèan an còrr dàile,
Bidh bhò dhubh 's bhò dhruim-fhionn
An taobh-s' do Chnoc Sgàile.

Bi falbh le na gamhna,
Bidh teirt mhadainn mar b' àbhaist,
Bho sheachd gu ruig naoi
Air a' mhachair a-màireach.

The dappled, speckled calves
Will be at their mother's side,
A silken collar round their necks
To make it easier to take hold of them.

Stop with them at Loch Nighe,
There they will have a drink,
Then one will lead the way
And the rest will follow her.

Time continues to gather in,
Like a livestock herd,
Towards the same destination,
Every living creature.

Bidh na laoghain bhreac bhallach
Air sliasaid am màthar
'S braighdeanan sìoda mun amhach
Gus am beirear nas fheàrr orr'.

Stad leotha aig Loch Nighe
'S deoch an sin òlaidh
'S ni sealbhach a slighe
Agus leanaidh an còrr i.

Tìm trang tha ri trusadh
Mar bhuachaille sprèidhe
Chun aon cheann-uidhe
Na h-uile beò-chreutair.

Let the Session, Let the Presbytery

I don't care, I don't care, I don't care at all
If he's a *rebel* or not a *rebel*,
The dark-haired lad is my darling.

Chorus
Let the session, let the presbytery,
Let the synod engage in quarrelling,
Neither that nor anything under the sun
Will come between me and my Colin.

He's a *rebel* to the core,
And there is nobody like my love
Going down the Bràigh road.

Though the church was divided
Young people will fall in love
As they have from generation to generation.

Though the church was dissolved
Cupid's arrow will strike
As it did since the beginning of time.

If not for music, love and affection
This world would fall apart:
We are the tower but these things hold us together.

If my beloved wore a collar
Which tied at the back with a popper,
For certain, he'd be deemed a fine suitor.

He's a *rebel* to the core,
And there is nobody like my love
Going down the Bràigh road.

Let the session, let the presbytery,
Let the synod engage in quarrelling,
Neither that nor anything under the sun
Will come between me and my Colin.

Biodh an Seisean, Biodh a' Chlèir

'S coma, 's coma, 's coma leam
Rebel às neo *rebel* ann,
'S e mo cheist an gille donn.

Sèist:
Biodh an seisean, biodh a' chlèir
Biodh an seanadh thar a' chèil',
Cha chuir siud neo nì fon ghrèin
Eadar mi 's mo Chailean fèin.

Gur e *rebel* e gu shàil,
'S chan eil samhail fear mo ghràidh
Ri dol idir sìos am Bràigh.

Ged robh 'n eaglais air a roinn
Tuiteam ann an gaol bidh chloinn
Mar a bha o linn gu linn.

Ged robh 'n eaglais dol mu sgaoil
Cupid bithidh le shaighdean gaoil
Mar a bha o thùs an t-saoghail.

Mur b' e ceòl is gràdh is gaol
Dheidheadh an saoghal seo fa sgaoil:
Sinn' an tùr, ach siud an t-aol.

Nan robh coilear air mo rùn
Dùint' le fiucan air a chùl
'S cinnteach bhiodh dhomh m' fheòil 's mo shùgh.

Gur e *rebel* e gu shàil,
'S chan eil samhail fear mo ghràidh
Ri dol idir sìos am Bràigh.

Biodh an seisean, biodh a' chlèir
Biodh an seanadh thar a' chèil',
Cha chuir siud neo nì fon ghrèin
Eadar mi 's mo Chailean fèin.

Two Elderly Ladies

I never cared for this type of fickle Christianity,
Folk making a god of the minister and plying him
And lavishing him with goods and food, and cutting his peats,
And the two elderly ladies, they won't even have fuel this year.

Two elderly ladies will be in church every Tuesday evening,
Donald will rise to pray and will take an interminable amount of time,
William will stand and take twice the amount of time others took.
And the two elderly ladies, won't even have fuel this year.

Two elderly ladies in a cottage with no smoke from its chimney,
A fine, big manse and a fire on which venison roasts,
The two elderly ladies frozen with the harsh weather,
This is, and it's not right, Lewis Christianity.

The Lazy Devotee's Wish

If I had my way I wouldn't ask for anything
But wee communions and big communions,
To have no spring or autumn, no stirk or cow
And to be on the 'transitional' for all of my days.

Dà Chailleach Liath

Bu choma leam a-riamh a' Chrìosdalachd bhreòit seo,
Daoine dèanamh dia dhan a' mhinistear 's a' dòirteadh
'S a' càrnadh maoin is biadh air, 's a' buain a chuid mòine,
'S an dà chailleach liath, cha bhi am bliadhna fiù ceò ac'.

Dà chailleach liath bidh sa choinneamh gach Dimàirt iad,
Èirigh Dòmhnall a dh'ùrnaigh 's bheir ùin' a bhitheas sàraichte,
Èirigh Uilleam 's bheir dùbail an ùin' a thug càch e,
'S an dà chailleach liath, cha bhi am bliadhna fiù ceò ac'.

Dà chailleach liath ann am bothan 's gun cheò às,
Mansa mòr brèagha is teine, fiadh dhut a' ròstadh,
'S an dà chailleach liath aig na siantan fuar reòite,
Seo agad, 's chan fhiach e, Crìosdalachd Leòdhais.

Dùrachd a' Chràbhaiche Leisg

Nam faighinn mo dhùrachd chan iarrainn an còrr
Ach òrdaighean beag' agus òrdaighean mòr',
Gun earrach, gun fhoghar, gun ghamhainn, gun bhò,
'S bhith air an "transitional" fad 's bhithinn beò.

My Thousand Compliments to Ness

What a change has come,
And not for the better,
The ground is fallow
And hardly a cow is milked,
Many folded their arms
And said, If we will get
Bread from the state,
Farewell to earth and manure.

This was not what we were told
In the beginning,
But by the sweat of your face
You shall eat bread,
We were given ground and seed
And fish were put in the pool
So that we would have food
And we would become industrious.

If it was the evil laird
Or the merciless bailiff
That was this year
Driving us away overseas,
As was the case here once,
If crime and oppression
Were causing havoc and disorder amongst the people,
Then we would, quite rightly,
Raise cries of complaints.

It isn't a bailiff or factors
And it isn't that the rent is expensive,
The rent is reasonably priced,
Nevertheless, the ground is untilled,
Being transported across the Minch
You see all kinds of produce every day
That we, with our own diligence,
Ought to be growing ourselves.

Mo Mhìle Beannachd Aig Nis

Ach thàinig dà latha
'S cha b' fheàrr a thighinn,
Tha 'n talamh 's e bàn
'S gann bò ga bleoghain,
Phaisg mòran an làmhan
'G ràdha, saoil ma gheibhear
Leinn aran, bhon stàit
Slàn le talamh is todhar.

Cha b' e seo o thùs-sa
A thuirte rinne,
Ach le fallas do ghnùise
Ithidh d' aran thu, dhuine
Thugadh dhuinn talamh is sìol
'S chuireadh dhuinn iasg san linne
Chum gum biodh againne biadh
Air bhonn gum biodh gnìomhachail sinne.

Nam b' e droch thighearna
'S am bàillidh gun truas
A bhiodh am bliadhna
Gar sgiùrsadh thar chuan,
Mar bha 's na crìochan seo uair,
Nan robh eucoir is fòirneart
Sgrios riasladh an t-sluaigh,
Gun deidheadh mar bu chòir
Ar glaodh-ghearain suas.

Chan e bàillidh neo maoir
'S chan e daoiread a' mhàil,
Tha màl reusantach saor
Gidheadh, talamh dol bàn,
Tighinn thar a' Chuain Sgìth
Chì gach nì thu gach latha
Bu chòir le ar gnìomhachas fhìn
Rinn fhìn a bhith fàs.

Countryside without sowing, without reaping
Is like a market without a drover and cattle,
A luxury that is not earned will not last,
Will not be good for you, and never was,
Folds full of crops and cattle
Are what makes for healthy people,
But it is with the sweat of the brow
That this will be achieved.

A priest came over from Donegal
And stayed here for a while,
He told us and showed us
How they had established Co-operatives.
This initiative took root quickly
In ancient Ness of the restless waves,
To begin with the growth was slow
But now the growth is bold,
My thousand compliments to Ness.

Tuath gun chuireachd, gun bhuain
'S amhail 's fèill gun dròbhair, gun chrodh,
Cha bhi sògh gun a chosnadh buan,
Fallain cha bhi 's cha robh,
Buailtean làn bàrr agus buar
Fallaineachd tuath 's e seo,
Ach 's ann le snighe na gruaidh
Tuath na nithibh seo gheibh.

Thàinig sagart o Dhùn nan Gall
A-nall 's bha tamall a-bhos,
Dh'innis e dhuinne agus sheall
Mar chuir iadsan Co-Chomainn air chois,
Ghabh an nì seo freumh air ball
An Nis aosta nan tonn gun chlos,
An toiseach bha chinneachadh mall
Ach, a-nis, tha chinneachadh brais,
Mo mhìle beannachd aig Nis.

Come to the Games on Saturday

Come on Saturday
To the field of athletics
And see the champions
Competing keenly,
Tossing the caber
And casting the stone
As was the custom long ago amongst Gaels,
And they would compete
To see who was the fastest and the strongest.

Come on Saturday,
Make straight for Tong.

Come on Saturday
To the field of athletics
Where old acquaintances meet
And renew friendships,
Greeting each other
with good cheer
Folk from the West side and East side, Ness folk and Uigeachs
Each side intent on giving a sound beating
To the other teams.

Come on Saturday,
Make straight for Tong.

Come on Saturday
To the field of athletics
And we'll promise you a day of merriment and fun,
See the work that a small local village has done,
Its like cannot be found
Anywhere in the country,
The young people in this village
Are worthy of praise.

Thigibh Disathairne

Thigibh Disathairne
Gu faiche nan lùth-chleasan,
'S faicibh na ceatharnaich
Còmhstri gu dlùth-aireach
Cuir car den a' chabar
'S leis an dòirneag a' tùirn-dhèanamh
Mar chìthte o chionn fhada
Aig Gàidheil bho thùs-sa, 's bhiodh
Còmhstri cò bu luaithe 's bu lùthmhoire.

Thigibh Disathairne
Dèanaibh dìreach air Tunga.

Thigibh Disathairne
Gu faiche nan lùth-chleasan,
Far 'm bi seann-fhir a' tachairt
Ri chèile 's ag ùrachadh
An eòlais uair eile
Air a chèile gu mùirneachail,
Bidh Siaraich is Searaich, Nisich is Ùigich ann
'S a' maoidheadh gach buidheann
Às a chèile, seadh, smùid a chur.

Thigibh Disathairne
Dèanaibh dìreach air Tunga.

Thigibh Disathairne
Gu faiche nan lùth-chleasan,
'S geallaidh sinn latha subhach is sùgrach dhuibh,
Faicibh an obair rinn baile beag dùthchasail,
A shamhail chan fhaighear
San tìr air a dhùblachadh,
Tha òigridh a' bhaile seo
Airidh air cliù thoirt dhaibh.

Come on Saturday,
Make straight for Tong,
Ask for directions
In clear, articulate Gaelic.

Thigibh Disathairne
Dèanaibh dìreach air Tunga.
Iarraibh ur slighe
Ann an Gàidhlig ghlan phungail.

I Am the Voice of the Western Isles

I am the voice of the Western Isles,
Strident, confident and nimble,
Collecting stories here and there,
And, finally,
when the short week ends,
My press will, with ink and pen,
Print the stories.

Open my pages and you will see
Accounts of the islands in the Minch,
Islands on whose behalf I fight and labour
And have done so these past fifty years;
In war and in peace
Whether it was rejoicing or cries of the broken-hearted
I reported it.

I am the voice of each small village and district
Of the western isles in the bosom of the Minch,
And everything that happens in them I relay,
Marriages, deaths, births and all the things
That are a part of daily living for people,
Stubborn soil that won't yield food
And seas that will deliver, but at a price.

I saw the decline of the land of MacLeod;
To foreign lands they travelled on steamships
The men who won victory for us instead of captivity,
Were forgotten and disregarded by the Government;
And I saw the trawlers and others,
Plundering the fish stocks; I didn't keep my mouth shut,
Instead I raised my voice and not in a shy way.

Is Mise Guth nan Innse Gall

Is mise guth nan Innse Gall
Neo-fhonn, neo-mhanntach is neo-mhall,
Tha tional naidheachd bhos is thall
'S mo sgeòil, fa-dheòidh,
Nuair thig an t-seachdain gheàrr gu ceann,
Mo bheart do nì le dubh is peann
An cur an clò.

Fosgail mo dhuilleagan is chì
Cunntas air eileanan a' Chuain Sgìth.
Às leth a bheil mi cath 's a' strì
Rè leth-cheud bliadhn';
Ann an cogadh 's ann an sìth
Ma 's greadhnachas neo glaodh cràidh-cridhe,
Sgrìobh mise sìos.

'S mi guth gach baile beag is sgìr'
Nan eilean siar an uchd a' Chuain Sgìth
'S na thàrlaidheas annta bidh mi 'g inns',
Bainnsean, bàsan, breith 's gach nì
Tha 'n cois cath làitheil teachd-an-tìr
Sluaigh,'s talamh rag mu thoirt dhaibh bìdh',
'S muir bheir biadh dhaibh ach air prìs.

Chunnaic mi crìonachd thìr 'Ic Leòid;
Cèin-thriall air bàtaichean na smùid
Na fir thug buaidh dhuinn 'n àite bruid
Dhì-chuimhnich riaghaltas 's dhearmaid;
'S an sgrìobadair a' chuid sa chuid
A' sgrios an èisg; mo bheul nìor dhruid
Ach thog mo ghuth 's nì h-ann diùid.

I saw the old way of living,
A spade, hoe, plough, flail, oar and sail,
A creel, horse and cart, the black house with smoke,
Disappear and be no more.
I saw the new wave of hardy and willing young folk
Rise up from the ashes of the old ways
And, instead of scarcity, there was prosperity for people.

To the emigrant far away in a foreign land
I am a conduit for taking him back
To the hamlet in the shadow of the hill,
And to the small white-washed house beside the sea
With the peat stack at one end of the house,
Where on the path an old dog lies sleeping,
Being patted "Poor Hero!" by the children.

I will speak in the old language of the heroes
Of Ossian, Oscar, Gaul and Finn,
Who brought to Iona by the sea
The most precious story ever written;
The language that both king and peasant once spoke,
Though scarcely is it heard now from one end to another
Of you, Scotland, though it is the language of your youth.

The Islanders' Response

From islanders at home and abroad,
Ten thousand blessings on your words
That bring us news of our fellow islanders
From Iceland to Tibet.
It would be of no wonder to us if we were to hear
That Russians had found on the grey moon in the skies,
An Islander, on his own,
Reading you – the *Gazette*!

Chunnaic mi 'n seann dòigh bith-beò
Spaid, croman, 's crann, sùist, ràmh is seòl;
Cliabh, each is cairt, 'n taigh-dubh le cheò
Ri dol à bith 's gun ann nas motha.
Chunnaic nuadh-dhòigh chalm èasgaidh òg
Fàs suas à luaithre 'n t-seann dòigh
'S an àite gainne, seunalachd slòigh.

Don eilthireach cèin fada thall
'S mi 'n aiseag-aigne bheir e nall
Chun a' chlachain tha fo sgàil nam beann,
'S an taigh beag ghil-night' 'n cois nan tonn
Leis a' chruaich mhònach aig a' cheann.
Air staran seann chù 's e na shrann,
"Siad bochd" ga chlapain leis a' chloinn.

Bruidhnidh mi cànan aost nan sonn
Bh' aig Oisean, Osgar, Goll is Fionn,
'S a thug gu Eilean Ì nan tonn
An sgeul as prìseil' riamh sgrìobh peann;
Bh' aig an rìgh is mith aon uair, ged 's gann
'N-diugh chluinnear i o cheann gu ceann
Dhiot Albainn, ged 's cainnt d' òige th'ann.

Freagairt nan Eileanach

Uainn eileanaich aig baile is cèin
Deich mìle beannachd air do bheul
Tha toirt naidheachd dhuinn mu chèil'
O Innis Tìle gu Tibet.
Cha b' iongnadh leinn ged chluinnt an sgeul;
Gun d' fhuair air gealaich liath nan speur
Ruiseanaich, Eileanach leis fhèin
Ga do leughadh-sa, a *Ghasaet*!

4
POETRY AND SONGS
c) Language, Character and Philosophy

4
DÀIN IS ÒRAIN

c) Cànan, Cridhe is Feallsanachd

The Language of the Gael

It wasn't the snow and frost from the north,
It wasn't the sharp, cold, biting wind from the east,
It wasn't the rain and the storms from the west
But the disease from the south that blighted
The blossoms, foliage, trunk and roots
Of the language of my race and my people.

Chorus
Come join us, come with me to the west
To hear the language of the Fianna;
Come join us, come with me to the west
To hear the language of the Gaels.

"Hand us down the golden candlesticks
And place in them the white, waxen candles;
Light them up in the room of mourning,
The wake-house of the old Gaelic language."
That was what its enemies said over the centuries,
But still the language of the brave lives on.

Though it fled for its life from the glens,
Though it is now only rarely heard
From Sutherland in the far north
Down to Drumochter of the cattle,
But come, come with me to the west,
Where it's still the first language of the people.

The heroes to whom your sound was sweetest
In your glens, the land of cool high mountains,
Now lie asleep in their graves:
And growing up in their place, alas –
Even to the west in the land of MacLeod –
Is a new, young generation who scorn you, Gaelic.

Cànan nan Gàidheal

Cha b' e 'n sneachda 's an reothadh o thuath,
Cha b' e 'n crannadh geur, fuar on ear,
Cha b' e an t-uisge 's an gailleann on iar
Ach an galar a bhlian on deas
Blàth, duilleach, is stoc agus freumh
Cànan mo threubh is mo shluaigh.

Sèist
Thig, thugainn, thig còmh' rium gu siar
Gus an cluinn sinn ann cànan nam Fèinn'
Thig, thugainn, thig còmh' rium gu siar
Gus an cluinn sinn ann cànan nan Gàidheal.

"Fair a-nuas dhuinn na coinnlearan òir
'S annt' càiribh na coinnlean geal' cèir;
Lasaibh suas iad an seòmar a' bhròin
'N taigh-fhaire seann chànan a' Ghàidheil."
'S e siud o chionn fhad' thuirt an nàmh
Ach fhathast tha beò cànan nan treun.

Ged theich i le beath' às na glinn,
Ged 's gann i 'n-diugh chluinntear nas mò
O Dhùthaich MhicAoidh fada tuath
Gu ruig thu Druim Uachdar nam bò,
Ach thugainn, thig còmh' rium gu siar
'S i fhathast ann ciad-chainnt an t-slòigh.

Tha na suinn lem bu bhinne bha d' fhuaim
Nad ghlinn, thìr nam fuar-bheannaibh àrd,
Air an druim anns na h-uaighean nan suain:
Suas air èirigh, mo thruaigh', tha nan àit,
Eadhon siar ann an Dùthaich MhicLeòid,
Linn òg ort a' Ghàidhlig rinn tàir.

Many a lad who took his turn at the wheel
On a dark night, was cheered by a Gaelic song;
Many a hero was spurred on in battle
To great deeds when the conflict was fiercest;
O Gael! Where did your pride go
In your people, your language and your land?

Though it is not heard any more in the Castle,
Or in the hall of the poets and drinking cups,
Though stilled are the fingers of the MacCrimmons
From whom often on a calm evening music flowed,
Yet, Gaelic, in the Western Isles
You'll get protection and your rightful place.

Once if you saw a man in a kilt in the glen
You could be sure that he spoke Gaelic,
But the land of the mountains has changed,
Instead of Gaelic you hear the language of the Lowlander,
It's no longer the land that it was
Today it has become the land of the "Colonels."

O language which is so close to my heart,
My bread, my sustenance, my breath and my strength,
As old as the bushy heather on the moors,
Used to christen every hill, slope and peak;
Without you, a Gael would be
A one-stringed harp and a bloodless artery.

Let us build up a new Gàidhealtachd
With our intelligence, our sweat and our fists;
A Gàidhealtachd of which we can be proud,
In which language and music are held in high esteem
May a lifetime of fulfillment for the spirit and body.
Be forever found at your table.

Come join us, come with me to the west
To hear the language of the Fianna;
Come join us, come with me to the west
To hear the language of the Gaels.

'S iomadh gille thug greis air a' chuibhl'
San dubh-oidhch' thog fonn Gàidhlig a chridh'
'S iomadh gaisgeach a bhrosnaich sa bhlàr
Gu euchd nuair bu teotha bha 'n strì.
O Ghàidheil! O, càite 'n deach d' uaill
Nad fhine, 's do chànan 's do thìr?

Ged nach cluinntear nas motha i san Dùn,
No 'n talla nan cliar is nan còrn,
Ged tha meòir Chlann 'IcCruimein gun lùths
On tric feasgar ciùin a dhòirt ceòl,
Gidheadh, anns na h-Eileanan Siar,
Balla-dìon gheibh thu, Ghàidhlig, 's do chòir.

Uair chìte fear-fèilidh sa ghleann
Bu chinnteach gur Gàidhlig a chainnt,
Ach chaochlaidh i dùthaich nam beann,
An àite Gàidhlig cluinn cànan a' Ghoill,
Chan e 'n dùthaich a bh' ann a tà ann,
'N-diugh 's dùthaich nan "Colonels" tà innt'

O chànain ta leth ri mo chridh',
M 'aran, m' annlan, is m' anail 's mo smior,
'S tu cho aost ri fraoch dosrach nam frìth,
Shloinneadh òg leat beinn, leitir is sgùrr;
Gàidheal gad easbhaidh 's gad dhìth
Clàrsach aon-theud is cuislean gun fhuil.

Suas togamaid Gàidhealtachd nuadh
Le eanchainn, braon-gruaidh agus dòirn;
Gàidhealtachd às an dèanar uaill,
Àit' àrd, uasal aig cànan is ceòl,
'S biadh-beatha aig spiorad is brù
Ri fhaotainn a ghnàth air do bhòrd.

Thig, thugainn, thig còmh' rium gu siar
Gus an cluinn sinn ann cànan nam Fèinn'
Thig, thugainn, thig còmh' rium gu siar
Gus an cluinn sinn ann cànan nan Gàidheal.

O, To See Them Gathered Together

O, to see them gathered together
Even if only for one night,
The community of my youth and generation,
The stools and the bench full,
To hear the ancient language of the Fianna
Being spoken by both elder and young person.

But how foolish is my plea,
For it is and was unheard of
For anyone to live one's youth twice over,
It is like words
Carried away on the wind,
Never to return to the place it left.

Do not think that the poet is timid
If his verse seems to be despondent,
As I listen to children on the street
Not one syllable of Gaelic do I hear,
The mother and her child have forsaken the language,
Even though the mother's English is often quite poor.

How could it not be that my gloominess
Would come to the fore in my song?
When what was once the royal language of Scotland
Is now endangered and neglected,
And the vernacular that was once in the glens
Isn't valued by either peasant or noble.

It isn't my youth alone that I mourn,
That would be foolish of the poet,
But the way in which the wheel has turned fully
And the lower part is now uppermost,
The elite say to us with deceit
That the language is useless.

Och, Nach Fhaicinn Iad Cruinn

Och, nach fhaicinn iad cruinn,
Eadhon aon oidhch' a-mhàin,
Comann m' òige is mo linn
'S na stùil is a' bheing is iad làn,
'S cànan àrsaidh linn Fhinn
Ga cluinntinn aig seanair is pàist.

Nach gòrach mo ghuidh' oir a chaoidh
Cha chualas 's cha chluinnear gu bràth
Dà uair ann am beatha mac mnaoi
An òig, oir is cosmhail i tha
Ri òraid a chaidh leis a' ghaoith,
Chaoidh nach pill chun ionaid a dh'fhàg.

Na saoilibh meath-chridheach am bàrd
Ged nochdadh na bhàrdachd gruaim,
'S mi 'g èisteachd ri cloinn mo shràid
'S cha tig aon lideadh Gàidhlig gum chluais,
'S air a trèigsinn a' mhàthair 's a pàist
Seadh, 's Beurla na màthar tric truagh.

'S fheudar gu nochdadh mo ghruaim
'S gun tigeadh an uachdair nam dhàn,
'S cànan rìoghail Albann aon uair
Ga faicinn le druim ri làr,
'S na glinn 's am bi cainnt an t-sluaigh
Gun luaidh oirr' aig mith neo aig maith.

Chan e òige gu lèir tha mi caoidh,
Bu ghòrach bhiodh sin dhan a' bhàrd,
Ach an tur-char chuir a' chuibhl'
'S an taobh a bha 'n ìochdair bhith 'n àird,
Deir na h-urrachan mòr' rinn le foill
Nach eil innte ach cainnt gun stàth.

Since the defeat at Culloden,
England and the Lowlander vowed
That, sooner or later, they would consign to history
The language of the Fianna,
But they failed to do that, for it lives on
In the land of MacDonald and MacLeod.

If there is one small, burning ember of the Gael
Left on your heart's hearth,
Or if you have even a small spark of pride
In the value of your language,
Then rise up and fight on its behalf,
Before it is fully lost to us.

O, to see them gathered together
Even if only for one night,
The community of my youth and generation,
The stools and the bench full,
To hear the ancient language of the Fianna
Being spoken by both elder and young person.

Bho latha Chùil-Lodair 's a' chall,
Sasainn 's an Gall thug bòid
Gun càradh iad luath neo mall
Cànan na Fèinn fon fhòd,
Ach dh'fhairtlich orr' siud, oir tha thall
Beò i 'n Dùthaich MhicDhòmhnaill 's IcLeòid.

Ma tha èibhleag bheag bheò a' Ghàidheil
Air fhàgail air cagailt do chridh'
Neo sradag bheag bheò de dh'uaill
Ann an luach do chànain, rèist' bi
'G èirigh is às a leth buail
Mun tèid i tur oirnn a dhìth.

Och, nach fhaicinn iad cruinn,
Eadhon aon oidhch' a-mhàin,
Comann m' òige is mo linn
'S na stùil is a' bheing is iad làn,
'S cànan àrsaidh linn Fhinn
Ga cluinntinn aig seanair is pàist.

The Poet's Response

O, that we had a dozen people
Like you, Donald, in the presbytery,
Folk who were willing to nail to a luxuriant tree
The banner of the language of heroes and the Fiann.

Who would go forth boldly at the head of an army
To fight for our mother tongue,
And when Gaels heard the marching
They would rise up as was their custom in difficult times.

Then the timid would become strong,
The half-hearted would become enthusiastic,
And the freshly tuned pipe drones
Would encourage Gaels to the cause.

And the same war cry would be heard from each mouth,
"Gaelic! O, Gaelic forever!"
And a gust of pride and of envy
Would blow Gaelic embers up high.

And instead of the odd ember and ashes
Being on the language's chilly hearth
We would have fire and heat rising up
To chase away cold and death.

It was the most expressive language in the pulpit,
In court it distinguished right from wrong;
And on a peaceful, moonlit night,
The language was the first choice of lovers.

It was the language that would lull to sleep
The infant in the mother's lap,
It would incite the soldier in battle
And, for declaring love, it was the best.

Freagairt a' Bhàird

B' fheàrr gun robh dusan dhe d' sheòrs'
Againn, a Dhòmhnaill, sa chlèir,
A chàradh àrd ri crann dosrach
Bratach cànan nan gaisgeach 's nam Fèinn.

'S a dh'imicheadh treun air ceann feachd
A chatha às leth cànain ar màth'r,
'S nuair a chluinnte le Gàidheil a' chaismeachd
Gun èireadh mar chleachd ann an càs.

'N sin dh'fhàsadh am meata treun,
Is eudmhor am fear bha meagh-bhlàth,
Is pìob nan dos 's i ùr ghleust
A' brosnachadh Ghàidheal gu stàth.

'S an aon ghlaodh-cath às gach beul
"A Ghàidhlig! O, Ghàidhlig gu bràth!"
Agus osag na h-uaill is na h-eud
Sèideadh grìosach na Gàidhlig an àird.

'S an àite corr' èibhleag is luath
Bhith air cagailt na Gàidhlig gun bhlàths,
Teine is teas oirr' ag èirigh suas
Cur fuadachd air fuachd is bàs.

B' i 'n cànan bu drùidhtich sa chùbainn,
Sa chùirt sgaradh ceart bhon a' cheàrr;
B' i 'n cànan air oidhche chiùin, ghealaich
A b' fheàrr bhith aig leannanan gràidh.

'S i a thàladh le crònan gu cadal
An leanabh an uchd a mhàth'r,
'S i a bhrosnaicheadh saighdear sa bhatal
'S gu gaol chur an cèill, 's i a b' fheàrr.

Some say that it was the language of Eden
I was never amongst those
Who believed that it would have any hand
In the fall of Adam.

Eve didn't say to Adam, "Go on!" in Gaelic,
She didn't, she didn't!
Nor do I believe that Gaelic played a part
In their breaking of God's commandments.

O, that we had a dozen people
Like you, Donald, in the presbytery,
Folk who were willing to nail to a luxuriant tree
The banner of the language of heroes and the Fiann.

Their cuid gur i bha sa ghàrradh,
Cha robh mi dhen àireamh a-riamh
Bha creids' gu robh radha neo làmh aic'
Ann an dèanamh le Adhamh droch ghnìomh.

Cha b' e "Siuthad!" thuirt Eubha ri Ádhamh
Ann an Gàidhlig, cha b' e, cha b' e!
Nìor chreid mi gur ann anns a' Ghàidhlig
A bhriseadh leotha àitheantan Dhè.

Nach bochd nach robh dusan dhe d' sheòrs'
Againn, a Dhòmhnaill, sa chlèir,
A chàradh àrd ri crann dosrach
Bratach cànan nan gaisgeach 's nam Fèinn.

The Poor Old Dog

Yesterday my father said to me,
"Away you go and drown the old dog.
The puppy is big now
And one dog is enough for us."

I did not go willingly,
Indeed I went sadly;
The poor old dog thought
He was heading off to the moor.

He followed me without asking;
Off to the shore we went,
O, blind are people and dogs as to when
Their end may be in sight!

The deed in my eyes was loathsome,
And against my nature and my instinct;
The poor old dog, without fault,
And I was going to drown him.

When I found a suitable stone
And I attached a rope to it
The poor old dog's gentle eyes
Were asking "What is this for?"

It's a good thing that hidden from us,
And concealed from you and me,
Is the future, poor old dog,
Or our lives would be the poorer.

Death is in the nature of all the living
Who are born with a cord round their neck,
And sooner or later, poor old dog,
That cord, tightens on us.

An Seann Chù Bochd

An dè thuirt m' athair riumsa,
"Bi falbh is bàth an seann chù,
Tha nis an cuilean air fàs mòr,
'S tha aon gu leòr bhith ann diubh."

Cha do dh'fhalbh mi deònach,
'S ann a dh'fhalbh mi brònach;
An seann chù bochd is e den bheachd
E bhith dol chun na mòintich.

Do lean e mi gun iarraidh;
Siud chun a' chladaich sìos sinn.
O 's dall tha daoine 's coin air cuin
A dh'fhaodas tigh'nn a' chrìoch orr'!

Bha 'n gnìomh am shùilean gràineil,
'S an aghaidh mo ghnè 's mo chàile;
An seann chù bochd, anns nach robh lochd,
'S mise dol ga bhàthadh.

Nuair a lorg mi dòirneag,
'S nuair a shnaim mi ròp oirr'
Bha sùilean sèimh an t-seann choin bhochd
"Carson tha seo?" ri feòrach.

Is math g' eil falaicht' bhuainne
'S gun cheileadh uatsa 's uamsa
An t-àm ri teachd, a sheann choin bhochd,
Neo bhiodh ar beatha truagh dheth.

Tha 'm bàs an gnè gach beò, 's tha 'd
Gam breith le dul mun sgòrnan,
Is luath neo mall, a sheann choin bhochd,
An dul ud, druidear oirnne.

Though I know just now
How close you are to death,
I'm just as blind to my own fate, poor old dog
As you are at the moment.

But you are not troubled as I am
With unwanted thoughts
About the future, poor old dog,
As to what lies beyond the grave.

Or why is evil so strong?
O, that it was trampled underfoot;
Why should hatred overcome
And often chase love away?

Our being and our lives are
Like the short span of a shooting star
That briefly streaks the dark night sky,
Then, melts away and vanishes.

This is how I often ponder,
It may be wise or foolish of me,
I wonder what need there is of free-will
If every step has been preordained?

Or is it left
In mankind's hands
To steer his own life
In the way he chooses?

Then I ceased talking to him,
And he put his paw in my hand…
As if the poor old dog
Was bidding me a final farewell.

When I pulled down over his ears
The noose, and securely tightened it,
Plaintive was the poor old dog's yelp
As every gloomy rock answered in response.

Ged 's fiosrach mis' an-dràsta
Air cho dlùth 's tha 'm bàs dhut,
Tha cheart cho dall mi, sheann choin bhochd,
Air m' àm 's tha thus' an tràth seo.

Ach chan eil thus air d' bhuaireadh
Mar tha mis le smuaintean
Mun àm ri teachd, a sheann choin bhochd,
'S cha cheist taobh thall na h-uaigh dhut.

Neo cuid tha 'n t-olc cho làidir?
'S gun saltradh math bho shàil e;
'S carson bhiodh fuath ri toirt na buaidh,
'S ri cur na ruaig air gràdh tric?

Ar bith 's ar beath' gu dearbh tha
Mar gheàrr-rèis reult an earbaill
A sgeitheas tiota dubh na h-oidhch',
'N sin shluigeas i gun lorg oirr'.

Mar seo bidh tric mi meòrach,
Ma 's glic dhomh seo neo gòrach,
Saoil thus' an saor-thoil a bheil feum
Ma tha gach ceum ro-òrdaicht'?

Neo a bheil ann an làmhaibh
Mhic-an-duine air fhàgail,
Seadh, falmadair a bheatha fèin
Gu stiùireadh far an àill leis?

'N sin sguir mi ris a chòmhradh,
'S chuir 'am làimh a spòg e...
Mar gum biodh an seann chù bochd
A' leigeil slàn rim bheò leam.

Nuair dhruid mi sìos mu chluasaibh
An dul, 's a theannaich cruaidh e,
Bu chianail sgal an t-seann choin bhochd,
'S ga fhreagairt gach creag ghruamach.

Then I said to him kindly.
"Never will the bàrd drown you;
The mercy that God planted in my soul
Seven seas will not overwhelm it."

Then I left the stone with the rope,
And the merciless waves down below,
It's the poor old dog's judgement tonight
That mercy is the daughter of compassion.

'N sin thuirt mi ris gu bàidheil,
"A chaoidh cha bhàth am bàrd thu;
An iochd a phlanndraich Dia am uchd,
Cha dèan seachd cuain a bhàthadh."

'N sin dh'fhàg mi chlach 's an ròp oirr',
'S na tuinn gun iochd shìos foidhpe.
'S e beachd an t-seann choin bhochd a-nochd
Gur nighean truais tha 'n tròcair.

The Escapist

When mercilessness replaces compassion
And rules in all areas of life,
When a man won't show mercy unless he's rewarded,
When Nagasaki is bombed to dust
And Christians won't censure anyone
Except the likes of me for going for a walk on a Sunday,

Chorus
I'll say, "Let the world go bang,
Let it, but I'll pull the blanket over my head.
O Lord, yes I will,
And I'll snore away."

When mankind with a lack of sense
Threatens one another with complete destruction
With atom and hydrogen bombs,
I'll say, "Let the world go bang…"

When the churches teach love
And yet treat each other like enemies,
I'll lift up my two hands,
I'll say, "Let the world go bang…"

When Russia and America
Square up to each other,
Threatening destruction on us all,
When you and I are like a blade of grass,
Our voices feeble and lacking guidance
As when a hammer hits cold iron,
I'll say, "Let the world go bang…"

When I get my bread on a fine table
And don't consider the poor ploughman of the land
Who sweats to provide for us,
And then I see and hear on television

Am Fear Teiche

Nuair bhios an-iochd an àite truais
A' riaghladh shìos 's a' riaghladh shuas
'S nach nochd neach iochd mur faigh e duais,
'S do Nagasaki nithear luath,
'S nach casaid Crìosdaidhean aon uair
Ach orms' Di-Dòmhnaich on chaidh cuairt.

Sèist:
Their mi, "Theirigeadh an saoghal bun-os-cionn
Theirigeadh, ach tarraingidh mi phlaide mu mo cheann,
O Rìgh tarraingidh,
O tarraingidh mi srann."

Nuair bhios clann-daoin' le dìobhail cèill
Ri maoidheadh tur-sgrios air a chèil'
Le boms na h-atom 's hydrogen,
Their mi, "Theirigeadh an saoghal bun-os-cionn..."

Nuair bhios eaglaisean a' teagaisg gràidh
'S iad ri chèile mar dhà nàmh,
Suas togaidh mise mo dhà làimh,
Their mi, "Theirigeadh an saoghal bun-os-cionn..."

Nuair bhios an Ruis 's Aimeireagaidh mhòr
Le bus ri bus is dòrn ri dòrn,
Ri bagairt tur-sgrios a thoirt oirnn,
Is mise is tus' mar fheòirnean feòir
Ar guth gearain lag gun treòir
Mar air iarann fuar an t-òrd,
Their mi, "Theirigeadh an saoghal bun-os-cionn..."

Nuair gheibh mi m' aran air bòrd grinn
'S gun mheas air treabhaich' bochd an fhuinn
Le fhallas tha toirt arain dhuinn,
'S a chì air teilidh mi 's a chluinn

Another man screaming at the top of his voice,
And makes a thousand pounds in one night,
I'll say, "Let the world go bang…"

If our yardstick was the value of our reward,
The man who didn't sow would not reap.
When I see someone who works by the sweat of his brow
And another one storing up riches,
To be parted from them at the mouth of the grave,
I'll say "Justice, where is your victory?"
I'll say, "Let the world go bang…"

When we contaminate willingly
The sea, the fish and the birds,
And the river, from which we once drank,
Is now a polluted mess where nothing lives,
And Nemesis threatens us,
Full revenge for our sumptuous lifestyle,
I'll say, "Let the world go bang…"

When Christians tell us
About a wondrous land on the other side of the river,
Where there shall be no sorrow or illness
And where they will joyfully sing,
Yet seem in no hurry to reach this land,
And my unbelief wants certainty,
I'll say, "Let the world go bang…"

When people oppose each other in hate
And aren't reconciled throughout their lives
On the short road between the cradle and the grave,
*I'll say, "Let the world go bang,
Let it, but I'll pull the blanket over my head.
O Lord, yes I will,
And I'll snore away."*

Fear eile sgriachail àird a chinn
'S nì mìle not e 's an aon oidhch',
Their mi, "Theirigeadh an saoghal bun-os-cionn…"

Nam bu shlat thomhais luach ar duais
Cha bhiodh am fear nach d' chuir ri buain.
Nuair chì mi neach le fallas gruaidh,
Neach eile càrnadh ionmhais suas
A dhealaicheas ris aig beul na h-uaigh,
Their mi, "Cheartais, cà'il do bhuaidh?"
Their mi, "Theirigeadh an saoghal bun-os-cionn…"

Nuair thruailleas sinne gu ar deòin
Am muir, an t-iasg agus na h-eòin,
'S an abhainn uair deoch às na dh'òl
'N a brochan truaillt' gun innt' nì beò,
Is Nemesis a' bagradh oirnn,
Seadh, dìoghaltas dearg air linn-na-sògh,
Their mi, "Theirigeadh an saoghal bun-os-cionn…"

Nuair bhios Crìosdaidhean ag innse dhuinn
Mu dhùthaich ghrinn taobh thall na h-aibhn'
Anns nach bi bròn neo duine tinn
'S am bi iad sòlasach ri seinn
'S gun chabhaig orra faighinn innt',
'S m' eas-creideamh-sa ri 'g iarraidh cinnt,
Their mi, "Theirigeadh an saoghal bun-os-cionn…"

Nuair bhios ga chèile daoin' am fuath
'S nach bi iad rèidh rè rèis an cuairt,
Sìos an rathad beag geàrr th' eadar creathall agus uaigh,
*Their mi, theirigeadh an saoghal bun-os-cionn
Theirigeadh, ach tarraingidh mi phlaide mu mo cheann,
O Rìgh tarraingidh,
O tarraingidh mi srann."*

The Age of "Hurry Up"

"O the Kyle train is so slow,
Look at how much time is lost!
Whilst on the plane you'll be over straight away."

Chorus
"Hurry, hurry, hurry up!" is all you hear,
Nothing but "Hurry up" in this age;
Whether it's a funeral or a fank
All you hear is "Hurry, hurry up, don't delay!"

I was in Glasgow and in Edinburgh,
And barely saw a composed face,
Only fury and frenzy all the time.

The tyranny of the little clock
Keeps millions in check and in its thrall,
And they obediently leave their work at five o'clock.

Better to be with the livestock and their offspring,
Content at the foot of the hills, O, I would prefer that,
Than to be a slave to the clock.

Better to be composing poetry,
Alongside the murmur of waves on white sands,
Far away from the nasty rat race.

As we cannot increase, alas,
The distance between cradle and grave,
Better to walk it than to run fast!

Linn "Greas Ort"

"O tha trèana Chaoil cho mall,
Seall an tìde tha thu call!
Bidh 's a' phlèin thu thall air ball."

Sèist
"Greas, greas, greas ort!" O cha chluinn
Càil ach "greas ort" anns an linn-s';
Mas e adhlacadh no faing
'S e "Greas, greas ort, na dèan maill!"

Bha mi 'n Glaschu 's anns an Dùn,
'S gann gum faca mi gnùis chiùin,
Ach caoch cuthach fad na h-ùin'.

Aig a' chloca bheag fo smàig
Tha na milleanaibh, 's fo spòig,
'S èiridh umhail dha aig còig.

B' fheàrr bhith leis an sprèidh 's an àil
Sona aig bun nam beann, O b' àill,
Na bhith aig a' chloc nad thràill.

B' fheàrr a bhith ri dèanamh dhàn,
Làmh ri crònan na tràigh-bàin,
Fad o rèis-an-radain ghrànd'.

O nach meudaichear, mo thruaigh,
An t-astar eadar creathall 's uaigh,
'S cho math coiseachd ri ruith cruaidh!

The Brown Heron

Moonlight hours
Are blessed hours
For you and for me;
The rock pools
Glisten brightly
Helping us in our search for food.

Chorus
Brown heron,
Sitting on a knoll,
Three hits on the stake
And your tail is above in flight.
O three hits on the stake
And your tail is above in flight.

Moonlight hours
Are blessed hours
For you and for me;
I will get a promise
And sweet kisses
From the love of my heart.

But neither wealth nor a cattle-fold
Nor the maiden's kiss
Do I long for,
Nor music nor merriment,
But a place where I will find
Rest and peace.

On shops and the city,
On noise and bustle
I will turn my back
And I'll come to you,
To the peace of the glen
Where my heart will be forever immersed.

Chorra-Ghritheach Dhonn

'S e àm na gealaich,
Siud àm na beannachd
Dhut fhèin is dhomh fhìn;
Bidh lòin nan sgeirean
Gu brèagha soilleir
Gu sireadh bìdhe

Sèist
Chorra-ghritheach dhonn,
Na do shuidh air tom,
Trì buille bacain
Is d' earball os do chionn.
O, trì buille bacain
Is d' earball os do chionn.

'S e àm na gealaich,
Siud àm na beannachd
Dhut fhèin is dhomh fhìn;
Gheibh mise gealladh
Is pògan meala
O, ghràidh mo chrìdh'.

Ach maoin neo mainnir
Neo pòg na h-ainnir
Chan e mo dhìth,
Neo ceòl neo aighear,
Ach càit' am faighear
Leam fois is sìth.

Ri bùth 's ri baile,
'S ri ùpraid 's boile
Cùl cuiridh mi;
'S riut thig mi maille,
A shìth a' ghlinne
Bàthaidh mo chrìdh'.

Love and Hate

Love saw a man drowning
And shouted "Help! Help!
A man is in danger."
Hate saw a man being murdered,
"Bless you" said he to the murderer.

I am so tired of the war
That wrestles in my heart
Between those two, always in conflict,
As they strive to see which is the stronger,
Love and Hate...that is me.

Who, Hate, gave you life from the beginning?
From whence did your might and strength come?
Which power was responsible for you?
When or where did you come into being?
When did you get a place in our hearts?

Which of you is the elder, Love or Hate?
Did you grow up together?
Did you, Love, get your warmth and substance
From the breastmilk of mercy's bosom?

And you, Hate, that lies
In the heart of even the holy and just,
What kind of breastmilk did you get?
Were you raised on the cold blood
Of the murderer and the poisonous serpent of the grave?

How contented the world would be
If you, Hate, hadn't come into it,
Then there would be no need for Glory
And Love would reign over humanity's heart
Filling it with music, laughter and joy.

Gràdh is Fuath

Chunnaic Gràdh duine ga bhàthadh
'S ghlaodh "Cobhair! Cobhair!
Duine ann an gàbhadh."
Chunnaic Fuath duine ga mhurt,
"Mo bheannachd ort" ris a' mhuirtear thuirt.

Den a' chogadh 's mise tha ro sgìth
Tha gabhail àit air clàr mo chridh'
Eadar an dithis ud buan strì
Feuchainn, ach cò ac' as treis',
Gràdh is Fuath…siud agad mis'.

Cò thug bith dhut, Fhuath, o thùs?
Cò às a fhuair do neart 's do lùths?
Cò 'n cumhachd aig robh làmh sa chùis
Seadh, cuin neo càit' an d' fhuair thu bith?
Cuin fhuair thu àit nar cridh'?

Cò 's sine, thusa, Ghràdh, neo Fhuath?
'N ann còmhla ri chèile dh'fhàs sibh suas?
'N d' fhuair thusa, Ghràdh, do bhlàths 's do smuais
Am bainne-cìche broilleach truais?

Is thusa, Fhuath, ta nad shuain
Eadhon an cridh' na naoimhe suairc',
Dè 'm bainne-cìche thusa fhuair?
An deach do thogail air fuil fhuar
A' mhuirteir 's nimh nathrach na h-uaigh'?

Nach sona bhiodh an saoghal mòr,
Mur biodh tusa, Fhuath, air tigh'nn na chòir,
'S nuair ud cha bhiodh feum air Glòir
'S a' riaghladh cridh' an duine, Gràdh,
'S ga lìonadh ceòl is gàir is àgh.

But in spite of your might and strength
You won't get what you wish for,
For there is one of stronger substance
Than you, Hate, which will overcome you.
Love is mightier than the grave.

This world would be as cold as ice
If you, Love, hadn't come into it
Throwing out Hate,
Without you the world would fall apart,
We're the dwelling, you're what binds us together.

Yet, look east, look west, look north,
Lo, that son of wickedness, Hate, is still there,
Often prevailing over Love,
As the two wrestle with each other in our hearts.

If you, Hate, have been a part of my nature
Since I was in the womb without form, without beauty
And that I didn't create myself, I didn't,
Do I carry the guilt of my nature then?

Ach dh'aindeoin do neart mhòr 's do lùths
Chan fhaigh thu do thoil fèin sa chùis,
Oir tha fear ann as treise smuais
Na thusa, Fhuath, 's a bheir ort buaidh,
Gràdh as làidire na 'n uaigh.

'S e an saoghal seo bhiodh reòite, fuar
Mur biodh tusa, Ghràdh, air teachd san uair
A' tilgeadh chun na sitig Fuath,
Às d' eugmhais 'n saoghal dheidheadh ma sgaoil,
Is sinne an aitreabh, 's tusa an t-aol.

Gidheadh, seall sear, seall siar, seall tuath,
Feuch mac an uilc ud, fhathast, Fuath,
Tric air Gràdh ri faighinn buaidh,
Nar cridhe an dithis cogadh cruaidh.

Ma 's e tusa, Fhuath, pàirt dem ghnè
'S mi anns a' bholg gun dreach, gun sgèimh,
'S nach mise chruthaich mi fhèin, chan e,
Eil ciont mo ghnè-sa orm a-rèist?

Am I My Brother's Keeper?

When our appetites are sated
And we are replete after each meal,
Let us remember the mother
Who on her chest has a loving infant
Suckling on poor, empty breasts,
Which have dried up through famine and drought
Like a dry stream bed at the foot of the mountain.

Thin arms and legs, each rib exposed
As the famine has taken whatever flesh was on them;
Bent like a bare tree in the icy winter,
Children with bellies swollen with lack of food
And the famine proclaims on the path:
"Where I am, there will be no bread."
Famine without ear, without compassion for the hungry.
And I and you who read this poem,
When our stomachs are full
Let us not say what Cain said:
"Am I my brother's keeper?"

When you rise from the table
And say "I really enjoyed that."
And you rise with gratitude,
Do you think of famine?
Famine that won't come with a lap-full
Of tasty food and provisions
To the tables of the hungry, who are half-dead and silent.
Famine that has left the table, alas,
Just as bare as the grave's flagstone,
And I and you who read this poem
Our purses and our bellies full,
Will we say what Cain said:
"Am I my brother's keeper?"

Am Mise Fear-Gleidhidh Mo Bhràthar?

An uair a dh'itheas sinn ar sàth
'S ar seachd leòran aig gach tràth,
Cuimhnicheamaid air a' mhàth'r
'S air a broilleach cìochran gràdh
A' deoghal cìochan truagh gun bhainne,
Air tiormachadh aig gort is gainne
Mar shruthain thiormaich 'm bonn na beinne.

Caol-ghàirdean 's chasan 's gach aisean ro-nochd-te
'S a' ghort air spioladh na bha dh'fheòil orr';
Gad mar chraobh lom sa gheamhradh reòdhta,
Clann len com air at aig lòn-dhìth
'S a' ghort a' glaodhaich air an staran:
"Far am bi mise cha bhi aran."
Ghort gun chluais, gun truas, dhan ghearain,
Is mise, is tusa leughas mo dhàn
Nuair bhios sinn 's ar brù làn
Na abramaid an nì thuirt Càin;
"Am mise fear-gleidhidh mo bhràthar?"

An uair a dh'èireas tu bhod bhòrd,
'S a their, "'S e siud rium fhìn a chòrd."
Nuair chuireas buidheachas thu 'n àrd,
Na smaoinicheadh leat air a' ghort?
A' ghort nach tig le làn a sgiùird
De bhiadh neo annlan blast gu bùird
Nan acrach leth-mharbh gun dùrd,
A' ghort a dh'fhàg am bòrd, mo thruaighe,
A cheart cho lom ri leac na h-uaighe,
Is mise, is tusa leughas mo dhàn
'S ar sporan 's ar brù làn,
An abair sinn an nì thuirt Càin;
"Am mise fear-gleidhidh mo bhràthar?"

Rise Up, My Dear People

Rise up, my dear people,
Against the means-tested act
That the Tories have foolishly passed without mercy.
For, this is the most foolish act,
Asking people to confirm their income
When tomorrow's breakfast is unknown tonight.

For poor people for whom life is a struggle
Each and every day,
Like me and like you,
That means testing will be applied to us
By the Tories as if jesting
That we have accrued too much wealth.

When we request our right,
Questions will be asked of us,
Of the state and income of the household,
Does the cow yield milk?
Do you weave tweed?
Yes, and are your hens laying eggs?

And if you answer "Yes"
Your claim will be useless,
For in a Tory's view that's too much wealth,
Even though he would spend in a day
What would keep you going for a season.
O, when, when will my dear people awaken?

The Liberals today
Are like the old blackhouses
That were of use in their day
But are now fast disappearing,
But Labour is strong with a voice
That fights for the poor man and his children.

Èiribh Suas a Luchd Mo Ghaoil

Èiribh suas a luchd mo ghaoil,
'N aghaidh achd an dearbhaidh mhaoin
Rinn na Tories gu faoin is gun iochd.
Oir 's e seo an achd as faoin',
Dearbhadh maoin ri dol air daoin'
Air a bheil am bracaist a-màireach dall a-nochd.

Air na truaghain tha tighinn beò
Air fìor èiginn gach aon lò,
Mar a tha mi fhèin is thus',
Thèid an dearbhadh maoin ud oirnn
Le na Tories mar le spòrs
Ag ràdh g'eil ar maoin air fàs cus.

Nuair a thagrair leinn ar còir,
Thèid na ceistean seo chur oirnn
Mu chor, agus mu chuir a-steach an taigh',
A bheil bainne aig a' bhò?
A bheil sibh a' dèanamh clò?
Seadh, neo a bheil na cearcan agaibh breith?

Is ma chanas tusa "Tha",
Bidh an "claim" agad gun stàth,
Oir tha siud am beachd an Tory na chus maoin
Ged a chaitheas e an aon latha
Seadh, na chumadh tusa ràith.
O, cuin, O, cuin a dhùisgeas luchd mo ghaoil?

Tha na Liberals an-diugh,
Mar na seann thaighean-dubh'
Bha feumail ann na latha agus na linn,
Dol à sealladh leis an t-sruth,
Ach tha Labour treun le guth
Cur cath às leth an duine bochd 's chloinn.

The Scottish Assembly

Hi ri ri
It is coming,
Hi ri ri, what we want,
An assembly of Lowlanders and Gaels
To govern Scotland wisely and well.

Hi ri ri
It is coming,
The assembly that we want,
It's neither deceit nor a hatred for England
That has inspired this movement.

Hi ri ri
It is coming,
The first Thursday of March
Even if there are blizzards and drifting snow
Get up, get up! Say "Yes!"

Nobles and commoners
O, arise
on Thursday with vitality and vigour!
And you'll be seen once more, Scotland,
In your own house at the head of the table.

It is not
With malice for any man
Or race under the sun
That we want an Assembly
It is to rule our own house.

Hi ri ri
It is coming,
The first day of March
Even if there are blizzards and drifting snow
Get up, get up! Say "Yes!"

An Coithional Albannach

Hi ri ri
Tha e tighinn
Hi ri ri, nì tha bhuainn,
Coithional de Ghoill 's de Ghàidheil
Riaghlas Alba glic is buaidh.

Hi ri ri
Tha e tighinn
An coithional a ta bhuainn,
Chan e foill neo fuath do Shasainn
A thug casan dhan a ghluas'd-s'.

Hi ri ri
Tha e tighinn
Chiad Diardaoin den a' Mhàrt
Ged robh cur is cathath breun ann
Èiribh, èiribh! 'S abraibh "Tha!"

Mhaithean 's Mhithean,
O, èiribh
Air Diardaoin le sunnd is sùird!
'S chithear aon uair eil' thu, Alba,
Nad thaigh fèin an ceann a' bhùird.

Nì tha ann
Le mì-rùn do dhuine
Neo do chinneadh ta fon ghrèin,
Coithional tha sinne 'g iarraidh
A bhith riaghladh ar taigh fèin.

Hi ri ri
Tha e tighinn
A' chiad latha den a' Mhàrt
Ged robh cur is cathath breun ann
Èiribh, èiribh! 'S abraibh "Tha!"

The King and the Servant

The king was born with nothing
And no different from the servant's child,
Both came into the world with just a fine membrane.

Chorus
It's a true mark of the heart to be in high spirits
When you hear someone whistling,
I'd whistle a reel and I'd stamp the floor
I'd whistle, I'd whistle and I'd stamp the floor,
Today let us be merry,
Leave sadness until tomorrow.

I saw the king dressed in silk
Wearing a pure, golden crown, but the ragged servants
Weren't allowed anywhere near him.

Yesterday I met the king and the servant
Wearing nothing but a fig-tree leaf to cover themselves
And I couldn't distinguish between the king and the servant.

I met a presbyterian, I met a priest,
A sinner and a beggar I met yesterday
Naked I couldn't identify one from another.

But one day, stealthily, came the reaper,
His laugh was heard, and look now at their fortune,
With the one blow the servant and the king were struck down.

The king passed away as did the poor servant,
They each died of the same disease,
Both left the world as empty as they came into it.

Surely we ought to try, you and I, my friend,
To leave the poor, sorrowful, vexed, troubled world
A little bit better than the way in which we found it.

An Rìgh 's an Sgalag

An rìgh rugadh gun nì 's gun eadar-dhealachadh
Eadar e fèin, is leanabh na sgalaige,
Gun nì ach laoisgean thana le chèil' orra.

Sèist
'S comharradh fìor air cridh' bhith beadarach
Nuair a chluinn thu tì ri feadarachd,
Dh'fheadraichinn ruidhle 's làr gum breabainn-sa
Dh'fheadraichinn, dh'fheadraichinn 's bhreabadh an làr mi,
An-diugh bitheamaid subhach
Fàg dubhach gu màireach.

Chunnaic mi 'n rìgh na shiòda sgeadaichte
Le crùn den òr fhìorghlan 's cha robh ceadaichte
Dha na sgalagan piullach faisg mhìle tigh'nn air.

Thachair an-dè an rìgh 's an sgalag rium
Gun èideadh ach duilleach chruinn-fhige dh'fhalaich orr'
'S cha do dh'aithnich an rìgh 's an sgalag o chèile mi.

Thachair rium clèireach, thachair rium sagairte,
Peacach, 's dìol-dèirce 'n-dè rinn tachairt rium,
Lomnochd chan aithnich mi duine bho chèile dhiubh.

Ach thàinig air fàth aon latha an spealadair,
Chualas a ghàir 's an ràth nis seallaibh iad,
Leis an aon tarraing an sgalag 's an rìgh leag e.

Chaochail an rìgh 's chaochail an sgalag bhochd,
Chaochail le chèile leis an aon ghalair iad,
Dh'fhalbh iad nan dithis cho falamh 's a thàinig iad.

Nach fheuchar leam fhìn 's leat fhèin, mo charaide,
An saoghal bochd, brònach, dòrainneach, carraideach,
Fhàgail, seadh, beagan nas fheàrr leinn na fhuair sinn e.

The Drunkard and the Bottle

Victorious soldier of battles,
Look at him, he conquered the enemy;
But he himself is a slave to the bottle.

Chorus
My heart would dance a reel
If the tale was true
That you had forsaken completely
The bottle, young man.

Proud superior of contempt,
Pride swollen with haughty disdain,
The bottle will send pride to the grave.

The big, strong man who with his fists
Would knock his enemy in a heap,
The bottle will knock him to the ground.

The loud man who is boastful
Listen to him in the hostelry,
The bottle will have the poor man in its clutches.

If the bottle and his mother
Were stranded on a rock due to high-tide,
The bottle, the drunkard would first choose.

He comes home on a Friday,
Which is pay night, empty and foolish,
Having shared his wages in the hostelries.

His ability to walk and his good sense
He lost, and as he slobbers from his mouth,
He would cause even the tethered beast to despise him.

Am Botal 's am Misgear

Saighdear buadhach nam blàr
Seall air, cheannsaich e an nàmh;
Aig a' bhotal na thràill tha e fhèin.

Sèist
Dhannsadh ruidhle mo chridhe-sa
Nam b' e 'n fhìrinn an sgeòil
Gun do thrèigeadh gu tur leat
Am botal, 'ill-òig.

Uachdaran uaibhreach na tàir
Air uaill-at le shròin àird
Ni 'm botal shròn àrd thoirt don ùir.

Am fear mòr làidir le dhùirn
De 'n a nàmh dhèanadh dùn
Nì am botal a dhruim chur ri làr.

An àrd labhrach làn bòsd,
Cluinn fhèin e san taigh-òst'
Aig a' bhotal tha bròinein fo smàig.

Nan robh 'm botal 's a mhàth'r
Aig sgeir iadht le muir làn,
Am botal theàrnadh am misgear air tùs.

Thig e dhachaigh Dihaoin'
Oidhch' pàighidh, falamh faoin,
'S a mhaoin air na h-òstairean roinnt.

Comas imeachd 's a chèill
Chaill e, 's ròil às a bheul
E air ainmhidh na stèill chuireadh gràin.

Blue eyes half shut,
His mouth twisted, unable to speak much,
Legs and hands shaking and without strength.

The tender young children ask their mother,
"What is wrong with Daddy?
He's retching on the floor like a dog."

You will see him on Monday afternoon
Without a penny to his name,
Drinking his, as yet, unearned wages and putting it on the slate.

Sùilean liath letheach dùint',
Bheul 's ann fiaradh 's bloigh-cainnt,
Casan 's làmhan air udal gun chlì.

Chlann bheag mhaoth deir ri màth'r,
"Dè air Dadaidh tha ceàrr?
'S e ri sgeith air an làr mar nì cù."

Chìtear feasgar Diluain
E gun aon sgillinn ruadh
'G òl a phàighidh, nach d' fhuair, air an sglèat.

When You Grow Up

Sit, my love, on my knee
So that you can hear my song,
With your serene, blue eyes
And your fair, golden hair;
When you grow up
Will you, my dear, drink alcohol?

A venomous serpent with a deadly sting
Is what alcohol is, my dear;
She is often seen with her young
Under the bar in the hotel;
When you grow up
Please, my dear, do not drink alcohol.

Promise your mother, my dear,
When you grow up
That never, on account of you,
Will her pillow be wet with tears
When you grow up
And that, my dear, you won't drink alcohol.

Black as the feather of the swift raven
Was my hair once; the drinking
Has made it as white as snow from the north
And my appearance tells its own story.
When you grow up
Please, my dear, do not drink alcohol.

There wasn't a furrow in my cheek,
My complexion was coveted by the rose;
Drinking put your father in his grave,
My dear, will you promise me
When you grow up
That you, my dear, won't drink alcohol?

Nuair a Dh'fhàsas Tu Mòr

Suidh, a rùin, air mo ghlùin
Gus an cluinn thu mo dhàn,
O do ghorm-shùilean ciùin
Is d' fhalt òr-bhuidhe, bàn;
Nuair a dh'fhàsas tu mòr
Am bi, ghràidh, thusa 'g òl?

'S nathair nimh le gath bàis
A ta, ghràidh, anns an òl;
Chìtear tric i le h-àl
Fon a bhàr san taigh-òst';
Nuair a dh'fhàsas tu mòr
Na bi, ghràidh, thusa 'g òl.

Geall, a ghràidh dha do mhàth'r,
Nuair a dh'fhàsas tu mòr
Air do shàillibh gu bràth
Nach fliuch cluasag le deòir,
Nuair a dh'fhàsas tu mòr
'S nach bi, ghràidh, thusa 'g òl.

Dubh mar it' an fhithich luaith
M' fhalt bha uair; rinn an òl
E mar shneachd thig on tuath
'S tha mo thuar 'g aithris sgeòil,
Nuair a dh'fhàsas tu mòr
Na bi, ghràidh, thusa 'g òl.

Cha robh clais na mo ghruaidh,
Ri dreach eudmhor bha an ròs;
'N òl chuir d' athair dhan uaigh,
Ghràidh, nach geall thusa dhòmhs'
Nuair a dh'fhàsas tu mòr
Nach bi, ghràidh thusa 'g òl?

Place your hand in my hand
And, vow to me, my dear,
Whether your mother is alive or dead
And decaying in the ground,
When you grow up
That, my dear, you won't drink alcohol.

When others say to you, my dear,
"Come, fair-haired one, to the tavern",
Answer, "I promised my mother,
When I grew up
I will never drink alcohol,
I will never drink alcohol."

Cuir do làmh ann am làimh
'S thoir, a ghràidh, dhomh do bhòid,
Beò neo bàs dha do mhàth'r
'S ged robh cnàmh i fon fhòd,
Nuair a dh'fhàsas tu mòr
Nach bi, ghràidh, thusa 'g òl.

Nuair their càch riut, a ghràidh,
"Thig a bhàin dhan taigh-òst',"
Freagair, "Gheall mi dom mhàth'r
Nuair a dh'fhàsas mi mòr
Cha bhi chaoidh mi ri 'g òl
Cha bhi chaoidh mi ri 'g òl."

They Took You to Tong

What does it matter if the sun rises?
What does it matter if the birds sing?
Fiddle or pipe music will not put me in a good mood
Or willingly awaken me.

Chorus
They took you to Tong of the salmon and marram grass
They took you to live over there, my dear boy;
Across the ford my fair-haired boy went,
Across the ford my fair-haired boy went.

What does it matter if my crops thrive
Or if my herd of cattle increases?
That will not fill or warm your place,
Without you, growth is empty and cold.

Your laugh is sweeter to me
Than the music of the harp,
Than the skylark's song on an early May morn,
Than the cuckoo as she cuckoos on a branch.

More fragrant than the scent of the roses
Or the dewy primrose of the hollows,
Or the incense of the pure, golden censer,
Is the cheerful welcome and innocence of your face

Let there be angels keeping watch over you as you sleep,
And let your dreaming be untroubled, my dear,
Let there be wisdom bestowed on you from above
And every virtue that will make the world a better place.

Thug Iad a Thung Thu

Gu dè ged dh'èireadh a' ghrian,
Gu dè ged a ghoireadh na h-eòin?
Ceòl fidhle no phìoba cha dèan
Gean sùgraidh dhomh dhùsgadh dham dheòin.

Sèist
Thug iad a Thung a' bhradain 's a' mhurain thu
Thug iad a-null a dh'fhuireach, a lurain thu;
A-null air an fhadhail mo bhalachan bàn chaidh,
A-null air an fhadhail mo bhalachan bàn chaidh.

Gu dè ged a chinneadh mo bhàrr,
Lìonmhor ged dh'fhàsadh mo bhuar?
Cha lìon is cha bhlàthaich siud d' àit'
Às d' eugmhais tha fàs falamh fuar.

Gur binne gu mòr leam do ghàir
Na 'n ceòl thig o chlàrsaich nan teud,
Na 'n uiseag air moch madainn Mhàigh,
Na chuthag 's gùg-gùg aic' air ghèig.

Leam 's cùbhraidh na anail nan ròs
Neo seòbhrach nan còs 's i fo dhriùchd,
Neo tùis an tùisear glan òir
Faoilt, fàilt agus neo-chiont do ghnùis.

Biodh ainglean ri faire ort ad shuain
'S do bhruadar gun bhruailean, a ghràidh;
Builicht' ort gun robh gliocas o shuas
'S gach subhailc nì 'n saoghal nas fheàrr.

Never may the State lay claim to your body
For it to use in battles as it chooses,
As if you were, my dear,
But a chess piece to be played on the board.

O, stop, you who have intelligent brains,
Designing weapons of destruction night and day;
Put your wisdom instead to good use
And spare my young boy's life.

Chaoidh do cholainn na agradh an Stàit
Gu bhith leatha 's na blàiribh ri spòrs,
Mar nach biodh annad, a ghràidh,
Ach tàileasg len cluichear air bòrd.

O sguiribh, luchd eanchainn gèir,
Dheilbh lèirsgrios a dh'oidhche 's a lò;
Ur n-eagnaidheachd cuiribh gu feum
'S fàgaibh mo bhalachan-sa beò.

Her Face to Me is a Guiding Star

Though I have heard the cuckoo
And the thrush in the wood,
The lark in the heavens
And the nightingale in the evening,
Never have I heard
And never, ever, will I hear
A sweeter voice than
My mother's gentle lilt.

Her face to me is a guiding star
That day and night
Shines brightly in front of me;
Indeed, does with her light
Steer me to travel
On the path of the righteous.
And when I stray from the way
I hear her soft whisper,"Return."

Lord, keep me from blemishing
Her name and do not let
Indecency cause tears
To fall from her eyes.
Do not let me hasten
The greying of her hair
Or be the cause of one sigh
That will pain her heart and soul.

Playful would I be going home
Tonight at five o'clock,
O, the greeting and the welcome
And the delight that would await me!
How fragrant, how pleasing
Her table would be,
Her bread was best eaten
With no added lavish foods from afar.

'S Reul Iùil Dhomh h-Ìomhaigh

Ged a chuala mi chuthag
'S an smeòrach sa choill'
Is an uiseag 's na neòil
Agus spideag na h-oidhch',
Idir cha chuala
'S idir cha chluinn
Nas mìlse na caoin-ghuth
Mo mhàthair a chaoidh.

'S reul iùil dhomh h-ìomhaigh
Tha là 's a dh'oidhch'
Ri deàlradh am fhianais-sa;
Seadh, tha le soills'
Gam sheòladh gu siubhal
Air slighe nan saoidh,
'S nuair bhios ri dol clì
Cluinn i caoin-chagar, "Pill."

Dhè, glèidh mi gun smal
Air a h-ainm a thoirt, 's cùm
O dheur le mi-bheus
Air a sùil a thoirt leam
No fuiltean a ghreasad
Gu liathadh na ceann,
Neo aon osna a chràidheas
A cridhe na com.

Bu ro shùgrach dol dhachaigh
Thuic' a-nochd mi aig a còig,
On fhaoilte 's an fhàilte
'S am furan bhiodh romh'm!
Cho cùbhraidh, 's cho càilear
'S a bhiodh a bòrd,
B' fheàrr a h-aran gun annlan
Na cèin-thìr le sògh.

The distance and the separation
Continually warms the love:
It would make me laugh loudly
If, coming afar,
From the walled, white house
Close to the shore,
The dog on the path
Waiting for me as was his wont.

There, there is an entreaty
That is done on my behalf
Each night before sleep
And early each day,
My mother makes my bed
Each morning,
For she expects me home
Someday…yes.

O, going home, going home
I like saying it,
For it is music to the ear
Like none other, yes.
Is there a heart so hard
That wouldn't be moved
By the sweetness of that, refrain,
"Home to my mother."

If my eyes should fail me
And that I should no longer see,
This is what I would wish them
To gaze on before they dimmed,
My father and mother
Against the setting sun,
And the cattle at the sheiling
At the base of the misty hill.

'S ann tha 'n t-astar 's an sgaradh
Sìor ghaireadh a' ghràidh;
Dhèanadh lachan mo chridh'
Ach e thighinn air fàir'
O bhothan nam ballachan
Geal ris an tràigh,
An cù air an staran
Feitheamh rium mar bu ghnàth.

Ann an siud a ta athchuing
Dol suas air mo sgàth
Gach oidhch' roimh àm cadail
'S moch madainn gach là,
'S ri dèanamh mo leabaidh
Gach madainn mo mhàth'r,
Oir tha dùil aice dhachaigh
Rium là-eigin… tha.

O, dol dhachaigh, dol dhachaigh,
'S caomh leam bhith ga ràdh,
Oir tha ceòl don a' chluais ann
Seach fuaim eile, tha.
A bheil cridhe cho cruaidh ann
Nach gluaiseadh gun dàil
Aig ro-bhinnead an fhuaim ud,
"Dhachaigh gum mhàth'r."

Nan dìobradh mo shùilean
'S nach fhaicinn nas motha,
Seo na seallaidh den lùigeadh
Iad sàth roimh an sgleò,
M' athair 's mo mhàthair
'S a' ghrian ri dol fodha,
'S an crodh air an àirigh
Aig bonn àrd-bheinn fo cheò.

Morag, I Would Go With You

My love doesn't need false eyelashes
Or to put shop-bought colours on her cheeks
Or bottled dyes to colour her hair
She is like bog-cotton at the foot of the mountain

Chorus
Morag, I would go with you, without a thought, beyond the moon
Your kisses are far sweeter to me than honeycombs.
To have you as my young bride
My hope is in your promise.

Her breath sweeter than an orchard
After her kiss, sugar would taste sour,
And when her dress graces her knee,
All eyes are on my elegant darling.

When she begins to sing
The lark and the thrush go quiet,
As they listen to the sweet, heavenly music
Delightfully note-perfect streaming from her mouth.

I would willingly go to Georgia
And I would spear the whales.
I would endure cold and heat and misery
And I would ask for no reward but your kisses, my darling

O fear not that I would not provide for you
For I would go fishing and I would weave cloth for you,
And I would never allow a creel on your back, Morag
Though I were to be a year and a month without peat.

Mhòrag, Leat Shiùbhlainn

Cha leig mo luaidh-sa leas rosgan fuadain
Neo snuadh na bùtha chur air a gruaidhean;
Neo dath a cheannach gu dath a cuailein,
'S e mar an canach aig sàil nam fuar-bheann.

Sèist
Mhòrag, leat shiùbhlainn gun chùram gu cùl na gealaich,
'S mìlse leam do phògan gu mòr na na cìrean-meala.
D' fhaighinn dhomh mar òg-bhean,
Mo dhòchas tha na do ghealladh.

A h-anail 's cùbhraidh na gàrradh-ùbhlan;
An dèidh a pògan gur searbh an siùcar;
'S nuair a bhios a h-èideadh os cionn a glùin oirr'
Gur snasail m' eudail, 's nì cuirm an t-sùil oirr'.

An uair a ghleusas i suas a h-òran,
An uiseag thèid i na tàmh 's an smeòrach,
Is iad ri 'g èisteachd ceòl nèamhaidh rò-bhinn,
Ceòl binn gun èislean bho beul a' dòrtadh.

Dh'fhalbhainn deònach gu ruige Georgia,
'S shàthainn sleagh anns na mucan-mòra;
'S dh'fhuilinginn fuachd agus teas is dòrainn;
Chan agrainn duais ach, a luaidh, do phògan.

O, cuig' bhiodh fiamh ort nach coisninn lòn dhut?
Oir dhèanainn iasgach is dh'fhighinn clò dhut;
'S cha leiginn cliabh air do dhruim, a Mhòrag,
Ged bheirinn bliadhn' agus mìos gun mhòine.

My Murdo Went to Sea

My Murdo went to sea,
Now time seems to have leaden shoes;
Unlike the days
When he was a shepherd
And I was on the shieling,
And time was nimble and light of foot.

Chorus
O, how I wish that my love had stayed
Attending the sheep,
How I would rather he was with his dog,
On the top of the ridge.

I would recognise his whistle to his dogs,
As he gathered the sheep on the hill,
And I didn't care
When the milking or the tethering was due,
We were alone in a heather hollow
With not a care about tomorrow.

A gentle breeze blew from the south,
Drizzle and warmth nurtured young plants,
A sweet choir sung in each thicket
And the stream and the cascade sang with us;
And Murdo and Màiri sang
In the paradise of their young love.

But on one day
My Murdo went to Stornoway,
He went for a dram
As is common with young men,
And on the morrow said
"Màiri, my dear, I am going to sea."

Chaidh Mo Mhurchadh gu Muir

Chaidh mo Mhurchadh gu muir,
Nis tha tìm le bròig luaidh' oirre;
Cha b' ionnan sin 's nuair
A bha e na bhuachaille
Agus mis' air an àirigh
Bu chas aotram gun chuaran i.

Sèist
O b' fheàrr leam gun d' fhuirich
Mo ghràdh ris na caoraich,
O b' àill leam le chuilean e
'M mullach an aonaich.

Dh'aithnichinn fhead ri chuid chon
Anns a' bheinn 's e ri cruaidh-thrusadh,
'S bu choma leam cuin
A bhiodh bleoghann no buarach ann,
Sinn an lagan fraoich fàsail
'S gun a-màireach na uallach oirnn.

Shèid a' chaoin osag dheas
Braon is blàths air na h-òg lusan,
'S còisir bhinn bha 's gach preas
'S allt is eas co-sheinn còmhla rinn;
'S sheinn Murchadh is Màiri
Ann am pàrras an òg ghaoil ac'.

Ach aon là gun deach
Mo Mhurchadh gu Steòrnabhagh,
'S gu drama gun d' rach
Mar is tric leis na h-òg fhearaibh,
'S a-màireach thuirt, "Mhàiri
Tha, ghràidh, dol a sheòladh mi."

I pled with him and urged him
Saying, "Stay and we'll earn a living,
Steer clear of the sea."
But he grabbed me and kissed me
Saying, "The high hill and the high sea
The question for me, my dear, is which will it be?"

And tonight he can be found
High up in the gloomy crow's nest,
As the wind whistles
Harshly on the ropes;
Better the crook and the dog
In the misty mountains.

O, Bacchus my ruin,
He destroyed my beautiful dreams,
From that day since
My Murdo went to Stornoway
He found a good-natured shepherd
And he left behind a spoilt sailor.

Treasures for my chest he promised
He would send at the end of each voyage,
Now, his promises are broken
And my chest is completely empty;
Today my ring and my silk
Are worn by the daughters of innkeepers.

Ghuidh mi 's impidh air chuir
'G ràdh, "Fuirich 's gheibh beòshlaint sinn,
Agus seachainn am muir."
Ach 's ann ghlac e mi 's phòg e mi
'G ràdh, "An àrd-bheinn 's an àrd-chuan
'S ceist, a ghràidh, orm cò aca?"

'S tha e nochd ann an nead
Àrd aognaidh na ròcaise,
'S aig a' ghaoith a ta fead
Caol cruaidh air na ròpanaibh;
B' fheàrr am bata 's an cù
Air na stùcannan 's ceò orra.

O Bacchus mo chreich,
Chreach mo chaistealan bòidheach e,
On latha ud 's an d' rach
Mo Mhurchadh gu Steòrnabhagh.
Fhuair e suairce mo bhuachaill'
'S dh'fhàg e truaillte mo sheòladair.

Gheall ulaidh dom chist
Chur air gach ceann-bhòidse thugam,
Nis tha gheallanan brist'
'S tha mo chiste gun tròcair innt';
'S ann tha m' fhàinne 's mo shìoda
'N-diugh air nighean nan òsdairean.

With My Elbow on My Knee

With my elbow on my knee
Sadly now I make a song.
My tears flowed when the sails were hoisted
To the new, high, slender masts -
Alas! And my lover up aloft.

I can see my lover yet
Tread slim planks below the sails.
My tears flowed when the sails were hoisted
To the new, high, slender masts -
Alas! And my lover up aloft.

Blow soft, sweetly, Northern Wind,
Til she leaves the Clyde behind.
My tears flowed when the sails were hoisted
To the new, high, slender masts -
Alas! And my lover up aloft.

She has left the Clyde behind,
Catching the scent of the western sea.
My tears flowed when the sails were hoisted
To the new, high, slender masts -
Alas! And my lover up aloft.

She 's like a roe deer when the wind
Warning whispers in her ear.
My tears flowed when the sails were hoisted
To the new, high, slender masts -
Alas! And my lover up aloft.

He promised "I'll return, my love,
Yellow when the barley grows".
My tears flowed when the sails were hoisted
To the new, high, slender masts -
Alas! And my lover up aloft.

Mi Lem Uilinn air Mo Ghlùin

Mi lem uilinn air mo ghlùin
'S muladach mi dèanamh dàin.
Shil mo shùil nuair chaidh siùil
Ri cruinn ùra chaol' àrd' -
Rìgh! 'S mo rùn-sa nam bàrr.

Dearcam fhathast air mo ghaol
Coiseachd air slait-chaoil fo sheòl.
Shil mo shùil nuair chaidh siùil
Ri cruinn ùra chaol' àrd' -
Rìgh! 'S mo rùn-sa nam bàrr.

Sèid sèimh, socair O Ghaoth Tuath,
Gus an cuir i Cluaidh às fàir'.
Shil mo shùil nuair chaidh siùil
Ri cruinn ùra chaol' àrd' -
Rìgh! 'S mo rùn-sa nam bàrr.

Leatha chuireadh air chùl Cluaidh,
Tha i snòtadh a' chuain siar.
Shil mo shùil nuair chaidh siùil
Ri cruinn ùra chaol' àrd' -
Rìgh! 'S mo rùn-sa nam bàrr.

I mar eilid nuair nì ghaoth
Cagair rabhaidh chur na cluais.
Shil mo shùil nuair chaidh siùil
Ri cruinn ùra chaol' àrd' -
Rìgh! 'S mo rùn-sa nam bàrr.

Gheall e, "Pillidh mise, ghràidh
Buidhe nuair nì fàs an t-eòrn'."
Shil mo shùil nuair chaidh siùil
Ri cruinn ùra chaol' àrd' -
Rìgh! 'S mo rùn-sa nam bàrr.

Silk from China for a gown -
Promised by my love - and a wedding veil.
My tears flowed when the sails were hoisted
To the new, high, slender masts -
Alas! And my lover up aloft.

Bejewelled hair-combs and earrings -
Promised by my love - and a gold ring.
My tears flowed when the sails were hoisted
To the new, high, slender masts -
Alas! And my lover up aloft.

I keep praying on my knees,
Praying for calm sea, and full sails.
My tears flowed when the sails were hoisted
To the new, high, slender masts -
Alas! And my lover up aloft.

I keep praying on my knees
You will return to me safely, my love.
My tears flowed when the sails were hoisted
To the new, high, slender masts -
Alas! And my lover up aloft.

Convoy safely, O North Wind,
Home to me my love safely.
My tears flowed when the sails were hoisted
To the new, high, slender masts;
Alas! And my lover up aloft.

Sìod à Sìonaidh dhomh gu gùn -
Ghealladh le mo rùn - 's brèid-phòst.
Shil mo shùil nuair chaidh siùil
Ri cruinn ùra chaol' àrd' -
Rìgh! 'S mo rùn-sa nam bàrr.

'S cìrean sheud-làn, 's failean-chluas -
Ghealladh le mo luaidh - 's fàinn' òir.
Shil mo shùil nuair chaidh siùil
Ri cruinn ùra chaol' àrd' -
Rìgh! 'S mo rùn-sa nam bàrr.

Bidh mi guidhe air mo ghlùin,
Guidhe dhut muir ciùin 's siùil làn'.
Shil mo shùil nuair chaidh siùil
Ri cruinn ùra chaol' àrd' -
Rìgh! 'S mo rùn-sa nam bàrr.

Bidh mi guidhe air mo ghlùin,
Pilleadh rium thu, rùin, slàn.
Shil mo shùil nuair chaidh siùil
Ri cruinn ùra chaol' àrd' -
Rìgh! 'S mo rùn-sa nam bàrr.

Aiseig fallain, O Ghaoth Tuath,
Dhachaigh dhomh mo luaidh slàn.
Shil mo shùil nuair chaidh siùil
Ri cruinn ùra chaol' àrd' -
Rìgh! 'S mo rùn-sa nam bàrr.

I Will Come and Ask For Your Hand

HIM: I will come and ask for your hand,
Ask for your hand, ask for your hand,
I will come and ask for your hand,
My beautiful, brown-haired girl;
And I will take you in haste
To the court of noble women
With silk on your shoulders,
If you will go with me.

HER: Though you will come and ask for my hand
With a light-grey yearling horse,
With horseshoes and a saddle
And a bridle of pure gold,
I would not leave my herdsman,
Nor the shieling that is at the top
Of the glen up yonder
For a castle of many rooms.

HIM: O come with me and never again
Will you have to carry a full creel,
And servants will attend
To all your wants and your orders;
They will bring you your food,
And fill your glass with wine,
French wine from sunny vineyards,
And plenty of it.

HER: Do not be pestering me
With the flesh-pots of the haughty,
They would not guarantee everlasting happiness
Even though you gave me the right to them;
Even if my belly were to be satisfied,
My heart would surely die
Without the fair-haired herdsman
That I have loved since I was young.

Thig Mi Gad Iarraidh

ESAN: Thig mi gad iarraidh,
Gad iarraidh, gad iarraidh,
Thig mi gad iarraidh,
Mo nighean donn bhòidheach;
Is bheir mi gu luath thu
Do chùirt nam ban uasal
Le sìoda mud uachdar,
Ma shiùbhlas tu còmh' rium.

ISE: Ged thig thu gam iarraidh
Le bliadhnach eich liath-ghlas,
Le cruidhean is dìollaid
Is srian air den òr ghlan,
Chan fhàgainn mo bhuachaill',
No 'n àirigh tha 'n uachdar
A' ghlinne tha shuas ud
Air caisteal nan seòmar.

ESAN: O thig leam 's cha lìonar
A chaoidh tuilleadh cliabh ort,
Is seirbheisich dèanaidh
Dhut d' iarraidh is d' òrdugh;
Ad ionnsaigh do bhiadh bheir,
'S do chup le fion lìonaidh
Fìon Frainge nam fìon-liosan
Grianach, 's gu leòr dheth.

ISE: Na bi ga mo bhuaireadh
Le feòil-phoit nan uaibhreach,
Cha chinnt sonas buan iad
Ged fhuair mi uat còir orr';
A' bhrù ged a shàsaich,
An cridhe dheidheadh bàs e
Dhìth a' bhuachaille bhàin sin
A ghràdhaicheadh òg leam.

HIM: Then come with me for a month
So I will show you the borders
Of the beautiful estates
To which I am heir;
Your father and mother said
That your health would benefit
From leaving this place,
Indeed, that you should stay for a season before returning.

HER: Though you will take me, young man,
To the white hills of Europe
Saying, "Look at all around us,
It is mine, my maiden,
And it will be yours tomorrow
If you give me your hand in marriage."
I would refuse, declaring,
"I would sooner die than leave my herdsman."

ESAN: Rèist còmh' rium car mìos thig
'S gun seall mi dhut crìochaibh
Nan oighreachdan brèagha
Air a bheil mi nam oighre;
Thuirt d' athair 's do mhàthair
Gur fheàirrde do shlàinte
An t-àite seo fhàgail,
Seadh, 's ràith thoirt mum pill thu.

ISE: Ged bheir thu mi, òigfhir,
Bheinn gheal na Roinn Eòrpa,
'G ràdh, "Seall na tha fòdh'nne,
Gur leams' e, mo ghruagach,
'S is leats' e a-màireach
Ma bheir thu do làmh dhomh."
Gun diùltainn, ag ràdhtainn,
"Dhomh 'm bàs neo mo bhuachaill'."

Ode to the Hair Bob

It will be a caution for you, girls
That I will relay in my song,
If you will permit me to tell you,
And if I may be so bold;
Please do not be angry with me
For there is substance in what I say,
I hope the spate of fashions these days
Doesn't get the better of you.

From that dreadful and shoddy style
That hairdressers employ today,
Shortening your locks,
Oh, keep well away from them now.
Her hair was once a woman's pride
But today long hair seems to be detested;
Curls are now cut around your ears
And it is an ugly sight.

It is purely to criticise the bob cut
That is my intention,
And even though horrible styles
Have become fashionable recently,
The bob is the most ugly
Of the lot of them
Lads, don't you think
It's an unnatural fashion anyway?

But girls of my land,
Don't incline to the custom,
And don't embrace or adopt
The new fashion, for yet
It is a fashion
That was never in Lewis,
And unless a girl had measles
She wouldn't willingly opt for a bob cut.

Òran don Bhobaigeadh

Is earail dhuibh, o ìneagan,
Bhios agam fhìn nam dhàn,
Ma dh'fhuilingeas sibh dhomh h-ìnnse dhuibh
'S ma bhios mi buileach dàn';
Na bithibh ann am mì-rùn rium
Oir 's brìgh na nì mi ràdh,
Nach tugadh sruth nam fasanan
Ur casan uaibh san latha-s'.

'S on fhasan oillteil shuarach sin
Th' aig gruagaichean ar latha
Bhith bearradh sìos an gruagan diubh,
O cumaibh uaith' na thràth.
Ghruag uaill na mnatha uaireigin
Ach 'n-diugh nan cùisean ghràin;
'S an cuailean mu na cluasan diubh,
'S gur duainidh iad air sràid.

'S e 'm bobaigeadh a chàineadh
A-mhàin tha na mo rùn,
'S a dh'aindeoin fasan grànda
Tha 'n àirde tighinn as ùr,
'S e siud am fear as gràineil
'S a nì iad uile chrùn;
'Illean nach mì-nàdarrach
Am fasan e co-dhiù?

Ach, ìneagan mo dhùthcha,
Na lùbaibh don an nòs,
'S na tugaibh taigh neo gnùis
Don fhasan ùr, oir, fòs,
Is fasan e nach fiù
Nach robh air tùs an Leòdh's,
'S mur gabhadh tè a ghriùthlach
Cha bhobaigeadh ga deòin.

Every decent and kind girl
That lives in the highlands,
Do not allow anyone with a fanciful thought
Even once come close to your head,
But all of you, hold onto your locks
And take them with you to the grave,
You were given them as a magnificent covering,
Like leaves to the tree.

When you go to the herring gutting
As far as England and to Fraserburgh,
Do not take heed of the fashions
That you see on your travels;
In particular, avoid this fashion
Which is the subject of my song,
"Bobbed hair, bobbed hair,
O, stay well away from it!"

And when you go to the Lowlands
And yonder you see their ways,
And you observe the way in which
Each young girl's hair is styled,
Every old hag with a short haircut,
Trying to preserve her youth,
And an untidy line, like that left by a neap-tide,
Of powder deposited at the side of her nose.

Barbers will have their prices
Displayed for you on a board,
Offering to cut your smooth locks
Into clippings on the floor;
And some people will, also, tell you
That you will look much better,
That a bob will really suit you
And that thousands already have one.

Gach caileag laghach, shuairce
Tha 'n-diugh an tìr nam beann,
Na fuilingibh don a' bhuath'm
Aon uair tigh'nn na ur ceann;
Ach gleidhibh uil' ur cuaileanan,
Thugaibh don uaigh iad leibh;
Na òir-dhearcas dhuibh fhuaireadh e
Mar dhuilleach don a' chraoibh.

Nuair thèid sibh chun an sgadain
Gu ruig Sasann 's don a' Bhruaich
Na foghlamaibh na fasanan
A chì sibh nur cuairt:
Gu h-àraidh, seadh, am fasan seo
Air a bheil mo dhàn ri luaidh,
"Am bobaigeadh, am bobaigeadh,
O fanaibh fada bhuaith!"

'S nuair thèid sibh chun na Galltachd
'S a chì sibh thall an dòigh,
'S a chì sibh sin an samplair
'S am bi ceann gach òigh,
Gach crogais le "clip" lom aic'
Chum gun glèidh i h-òig',
'S bidh rèap mar rèap na conntraigh
Den a' phùdair suas mu sròin.

Bidh borbairean 's a' phrìs aca
Ga ìnnse dhuibh air clàr
Air 'n toir e 'n cuailean mìn agaibh
Na mhìrean chun an làir;
'S bidh cuideachd cuid ag ìnnse dhuibh
Gun seall sibh tòrr nas fheàrr,
Gun suitig bob da-rìribh sibh
'S aig mìltibh e mar tha.

And in order to curl your hair
You will get it done with tongs,
And likewise you will need
A neck-shave every month;
That's what you call a "bowl cut",
If you are a chaste and sensible girl
Keep your locks, dear soul,
As was ordained by God.

They will not take a step in this place
Without a mirror in their hand,
Their lips soiled with rouge,
How deceptive is their beauty,
And though there might be one with a bad appearance,
With the complexion and hue of death,
The pharmacist will bring colour to her cheeks
If she can afford to pay for it.

But should the old horse's tail
Increase and reach the floor,
Will that make a colt of him
When his teeth reveal his real age?
No more, foolish ladies,
Will your locks, should you cut them,
Make you look a day younger,
O, foolish is the custom of our day.

Isn't it the most hideous sight
That ever walked the earth,
An old grey-haired woman
Shorn of the locks that should be
A source of pride and beauty for her
All of her days?
But with this shameless generation
They prefer to have their hair short.

Sin gus a bhith ga churlaigeadh
Gheibh thu clobha dèant',
'S mar an ceudna feumaidh tu
Neck shave a h-uile mìos;
Sin agad "clip a' bhòbhla" dhut
Ma 's òigh thu aig eil ciall
Do chuailean glèidh, a bhrònag, ort,
Mar dh'òrdaicheadh le Dia.

Cha dèan iad ceum san àite seo
Gun sgàthan ann nan dòrn,
'S an lipean air an gànrachadh
Le *rouge* 's ro mheallt' am bòidhchead
'S ged fhuaireadh tè 's droch thuar oirre
Le snuadh air neul a' bhàis,
Bheir 'n drugaist snuadh da gruaidhean dhi
Ma fhuaireadh aic' a' phrìs.

Ach fàsadh air an t-seann each
'N t-earball chun an làir,
'N dèan siud dheth loth, is ceann air
Le deud 'g ìnns' meud a latha?
Nas motha, mhnathan gòrach,
Bhur cuailean ged a gheàrr,
Cha dèan e latha nas òige sibh;
O, 's gòrach nòs ar latha

Nach sealladh e cho gràineil
'S bha riamh ri falbh an fheòir,
Seann bhean liath is beàirrte dhith
An cuailean sin bu chòir
A bhith na uaill is àilleachd dhith
Am feadh a bhiodh i beò?
Ach leis an linn gun nàire seo
'S ann beàirrte 's fheàrr e leotha.

But thank goodness that folk
In the land of Macleod
Have not succumbed to the corrupt fashions
Of those who live in towns and cities,
There you will still see girls
With their hair as it ought to be,
Curly locks hanging to their shoulders
With which they wouldn't part for gold.

Powder is not sold there,
For the ladies have no need of it,
They have the wind off the heather and the hills
To enhance their good health and beauty.
Neither will a trace of cosmetics
Be found on them, not at all,
With their locks down by their shoulders
They are like heavenly angels.

Ach taing do shealbh gun d' fhuaireadh
An tuath an tìr 'IcLeòid
Saor o na fasain thruaillidh seo
Aig luchd nam bailtean mòr',
Chì fhathast ann thu gruagaichean
Len cuailean mar is còir
Sìos bachlagach mun guaillean orr'
'S cha dealaicheadh ris air òir.

Chan eil ga reic am pùdair ann,
Chan eil an siud air feum,
Tha gaoth an fhraoich 's nam beann aca
Cur fallaineachd nan sgèimh.
Nì motha 's e snuadha fuadain
Fhuaireadh orr', chan e,
'S na cuailean sìos mun guaillean orr',
G' eil iad mar ainglean nèimh.

It is! It is! It isn't!

Did you hear the quarrel we had the day before yesterday
As myself and my husband were lifting the peats.
We saw coming towards us
A girl and a boy.
We went to speak to them
And this was what caused the debate.

Chorus
All that could be heard yesterday afternoon was
It is! It isn't!
It is! It is! It isn't!
It is! It isn't!

They asked us for a light and both lit
A cigarette and blew smoke from their mouths.
And I would swear that
The female was male
And the male was female.
Oh, alas my confusion!

The girl's hair was short round her ears
The boy's hair hung to his shoulders
Both wore trousers.
Though we got close up to them
I whispered to my wife,
"Who is the boy? Who is the girl?"

The one with the long hair, is she the girl I wonder?
The one with the short hair, is he the young man?
Who is the girl? Who is the boy?
The proof is hidden.
Is the boy the hairy one?
I swear, I have no idea!

'S e! S e! Chan e!

An cuala sibh an trod a bha againn a' bhòn-dè?
Mise 's mo bhodach a' togail na mòine
Chunnacas a' tighinn, o,
Gill' agus nighean, o,
Chaidh sinn nam bruidhinn,
Seo choisinn a' chònnspaid.

Sèist
Fad feasgair an-dè
Chluinnt "'S e! Chan e!
'S e! 'S e! Chan e!
'S e! Chan e!"

Dh'iarr iad oirnn lasan 's las iad le chèile
Stoban beaga geala ud, 's ceò às am beul shèid iad,
'S mo mhionnan 's bheirinn
Am boireann gur fireann
'S gur fireann am boireann,
Och, ochoin mo lèireabh!

Cuailean na cailine goirid mu cluasan,
Cuailean a' bhalaich a' sguabadh a' ghualainn,
Le chèile orra briogais.
Ged fhuair sinn orra fagus
Rim chèile mo chagar,
"Cò 'n gille? Cò a' ghruagach?"

Neach an fhuilt fhada, saoil an e 'n òighe?
Neach an fhuilt ghoirid, saoil an e 'n òigfhear?
Cò 'n nighean, cò 'm balach?
Tha 'n dearbhadh air fhalach.
'N e gille 'm fear molach?
Mo mhionnan chan eòl dhomh!

Angels of the White Gown

On the hill where goats
Once grazed in days gone by,
Today stands a house of comfort and aid
For the infirm, those in discomfort and in pain,
With skilled and able physicians
Ever fighting the Grim Reaper,
But, though the Reaper may be stalled for a while,
In the end, he will overcome us all.

Though you may be without gold and wealth,
With not two pennies to rub together in your pocket,
The attendance you will get, I will wager
Will be just as good as that of the affluent banker.
The poor will get the same kindness as the rich
From compassionate and merciful physicians,
Who care only about giving relief,
And have compassion written all over their faces.

The lovely girls in the white gown
Are like non-winged angels going around
With knowledge, kindness and skill,
Administering to the poor patient.
They say to you kindly "My dear",
Their words full of tenderness and understanding,
And when they hear an "Ouch" or "A drink please"
In an instant they bring relief.

Look at the old man lying on the bed
Without strength and crying out in pain,
Look at the angel in the white gown feeding him
With a spoon like an infant.
The virtue of Job you will see there
In the work the angel in the white gown does
In caring, though she knows that,
For the old man, death draws closer.

Ainglean a' Ghùin Ghil

Air a' chnoc air am b' àbhaist na gobhair
Bhith 'g innis sna làithean o chian,
Tha 'n-diugh taigh furtachd is cobhair
Air luchd eucail is dòrainn is pian,
Le lighichean len sgil is len ealain
Gnàth chath ri fear-spealaidh an t-sluaigh,
Ach ged bhacair car greis am fear-spealaidh
Oirnn, fa-dheòidh, am fear-spealaidh bheir buaidh.

Ged bhiodh tu gun òr is gun earras,
Gun dà sgillinn nad phòcaid nì fuaim,
Am frithealadh gheibh, thèid min urras,
Cheart cho math ris a' bhancair ud shuas,
Gheibh am bochd an aon bhàidh ris a' bheartach
Bho lighichean iochdmhor làn truais,
'S gun nì air an aire ach bhith furtachd
Is iochd 's e glan sgrìobhte nan gnùis.

Cailleagan grinn a' ghùin ghil bidh
Mar ainglean neo-sgiathach mun cuairt,
Le eòlas is coibhneas is sgil bidh
Ri furtachd an eucalaich thruaigh,
'S e their iad gu bàigheil "A Ghràidh" riut,
Am facal làn bàigh agus truais,
'S nuair chluinn "Oich!" is "Deoch" bidh gun dàil iad
Toirt chungaidh gu cobhair san uair.

Seall an seann fhear air leabaidh na shìneadh
Gun lùths 's air a dhòrainn toirt ràin,
Seall, aingeal a' ghùin ghil cur a bhidhe air
Mar air naoidhean na cìche le spàin,
An t-subhailc bh' aig Iob 'n siud chì thu
Aig aingeal a' ghùin ghil 's i ri sàs
Ri furtachd, ged 's fiosrach i 'n tìde
Dhan t-seann fhear g' eil dlùth don a bhàs.

O, Mercy! Where did you originate? From where do you come?
O, Mercy! O, how divine is your nature!
O, Mercy! Who in our breast lit your flame?
Are you a spark that fell from God's nature?
In that great hospital on Goathill
I saw you in action yesterday
As the gentle angels of the white gown
Comforted and aided - together with the physician.

O, Iochd! Càit' na thàrmaich? Cia às thu?
O, Iochd! O, nach nèamhaidh do ghnè
O, Iochd! Cò nar broilleach a las thu?
An tu sradag a thuit à gnè Dhè?
An taigh-èiridinn mòr Chnoc nan Gobhar
Chunnaic mis' ann an gnìomh thus' an-dè
Ainglean ciùin a' ghùin ghil 's iad ri cobhair
'S ri furtachd - iad fhèin is an lèigh.

A Chicago Tale - 1924

I won't speak ill of the cook
Though he, poor fellow, got it wrong,
And inflicted hurt and misery
On himself and on others:
For he agreed to this unfamiliar role
Of preparing food for others,
Having never done much cooking
Beyond making brose as a child.

The poor fellow was never
Blessed with a cook's hands,
Nor were his hands suited
To setting a table orderly with food.
Those hands were best suited
For intimidating rogues;
Once closed, his fists were
Like large baskets.

Said Andrew, as he thought
About the situation:
I'll go out and order
A chicken for them from the shop;
I'll get them half a pound of barley
And they can drink the juice,
And the likes they'll have never drunk
Since they were born.

Leftovers and tough meat
Were the staples of the men,
Lack of money ensured
They did not seek any better,
But tonight they would feed on poultry
And the credit would be the bàrd's,
But it will be a long time before they have it again
Unless there is a famine in the land.

Aithris (Chicago, 1924)

Cha di-mhol mise an còcaire
Ged chaidh e, bròinean, ceàrr,
'S ged rinn e dochar dhòrainneach
Air fèin agus air càch;
Oir ghabh e ceàrd nach b' eòl dha
Bhith deasach lòn do chàch,
'S nach d' rinn e riamh de chòcaireachd
Ach pròs is e na phàist.

Cha robh crògan còcaire
Air bròinean ud a-riamh,
Neo dealas ann bòrd a chur
An òrdugh rèidh le biadh.
Gum b' fheàrr a bhiodh na crògan ud
Cur rògairean fo fhiamh;
Nuair dhùineadh iad cha mhòr nach biodh
An dòrn aige mar chliabh.

Ars' Anndra 's e ri meòrachadh
Na inntinn air a' chùis:
'S ann thèid mi mach is òrdaichidh
Mi cearc dhaibh às a' bhùth;
Gheibh mi leth phunnd eòrna dhaibh
Is òlaidh iad an sùgh,
'S a shamhail cha do dh'òladh leotha
On thàinig às a' bhrùgh.

'S e corran is feòil righinn
A bhitheadh aig na sàr,
Cha leigeadh cruas an cridhe dhaibh
Gum faigheadh iad na b' fheàrr
Ach a-nochd bhiodh sitheann ac'
'S a' chliù siud don a' bhàrd,
Ach 's fhad gus 'm bi e rithist ac'
Mur tig a' ghort don àit.

The bàrd got the chicken for them,
Unlike other chickens it was - for,
As soon as it was immersed in water
An oily surface appeared immediately.
To Big Angus, from Uig,
Andrew said, and shook his head,
"Its juice will go down a treat
And I'll get lots of praise."

Without a lie, the chicken couldn't be faulted
Fat and with a smooth back.
Said he, "There's a pudding
Or something inside it."
Its sauce, when he tasted it,
Reminded him of cuddy juice,
But this sauce, I tell you,
Will be remembered forever!

He looked at the clock
As the chicken came to the boil
Saying, "I'll give it an hour
Of a slow, gentle simmer:
Oh, how the boys will enjoy it,
Not ever used to having chicken
Unless the cow stamped on one
In the days of their youth."

Five of them came, and the heroes
Sat close together round the table.
First, he gave them the juice.
And how they enjoyed it.
Proof of the bàrd's cooking skills
Is drawing ever near
And we'll see whether, when it comes to cooking,
The Bàrd is any good.

Fhuair am bàrd a' chearc dhaibh,
Bu tearc a samhail – seall!
Cho luath 's a chaidh am bùrn oirre
Bha ùilleag oirr' air ball;
Ri Aonghas Mòr an t-Ùigeach
Ars' Anndra, 's chrath e a cheann,
"Còrdaidh math an sùgh aice
'S gheibh mise cliù nach gann."

Gun bhreug b' e cearc gun bheud a bh' innt
'S i reamhar rèidh mun druim,
Ars' esan: "'S ann tha 'pudding'
Air neo rudeigin na broinn."
A sabhs chuir sabhs nan cudaigean,
Nuair bhlais e e, na chuimhn',
Ach siud an sabhs, a chuideachd,
Bhios air chuimhn' o linn gu linn!

Sheall e ris an uaireadair
'S i goil a-nis le sgoinn,
'G ràdh, "Bheir mi uair a thìde dhi
De bhruiche shocair chaoin;
'S ann ris na seòid a chòrdas i,
Riamh cha deach cearc nam broinn
Mun do sheas a' bhò air tè
Nuair bha iad òg nan cloinn."

Thàinig còig, 's na fiùrain
Shuidh sùmhail iad mun bhòrd.
Thug e air tùs an sùgh dhaibh,
'S ann riutha fhèin a chòrd.
Tha 'n dearbhadh nis a' dlùthachadh
Air còcaireachd a' bhàird,
'S chì sinn a bheil e air còcaireachd,
Am Bàrd, na dheagh fhear-ceàird.

Though they took time to bless the meal
They cut their blessing in half
For, oh, it was clear to see
That they had never eaten chicken.
Look at how Angus Cloud is straight in there
Although the bird is still hot;
He was so quick you'd think
He had just escaped from the pound.

The chicken was like the Pharisee,
Beautiful on the outside,
But, oh my goodness, the rottenness
To be found within!
At once to the lads it was clear
Oh, woe to all who were in the house;
They ran from and deserted the table
As if running from the enemy.

Each and every one of them fled to a corner
Retching with "Oh, my!"
The chicken abandoned on the table
With not a soul eating it.
The portion that each had been given
Thrown to one side,
Were on the table in strips
Enough to make a tether for a cow or horse.

What a sorry sight it was,
To see the lads bent double;
Each one groaning,
With his hand clutching his belly:
Each with a finger down his throat,
Retching could be heard all over
As they tried to get rid of the juice
From their stomachs before it caused damage.

Ged shìn iad air a beannachadh
O gheàrr iad mu leth,
Bu shoilleir O! ri athneachadh
Nach d' ith iad cearc nam beath.
Seall coslas "Aonghais Cloud" thuice
Ged tha i fhathast teth;
Gun saoileadh tu gur h-ann a bha
E às a' phunnd air ruith.

Bha chearc 's i mar am Phaireasach,
Gur brèagha i on taobh-muigh,
Ach, och mo thruaigh, an truaillidheachd
A fhuaireadh na taobh-staigh!
Siud air na seòid ga dearbhadh,
O' s mairg a bha san taigh;
Theich is thrèig am bòrd iad
Mar sheòid ro nàmh a' ruith.

Theich gach fear a chòrnair
'S e gòmadaich le "Oich!"
A' chearc 's i air a' bhòrd aca
Gun neach na còir ga h-ith.
A' chuibhreann ud a bha còir ac' air
A thilgeadh chun an ach'
Bha air a' bhòrd nan ròpan
Na dhèanadh feist do bhò neo each.

B' e siud an sealladh brònach
Air na seòid 's iad uile crom;
A h-uile fear ri ròmhanaich
Le chròg aig air a chom;
Gach slugan bha le òrdaig ann
Chluinnt gòmadh bhos is thall
Feuchainn ris an t-sùgh chur
Às am brù mun dèan e call.

They hadn't removed the wishing bone
As was always the custom,
Not one of those Lewismen
Was willing to go near the chicken;
They threw it on the rubbish dump
The foolish Lewismen.
The cook had spoilt for them
Their hope of a good meal.

But they all left that dwelling
As soon as night fell,
And off they all went
With a rucksack on their back,
Praying to the Almighty
To favour them all,
"Oh, do not let us be overcome
By any sickness now."

Cha tug iad an cnàimh-pòst' aiste,
An nòs bha dol o chian,
Cha d' fhuaireadh measg nan Leòdhasach
Na dh'eadh na còir le fiamh;
'S ann thilg iad don òcrach i,
Na Leòdhasaich gun chiall,
'S a dholaidh chuir an còcair orr'
An taghadh 's an deagh bhiadh.

Ach dh'fhàg iad uil' an fhàrdach ud
Nuair thàinig tràth na h-oidhch',
Is thug iad uile an t-sràid orra
Le màileid air an druim,
Ri guidhe ris an Àrd-Rìgh
E fàbhar dhèanamh dhaibh:
"O na leig air ar n-àrainn-ne
An-dràsta tinneas cuim."

The Dark-Skinned Girl

It was in Chicago, in the State of Illinois,
That I met a drudge and O, young men,
If you lend me your ear, I'll tell you a tale
Of the girl who propositioned me.

Chorus
Alas, O, Lord, the dark-skinned girl,
Made me lose my appetite and made me feel sick!
She made me an offer, at no cost or payment, to lie with her.
Alas, O, Lord, the dark-skinned girl!

One winter's night as I was alone,
Slowly making my way home,
A big, shameless, black girl came up to me
Carrying an open umbrella even though it wasn't raining.

She approached me with the trace of a smile,
Welcomed me with deceitful words,
From head to toe she was like a winter's night,
With hair as black as soot.

"Do you have a cigarette?" she asked me,
And when I refused her, she said slyly,
"If you come with me I'll give you a room,
Come, come with me until the day breaks."

"Away from me," said I with a scowl,
You'll get no thanks from me for your offer;
How could I write home to my mother tomorrow
If I'd been with a drudge the previous night?"

"Your mother will never know," she said, "or your love,
This tale will go to the grave with me.
Why are you ashamed? Haven't you heard the command
To 'Be fruitful and multiply'?"

An Tè Lìtheach Dhorch

'S ann an Chicago, Stàit Illinois,
A thachair tràill rium, 's O 'illean òg,
Ma bheir sibh cluais dhomh, bheir mise duan dhuibh
Mun a' ghruagaich thug cuireadh dhòmhs'.

Sèist
Ochoin O Rìgh, 's e 'n tè lìtheach dhorch,
Chuir far a bhìdh mi, 's dh'fhàg buidheach orm!
Thairg gun phrìs dhomh dhol rithe sìnte,
Ochoin O Rìgh, 's e 'n tè lìtheach dhorch!

Air oidhche gheamhraidh is mi leam fhèin,
Ri tighinn dhachaigh ceum air cheum,
Tè mhòr, dhubh, shuarach gun tàinig suas rium,
Maid'-uisge shuas aic' 's gun air aic' feum.

Theann i null rium le fiamh a' ghàir',
'S briathran meallta do chuir i fàilt,
'S bho bàrr gu bonn i mar oidhche gheamhraidh,
Cheart cho ceann-dubh ri sùith na spàrr.

Ars' ise rium, "A bheil agad ceò?"
Is nuair a dhiùlt mi, thuirt i gu seòlt',
"Ma thig thu leamsa bheir mise rùm dhut,
Thig, thig leamsa gum bris an lò."

"O imich uam," arsa mi le sgraing,
"Airson do chuireadh chan fhaigh thu taing;
Cionnas a-màireach sgrìobhainn gum mhàthair
'N dèidh 'n-raoir bhith còmhla ri tràill fad oidhch'?"

"Cha chluinn do mhàthair," ars' is', "neo d' rùn.
Thèid an sgeul seo leam fhèin dhan ùir.
Cuig tha nàir ort? Nach cual' thu 'n àithne
Thuirt 'Lìonmhor fàsaibh ri clann nan daoin'?"

"You won't entice me in," said I, "certainly not,
Your bait is no good, it won't lure me in;
God help me from being trapped in your net;
Away, woman, get behind me!"

And then she left, though not willingly;
She raised her sails and took her net on board;
"I'll leave now, young man", she said,
"To cast my net where I'm more successful."

Now listen lads, please listen to me,
Be discerning and sharp-witted,
So that when you see the bait, before you decide to go for it,
You look carefully and take note of the bent hook.

For a young man can believe himself
To be stronger than Angus Graham
But not have the strength of a months' old infant
When it comes to fighting the lusts of the flesh.

"Cha dèan thu iasgach," arsa mis', "an taobh-s';
Chan fhiach do bhiathadh, cha dèan e chùis;
Na leigeadh Dia dhomh gun glac do lìon mi;
Imich, a bhiast, 's theirig gu mo chùl!"

An sin do dh'fhalbh i 's cha b' ann dha deòin;
'S thog i siùil 's thug a lìon air bòrd;
"Bidh nis a' falbh mi," ars ise, "bhalachain,
A chur mo lìon far am faic mi eòin."

Nis, illean, èistibh, O èistibh rium,
'S bithibh lèirsinneach geur, a chum
Nuair chì sibh 'm biathadh, mun cuir sibh beul air,
Feuch troimh an lèir dhuibh an dubhan crom.

Oir faodaidh òigfhear a bhith dheth fhèin
Nas treis' gu mòr na bha Aonghas Greum
'S gun bhith cho làidir ri leanabh ràithe
'N àm bhith cur blàir ri ana-miannaibh fhèin.

Ice at This Time of Year!

A man came over from Ness to Stornoway
Many years ago,
A crooked stick he bore
But never before had he seen glass.
On catching sight of a window he exclaimed,
"O, who ever saw
Ice at this time of year?
O, ice at this time of year!
O, ice at this time of year!"

"Friend, isn't it strange to have
Ice at this time of year?"
He said, as he examined
Windows from top to bottom,
And on catching sight of a window he exclaimed,
"O, who ever saw
Ice at this time of year?
O, ice at this time of year!
O, ice at this time of year!"

Said the children, "Isn't he silly,
He has no sense!"
When he then began
To break down windows.
And on catching sight of a window he exclaimed,
"O, who ever saw
Ice at this time of year?
O, ice at this time of year!
O, ice at this time of year!"

When they put him in shackles
What he said to them was,
"Why, have you lost your mind,
Holding me in court?"
And on catching sight of a window he exclaimed,

Deigh mun Àm-sa Bhliadhn'!

Thàinig duine à Nis a Steòrnabhagh
Fo chionn iomadh bliadhn',
Le bata crom na dhòrn aige
'S chan fhaca e glainne a-riamh,
'S nuair a chitheadh e uinneag,
"O, cò riamh chunnaic
Deigh mun àm-sa bhliadhn'!
O, deigh mun àm-sa bhliadhn'!
O, deigh mun àm-sa bhliadhn'!"

"A nàbaidh, nach neònach sin,
Deigh mun àm-sa bhliadhn'!"
Ars' esan, is e ri meòrachadh
Nan uinneag suas is sìos,
'S nuair a chitheadh e uinneag,
"O, cò riamh chunnaic
Deigh mun àm-sa bhliadhn'!
O, deigh mun àm-sa bhliadhn'!
O, deigh mun àm-sa bhliadhn'!"

Ars' a' chlann, "Nach gòrach e
O, tha e às a chiall",
An uair a theann 's a thòisich e
A' briseadh nan uinneagan sìos,
'S nuair a chitheadh e uinneag,
"O, cò riamh chunnaic
Deigh mun àm-sa bhliadhn'!
O, deigh mun àm-sa bhliadhn'!
O, deigh mun àm-sa bhliadhn'!"

Nuair chuir iad ann an iarainn e
Is e a thuirt e riutha,
"Carson 'n ann às ur ciall tha sibh
Ghlas sibh mi sa chùirt?"
'S nuair a chitheadh e uinneag,

"O, who ever saw
Ice at this time of year?
O, ice at this time of year!
O, ice at this time of year!"

In the room in which the court was assembled
Was a fine glass door.
But he went and put his fist through it,
Saying, Ice at this time of year!
And on catching sight of a window he exclaimed,
"O, who ever saw
Ice at this time of year?
O, ice at this time of year!
O, ice at this time of year!"

"O, cò riamh chunnaic
Deigh mun àm-sa bhliadhn'!
O, deigh mun àm-sa bhliadhn'!
O, deigh mun àm-sa bhliadhn'!"

San t-seòmar san robh mòd aca
Bha doras glainne brèagh',
Ach 's ann a chuir e dhòrn troimhe,
"Deigh mun àm-sa bhliadhn'!"
'S nuair a chitheadh e uinneag,
"O, cò riamh chunnaic
Deigh mun àm-sa bhliadhn'!
O, deigh mun àm-sa bhliadhn'!
O, deigh mun àm-sa bhliadhn'!"

O, How I Wish It Would Stop!

Since you heard, nostril, that I forgot
To bring a handkerchief, you streamed to the floor
How I wish that for a year you were hanging on a straw rope,
Yes, in the Sahara desert.

Chorus
Oh, how I wish, nostril, you would stop dripping,
That you would stop dripping, nostril,
I wish you'd be patient and that you would retreat
For I forgot to bring a handkerchief.

I can't wipe you with my sleeve, alas,
There was a time when not a drop would drip from me,
With my fingers, nostril, at the back of the wood
I would aim you into the ditch with propriety.

Behold, pure and clear as crystal, the droplet escaped!
Pesky droplet! There it falls to the floor!
And no sooner, alas, has it hit the floor
Than, yes, another one follows!

I can't wipe you, the church is so quiet and tightly packed
That noise would weigh heavily on my conscience,
And on you is a droplet like a raindrop on the window sill
On a day with heavy rain and bad weather.

Oh, how I wish, nostril, you would stop dripping,
That you would stop dripping, nostril,
I wish you'd be patient and that you would retreat
For I forgot to bring a handkerchief.

Look at the frown on that prim lady yonder since she heard me
Wiping my nostril in desperation,
O, people of the world, oft short is the yardstick
That we use to measure each other.

O, B' Fheàrr Leam gun Sguireadh!

On chuala tu chuinnlein gun rinn mi dìochuimhne
Air neapraig, siud sruthadh gu làr e,
Nach tusa a bha bliadhna 's tu crochaicht' air sìoman,
Seadh, ann am fàsach Sahara.

Sèist
O, b' fheàrr leam gun sguireadh tu a chuinnlein a shileadh,
Gun sguireadh tu a shileadh a chuinnlein,
B' fheàrr leam gun taisgeadh tu foighidinn 's gum pilleadh
Oir rinn mi air neapraig dìochuimhne.

Chan fhaod mi do shuathadh lem mhuinichill, mo thruaighe,
Bha uair ann 's cha thuiteadh leam nì dheth,
Lem mheuran, a chuinnlein, an cùlaibh na coille
Shèidinn le loinn dhan an dìg thu.

Feuch, fìorghlan mar chriostal a' bhoinneag orm bhristeadh!
Plàigh oirre! Siud air a làr i!
'S cha luaithe, mo thruaighe, air an làr a tha fuaim aic'
Seadh, na tha tèile na h-àite!

Chan fhaod mi do shuathadh tha 'n eaglais cho sùmhail,
Am fuaim ud mo chogais-sa dhìteadh,
'S ort boinneag mar bhoinneag air sòla na h-uinneig'
Air latha le tuil is droch thìde.

O, b' fheàrr leam gun sguireadh tu a chuinnlein a shileadh,
Gun sguireadh tu a shileadh a chuinnlein.
B' fheàrr leam gun taisgeadh tu foighidinn 's gum pilleadh
Oir rinn mi air neapraig dìochuimhne.

Seall gruaim na bean uasail ud thall rium on chual' i
Mi suathadh mo chuinnlein nam èiginn,
O, chuideachd an domhain, 's tric truagh an t-slat-tomhais
Bhios againn a' tomhais a chèile.

To sniff you will make a noise and to wipe you is unseemly,
To blow you without a handkerchief is embarrassing.
O hurry with your sermon Minister, and, for sure,
I'll be more prepared next Sunday.

Oh, how I wish, nostril, you would stop dripping,
That you would stop dripping, nostril,
I wish you'd be patient and that you would retreat
For I forgot to bring a handkerchief.

Do shùghadh nì fuaim e 's do shuathadh 's neo-uasal,
Do shèideadh gun neapraig 's nì nàir e,
O, greas air do shearmon a chlèirich 's gu dearbha
Bidh mise nas glice an ath Shàbaid.

O, b' fheàrr leam gun sguireadh tu a chuinnlein a shileadh,
Gun sguireadh tu a shileadh a chuinnlein,
B' fheàrr leam gun taisgeadh tu foighidinn 's gum pilleadh
Oir rinn mi air neapraig dìochuimhn.

Effie's Black Cat, O

He would steal the egg from the basket,
He would steal the fish from the pot,
The crowdie, the butter and the cheese,
And the cream, even though they were locked away.

Chorus
Effie's black cat, O
I would run out of time
Counting all that he stole since first opening his eyes,
But his audacity got the better of him.

There are grey mice in the peatstack,
Even so, he won't go and hunt them,
He prefers to sleep in the ashes,
Which is well seen from his coat.

I went rock fishing last night
And caught a string of lovely saithe,
You, black cat, were under the bench,
Eating one of them before you could count to six.

I set a rat trap yesterday
And placed in it a piece of pork,
When I went to check it, lo and behold,
You, black cat, had your paw in it.

When I counted his legs today,
My goodness! He had only three!
Why, look at you now, you black cat
Your fourth leg is now missing!

Cat Dubh Oighrig, O

Ghoideadh e an t-ugh às a' chliabh,
Ghoideadh e an t-iasg às a' phrais,
An gruidheam 's an t-ìm 's an càis
'S am bàrr ged bhiodh e fo ghlais.

Seist
Cat dubh Oighrig, O,
Gun teirigeadh an ùin' dhomh
'G àireamh na ghoid e on a dh'fhosgail e shùilean
Ach 's e mhì-mhodh rinn a' chùis air.

Tha luchagan glas' anns a' chruaich,
Ma tha, cha tèid esan gan sealg,
'S docha leis cadal sa luath,
Tha dheagh bhuil sin air a cholg.

Bha mis' air a' chreagach a-raoir,
Leam ghlacadh gad shaoidheanan brèagha,
Bha thusa chait dhuibh fon a' bheing
Le fear dhiubh mun cùnntadh tu sia.

Leag mise ribe-rodain an-dè
'S gu chàradh innt' criomag muic-fheòil,
Nuair chaidh mise a dh'amharc oirr', feuch,
Bha thusa chait dhuibh innt' air spòig.

Nuair chunnt mis' a chasan an-diugh,
Mo chreach! Cha robh air ach a trì!
Seo dhut a-nis a chait dhuibh,
Tha 'n ceathramh cas nis ort a dhìth!

I set a rat trap yesterday
And placed in it a wee piece of cheese,
When I went to check it, lo and behold,
You, black cat, were busy eating it.

When I counted his legs today,
My goodness! None of them were left!
Why, look at you now, you black cat
Your audacity is greater than your sense!

Leag mise ribe-rodain an-dè,
'S gu chàradh innt' criomag bheag chàis,
Nuair chaidh mise a dh'amharc oirr', feuch,
Bha thusa chait dhuibh innt' an sàs.

Nuair chùnnt mis' a chasan an-diugh,
Mo chreach! Cha robh gin dhiubh air sgeul!
Seo dhut a-nis a chait dhuibh
'S e do mhì-mhodh is pailt na do chiall.

The Skylark

O, skylark, tell, is it because
Your heart rejoices so,
That you delight us, endlessly, with birdsong,
Music unlike any other heard in the court of kings?
Is your song for your gentle and tender brood?
Or to glorify God
Who gives us breath and life and food?
Are you escaping from cold and strife
In the heavens? We rarely see you,
Though of one thing I am sure and certain,
Our world would be the poorer without you.

Shortly after daybreak
You will be in flight to greet the morning,
Your song sweeter the higher you fly,
Trilling, pleasant, mild,
Heaven and earth delights in your song
As they listen in awe
To the musicality in your breast,
In spite of you weighing but an ounce;
Jubal's ancestors would not triumph over you
Regardless of their knowledge and joy of music.

An Uiseag

O uiseig, innis, 'n ann do bhrìgh
Loma-làn subhachais do chridh',
Tha dòrtadh oirnn thu ceòl gun sgìths,
Ceòl gun a sheòrs' an cùirt nan rìgh?
An ann dod àlach maoth gun chlì
Do dhuan? Neo cliùthachadh an Tì
Tha toirt dhuinn bith is beath' is bìdh?
An ann a' teich o fhuachd 's o strì
Sna neòil tha shuas? 'S gann sinn thu chì,
Air aon nì fòs is fiosrach mi,
Bu bhochd ar saoghal 's tu gar dìth.

Gann mun tig às a' bholg an latha,
Bidh thus' air sgèith ri cur air fàilt,
'S a' dol am binnead mar is àird
Do cheòl trileant', taitneach, tlàth,
Is nèamh is talamh ri do dhàn
Ri 'g èisteachd 's iad le iongnadh làn
Aig comas ribheid-chiùil do bhràghad,
'S gun annad ùnnsa chuideam slàn;
Cha tugadh ort Clann Iubail bàrr
Dh'aindeoin air ceòl an eòl 's an àgh.

Elegy

For Robert Watson, from Melbost, who died on
Christmas Day, 1932

The music has been set aside
And our high spirits have been cast out,
The young have no desire
For jollity or mirth,
As Rob has been laid to rest
In the narrow grave of despair.

This is the Christmas
With no cheer and with no laughter,
Instead we are in mourning
In the village by the shore,
At the sadness and the distress
Of the plague's horrible blow.

That which has created a breach in our midst,
The straight, upright, green tree,
That was in full bloom,
Has suddenly been felled from us;
Cold and empty is the garden
Now that that beautiful flower has been cut down.

For everyone in the village the blow
Is like a very brutal dream,
It is as if we are in confusion
When one awakens from the delirium,
Not believing the news we are hearing
 As we did not expect it.

If even those of us who aren't kith and kin
Have been so affected
By the severity of the sad news,
How then, my goodness,
Did it not break and thoroughly crush
Those for whom the blow was most heavy.

Marbhrann

Air Raibeart MacBhàtair, à Mealabost, a chaochail air
Latha na Nollaige, 1932

Tha 'n ceòl air a thasgadh
'S ar n-aighear air fhògradh,
An òigridh gun thogradh
Gu sùgradh neo sòlas,
Agus Rob air a chàradh
An tom caol an eu-dòchais.

B' e seo an Nollaig
Gun ghean is gun ghàire,
'S ann a tha sinn a' tuireadh
Ann am baile na tràghad
Aig truimead is cruaidhead
Buille uabhais na plàighe.

Rinn beàrn air ar comann;
'N crann dìreach deas uaine,
'N dèidh briseadh fo làn bhlàth
'S ghrad ghearradh às bhuainn e;
'S fuar falamh an gàrradh
'S 'm flùr àilllidh ud buaint' às.

Don bhaile uile tha bhuille,
Mar bhruadar ro bhrùideil,
Mar gum b' ann ann am breislich
Nuair nì neach às dùsgadh,
Sinne 'g ana-chreids' na sgeòil
Thàinig oirnn is gun dùil ris.

Ma ghoirticheadh sinne
'S nach do rinn ruinn ach suathadh,
Le tuiteam na buill' ud
O cionnas, mo thruaighe,
Nach do bhris 's nach do phronn i
Gu ro-phronn far na bhuail i.

Mourning and weeping for their only son
Is the father and the mother,
The gentle sisters
Grieve for their only brother
Who was laid to rest
Without them having seen him before he died.

The mother is in pain
And it will not be cured by the hand of time,
Grieving for her affectionate son,
Yes, a son in a thousand;
The mother's one beloved son
Chosen from the neighbourhood by the plague.

The young man who was most seemly
In person and in his nature,
Who wouldn't scatter even the tip of a blade of grass
Underfoot in the morning dew.
But the ripeness and the greenness
Are in the sheaves of the human race's reaper.

His virtues went beyond
Renown and number
His gentle, compassionate nature
Would not make a single enemy,
His face was never seen
Without a trace of a smile.

The agile leg is at peace
As is that fine, industrious hand,
Everlasting sleep on the lashes
Everlasting rest on the mind,
No beating, alas,
Of the noble heart of kindness.

Caoidh 's a' caoineadh an aon-mhic
Tha 'n t-athair 's a' mhàthair,
Na peathraichean caomh 's iad
A' caoidh an aon bhràthair
A chàradh 's cha d' fhuair
Aon sealladh roimh bhàs air.

Aig a mhàthair tha acaid
'S cha leighis làmh tìm i
Ri caoidh a mic macail,
Seadh, mac ann am mìle;
'S aon mhac mùirneach a mhàthar
'S thagh a' phlàigh mach à sgìr e.

An t-òigfhear bu mhaisich
Na phearsa 's na nàdar,
Bhàrr feòirnein nach frasadh
'N driùchd maidne fo shàilean.
Ach tha 'n abaich 's an uaine
'N sguaban buanaich sìol Àdhaimh.

Chaidh a shubhailcean thairis
Air aithris neo àireamh,
'S a nàdar tlàth tairis
Nach dèanadh aon nàmhaid,
'S chan fhacas riamh ìomhaigh
Gun oirre fiamh ghàire.

A' chas lùthmhor tha tostach
'S an làmh dhèanadach ghrinn ud,
'S buan shuain air an rosgan
'S buan chlos air an inntinn
'S gun bhuille, mo thruaighe,
Aig crìdh' uasal a choibhneis.

His ruddy cheek is now without colour,
And his fair hair is uncombed,
Tonight, your beauty
Is plundered, as you lie prostrate,
You are amongst those who inhabit
The shadowy glens we would rather forget.

The glens from which no visitor
Will enquire or ask,
The quiet, dark, melancholy glen
Which scares the living,
The secret glen that each and every one of us
Must eventually dwell in.

Nature will awaken from slumber
With the joyful, melodious springtime,
And with rejoicing harpers
The gloom of winter will flee;
But that will only awaken the pain
In the mother who mourns.

In her sleep she is deceived
By cruel dreams,
And her heart tightens
As soon as she awakens
At the thought of the hands
That lie at rest in the ground.

There won't be a peaceful, moonlit night
Nor a lovely summer's day
That won't be a reminder
Of the pain in your mother's breast, missing you,
With no hope or expectation left
Only a firmly locked grave.

Ghruaidh ruiteach gun dreach oirr,
'S fhalt buidhe gun chìreadh,
A-nochd, 's air a creachadh
Do mhaise 's tu sìnte,
'S tu dh'àireamh luchd-àitich
Ghlinn sgàileach na dì-chuimhn'.

Às nach cuir am fear-turais
Fios a dh'ìnnse neo dh'fheòrach –
An gleann sàmhach, dorch, dubhach
Roimh bheil fiamh aig na beòthaibh;
An gleann dìomhair don fheudar
Dhuinn gu lèir dhol a chòmhnaidh.

Dùisgidh nàdar à cadal
'S an t-earrach ait fhonnmhor,
Le clàrsairean caithream
Agus teichidh gruaim geamhraidh;
Ach cha dùisg siud ach cràidh
Anns a' mhàthair tha 'g ionndrainn.

Na cadal ga mealladh
Bidh bruadairean brùideil,
'S bidh cridhe ga theannadh
Cho luath 's a nì dùsgadh,
Aig obair nan làmhan
Tha sàmhach san ùir taisgt'.

Cha tig oidhche chiùin ghealaich,
Neo latha grinn samhraidh,
Nach saighead am broilleach
Do mhàthair gad ionndrainn,
Oir bidh sùil ri beul cuain
Ach beul uaigh tha fo theann-ghlais.

The Shepherd Will Come Home

The shepherd will come home
And the boys will return from their voyage,
The boat will come to port
But there will be no-one on board for me,
Your place, Alasdair, will be empty
For you are at the bottom of the ocean;
Every day that I see the Minch,
Every time, it breaks my heart, knowing you lie on the seabed.

It was in darkening November*,
A short, wintry Monday afternoon
When the sun was going down on the Clisham,
That word came and we heard
That one of the crew
Of the "Ivy Rose" had been lost;
Every day that I see the Minch,
Every time, it breaks my heart, knowing you lie on the seabed.

Pity anyone who with a net or fishing hook
Has to look for sustenance from you, Minch,
You're like a crouching lion under a slope
Waiting for the hunter of game,
Ever ready to rip him apart,
You destroyed my darling;
Every day that I see the Minch,
Every time, it breaks my heart, knowing you lie on the seabed.

O, that you had a gravestone
And were buried on the Aoidh,
Instead of being in currents around Chicken Head
That won't give my love rest,
As I search the shoreline
To see if the tide has delivered you;
Every day that I see the Minch,
Every time, it breaks my heart, knowing you lie on the seabed.

Thig am Buachaill' gu Baile

Thig am buachaill' gu baile,
'S thig na balaich bho bhòidse,
Thig am bàta gu caladh,
'S cha bhi duin' innte dhòmhsa,
'S d' àit Alasdair falamh
'S ann an grunnd a' chuain mhòir thu;
Gach tràth a chì mi an Cuan Sgìth,
Gach tràth, chràidh e mo chridh', is tu na ghrunnd.

'S ann an dùslaing na Sultain*,
Feasgar geamhraidh geàrr Luaine,
Nuair bha a' ghrian air a' Chliseam,
Thàinig fios agus chualas,
Gun robh aon fhear de sgioba
An "Ivy Rose" air thoirt uatha;
Gach tràth a chì mi an Cuan Sgìth,
Gach tràth, chràidh e mo chridh', is tu na ghrunnd.

'S mairg le lìon neo le dubhan
Tha toirt lòn, a Chuain Sgìth àst',
'S tu mar leòmhann fo bhruthaich,
Feitheamh sealgair na sithinn,
Deas ullamh gu reubadh,
Rinn thu m' eudail a dhìth chur;
Gach tràth a chì mi an Cuan Sgìth,
Gach tràth, chràidh e mo chridh', is tu na ghrunnd.

Och nach robh thu fon lice
Air an Aoidh air do chàradh,
'N àite a bhith am bras-shruth na Circe
Nach leig fois dha mo ghràdh-sa,
Is mise a' coimhead a' chladaich
Ach na dh'fhàg am muir làn thu;
Gach tràth a chì mi an Cuan Sgìth,
Gach tràth, chràidh e mo chridh', is tu na ghrunnd.

You weren't dressed in a fine linen shroud,
Neither were you placed on a bier
Nor were you laid to rest
In a narrow wooden coffin,
And there is no headstone on your grave
To say who you are or who your people were;
Every day that I see the Minch,
Every time, it breaks my heart, knowing you lie on the seabed.

You were the breadwinner,
The best of sons and of husbands,
Grumbling or complaining,
Hatred or deceit were not in your nature,
You had double the virtues of most,
The heart and face of a generous man;
Every day that I see the Minch,
Every time, it breaks my heart, knowing you lie on the seabed.

I am wretched, mourning and living
Alongside the killer of my spouse,
The Minch, to whom I beseech,
"Give us his remains then!"
Or that we might find on the shore
A piece of your clothing, my darling;
Every day that I see the Minch,
Every time, it breaks my heart, knowing you lie on the seabed.
Every day I see the Minch,
Every time, it breaks my heart, knowing you lie on the seabed.

*See note on this song

Cha deach lìon-aodach mìn ort,
Neo air eislig do chàradh,
'S cha do chuireadh nad shìneadh
Thu an ciste chaol chlàrach,
'S chan eil leac aig do cheann
'G inns' cò th' ann neo do chàirdean;
Gach tràth a chì mi an Cuan Sgìth,
Gach tràth, chràidh e mo chridh', is tu na ghrunnd.

Bu tu cosnaich' an arain,
Rogha mhic is na cèile,
Cha robh monmhar neo gearain
Fuath neo foil ann ad ghnè-sa,
'S bha do shubhailcean dùbailt',
Cridhe is gnùis an fhir-fhèilidh;
Gach tràth a chì mi an Cuan Sgìth,
Gach tràth, chràidh e mo chridh', is tu na ghrunnd.

'S truagh mi tuireadh 's ri fuireach,
Làmh ri murtair mo chèile,
An Cuan Sgìth 's air mi sireadh,
"Dhuinn a dhust thoir a-rèiste!"
Neo gu faight' air an tràigh,
Ball, a ghràidhe, dha d' aodach;
Gach tràth a chì mi an Cuan Sgìth,
Gach tràth chràidh e mo chridh' is tu na ghrunnd.
Gach tràth a chì mi an Cuan Sgìth,
Gach tràth, chràidh e mo chridh', is tu na ghrunnd.

*faic nota air an òran seo

Anna, Daughter of James

An oak tree fell in the northern wood,
Taller and greener than the rest,
A most bushy-topped oak tree.
My goodness, she has been cut down,
Her sinews and her roots axed.

The harpist and the harp were struck by the same blow,
Strings were ripped, fingers grew cold and froze,
Never again will the virtuous Anna Sheumais
Tune her heart's harp;
Who will fill the space she has left?

A font of knowledge and joy about music
From India to the Hebrides,
Intelligent, perceptive, knowledgeable, melodious,
A tradition bearer of Gaels across generations;
Whose company will make up for her loss?

In the district of the peninsula of Point
Anna Sheumais was born and it was in her blood
To be quick-witted and possess a good memory
For she was of the Mackenzie clan
That used to be in Branahuie.

About the minstrels and the druids
Of Gaelic Ireland and Scotland
In ancient times
She would delight in telling stories,
But the Highland Clearances would incur her wrath.

The language, literature, heritage and music
Of the Gaels that first came over from Ulster
That was the beginning of our tale,
Given to us in the oral tradition
Anna would relay and arouse our interest.

Anna Sheumais

Thuit darag sa choill mu thuath
A b' àirde 's a b' uaine na càch,
Darag bu dosraiche bàrr,
Mo chreach, tha i leagte ri làr!
Ri crislean 's ri freumh chaidh an tuagh.

Leag clàrsair is clàrsach 'n aon bheum,
Reub teudan, reòdh, 's dh'fhuaraich na meòir,
Clàrsach a cridhe cha ghleus
A chaoidh Anna Sheumais nam beus;
Cò lìonas a' bheàrn thàinig oirnn?

Tobar eòlais is àgh air ceòl
Nan Ìnnsean gu ruig Ìnnse-Gall
Tuigseach, breithneachail, fiosrachail, binn,
Ban-sheanachaidh air Gàidheil gach linn;
Cò chuideachd nì suas dhuinn an call?

Ann an roinn Rubha na h-Aoidh
Rugadh Anna nighean Sheumais 's bu dual
Dhith bhith geur-chùiseach, làidir an cuimhn',
Do fhreumhan Chlann Choinnich i fillt'
Bha 'm Bràighe na h-Aoidhe aon uair.

Air aimsir nam filidh 's nan druidh,
An Gàidhealtachd Èirinn 's Alb',
Anns na linntean àrsaidh o chèin
Dhut dhèanadh i aithris is sgeul,
'S thogadh fuadach nan Gàidheal oirr' colg.

Cànan, litreachas, dualchas 's ceòl
Ghàidheal thàinig à Ulaidh o thùs
A-nall, siud toiseach ar sgeòil,
Dh'innseadh dhuinne le seanchais-beòil,
Dh'innseadh Anna dhuinn 's dhùisgeadh ar n-ùidh.

When the gorse is bright yellow
And the skylark sings sweetly,
We will be gloomy,
As the talented and modest Anna
Rests in lasting sleep in Branahuie.

Who will replace her? Who will fill the breach?
Where can we find excellent, choice stones
Given that fine hewn stones are so rare?
Who indeed, when there is no sculptor?
Who will fill the breach for us?

Will we have her likes again?
Will blossoms thrive in the depths of winter?
The harpist's fingers are cold and frozen,
The queen of music is interred,
No music or desire for string and reed.

But the time is short until the bàrd
Rests in the peaceful and quiet Aoidh,
I wouldn't want or wish to live
When our language is no longer heard
On the lips of Gaels in the land of the MacLeods;
I would rather be buried in the Aoidh
Before that darkness wholly swamps us
And there is no new dawn for Gaels.

Nuair bhios air conasg 'n crùn-òir
'S bean-chiùil nan neòil binn sheinn,
'S ann bhios sinne fo ghruaim
Agus Anna nam buadh gun uaill
'M buan-shuain air Bràigh na h-Aoidh.

Cò lìonas? Cò thogas a' bheàrn?
Càit' 'm faighear leinn sàr chlachan grinn?
'S na sàr chlachan snaidhte cho gann
Seadh, cò, is gun snaidheadair ann?
Cò lìonas a' bheàrn dhuinn?

Am bi againn a leithid a chaoidh?
An cinn blàthan an dùbhlachd na bliadhn'?
Tha 'n clàrsair 's na meòirean fuar, reòit',
Banrìgh a' chiùil tha fon fhòd,
Teud is ribheid gun cheòl gun mhiann.

Ach 's goirid an ùin', gus am bi am bàrd
'N cuideachd thostach, shàmhach na h-Aoidh'
Chan iarrainn 's cha liùginn bhith beò
Nuair nach cluinnear ar cànan nas motha
Aig Gàidheil an Dùthaich MhicLeòid;
B' fheàrr leam bhith 'n Aoidhe fon fhòd
Mun tuit an dubh-oidhche tur oirnn
'S nach tig madainn do Ghàidheil a chaoidh.

My James

O, fickle and volatile world,
I feel as if last year was the day before yesterday,
Yes, indeed, and that, in retrospect,
My youth was like a dream I had last night.

But my summer has passed and now
Winter has come along with northern lights and the north wind;
O, world, how blissful was I
In the shelter at Parkend.

In canvas tents of brown, russet and grey
In which we sought shelter:
It didn't matter if the weather was dry or damp,
That would not make us sad.

Big MacDonald was there with his sons,
Their wives and young families.
My goodness! All the sons are now buried
And my James is amongst the five sons.

Colla died young in battle,
Johnny, Jacob and Joseph have passed away,
Yesterday the turf was smoothly laid over
My James, the youngest of them.

Often we would hear the sounds of working with tin,
Making pails - both narrow pails and milking pails.
Mugs -a quart, two pints
And lanterns that the elders would keep in the barn.

Though there wasn't surplus to eat,
Nevertheless, nobody died from lack of food;
We would get sheaves of corn for the horses
In exchange for plates and teacups.

Mo Sheumas

O, shaoghail chaochlaidich bhrais,
Shaoilinn gur e 'n uiridh a' bhòn-dè,
Seadh, 's air dhomh amharc air ais
Gur e bruadar a-raoir i m' òige.

Ach theirig mo shamhradh 's a-nis
Thàinig geamhradh 's fir-chlis 's an tuath-ghaoth;
O, shaoghail bu shona bha mis'
San fhasgadh aig Ceann na Buaile.

'M bùthan cainbe donn, ruadh agus glas
San fhasgadh sinn ann an siud fhuaireadh;
Cha bu diofar tìde thioram neo thais
Cha chuireadh siud oirnne gruaman.

Bha an Dòmhnallach mòr ann, 's a mhic
Lem mnathan 's an teaghlaichean òga.
Chreach! Tha na mic uile fon lic
'S mo Sheumas-sa measg nan còignear.

Colla thuit òg anns a' chath,
Dh'eug Seonaidh, Iacob is Iòseph
An-dè, rèidh shìneadh an sgrath
Air mo Sheumas, an aon dhiubh a b' òige.

Tric tairteil air staoin againn chluinnt'
Dèanamh pheilichean – caol agus bhleoghain,
Mugachan - seapan, dà phinnt
'S lampa-dhubh bhiodh aig bodaich san t-sabhal.

Ged nach robh cus ann ri ith
Gidheadh, cha do dh'eug duine le dìth;
Gheibhte sguaban coirc' dha na h-eich
'N iomlaid thruinnsearan 's chupanan tì.

And when the gorse was in full bloom
And its golden, yellow flowers to the fore,
Like a harper from whose fingers music flows
The thrush would delight us with unconstrained music.

In the evening we would hear the sound of the drones
As my James tuned the bagpipes,
And people everywhere would stop
To listen to James's piping.

From his firm fingers covering the holes
Would flow movements and quick measures,
Which were carried on the wings of the wind
Down towards the Ui graveyard.

But, oh world, I saw a time
Before the steamboats came
And carried away the young folk from the country
Who enjoyed having fun at the road-dance.

When the melodeon failed
Instead of steady music, a rigid beat,
A messenger from the dance would come in a dash
To look for James and his pipes.

Then he would jump up and put on his shoes,
Hastily answering the call.
Making his way straight to where the youngsters
Were waiting for him at the blue gate.

When my James tuned his pipes
You would hear the young folk full of mirth,
With not a thought of age nor time
Dancing foursome and eightsome reels.

But the piper has departed
And the nimble dancers have dispersed overseas,
And short is the span until I and my James
Are buried in the same grave.

'S nuair bhitheadh an conasg na ghlòir
'S gruag bhuidhe dhen òr mu cheann
Mar chlàrsair 's ceòl dòirteadh bho mheòir
'N uiseag dhòirteadh oirnn ceòl neo-fhann.

San fheasgar chluinnt' pìob nan dòs
'S mo Sheumas ga gleusadh an àird'
Agus stadadh neach thall 's a-bhos
'G èisteachd pìobaireachd Sheumais a' Cheàird*

Bho mheòir dhìonach a' còmhdach nan toll
Dhòirteadh ùrlair agus crùnluath,
'S ga ghiùlan air sgiathaibh na gaoith'
Sìos gu ruig Aoidhe-nan-tuam.

Ach, a shaoghail, chunnaic mis' uair
Mun tàinig na bàtaichean-smùid
'S a thrus iad leotha òigridh na tuath
A bhiodh sùgradh aig danns' an rathaid.

Nuair dh'fhàiligeadh bucas nan teud
An àite ceòl-rèidh, rag-bhiòg,
Thigeadh teachdair bhon danns' na leum
Ag iarraidh mo Sheumas 's a phìob.

'N sin sparradh e air a dhà bhròig
An cabhaig a' freagairt a' ghairm,
Dèanamh dìreach air far an robh 'n òig
Feitheamh ris aig a' gheata-ghorm.

Nuair ghleusadh mo Sheumas a phìob
Chluinnt' òigridh a' sùgradh gun sprochd
Gun ghuth ac' air aois neo tìm
Danns' ruidhlichean – cheithir 's a h-ochd.

Ach thriall am pìobaire is
Sgap na dannsairean clis thar chuan,
'S is goirid an ùin' gus 'm bi mis'
'S mo Sheumas taisgt' san aon tuam.

*Mar a thuirt Murchadh fhèin, cha b' ann le tarcais neo
tàire a bha e a' cleachdadh an fhacail seo.

Angus Campbell the Poet

I received news from the north
That banished my good humour and cheerfulness,
It saddened my heart and my countenance
To hear that the hero had been laid to rest.

The poet! Angus Campbell the poet!
It is him that I wish to praise in my poem,
You are more than worthy of your Fingalian pedigree
Among the excellent poets of the past.

You navigated your final headland,
And folded your sails forever,
But what a truly rich legacy
You left behind, gracious man.

The language of the Fingalians laments
As the hero that fought for her
Sleeps in eternal rest
With only turf as a coverlet.

Kind, steadfast, talented, affable,
Garrulity was not in your nature,
You would not give way
If truth and your conscience were as one.

Many worthy learners made their way to your house
On hearing of your reputation,
Each coming to the same opinion and impression
That the poet was a true and esteemed Celt.

Insignificant matters of the gutter
Weren't the poet's favoured interests
But the mysterious question of life and its meaning,
Always asking, "Why? Why?"

Aonghas Caimbeul am Bàrd

Fhuaireadh leam naidheachd o thuath
A dh'fhuadaich mo ghean is mo ghàir,
Chuir mo chridhe 's mo ghnùis fo ghruaim
Gun do chàireadh san uaigh an sàr.

Am bard! Aonghas Caimbeul am bàrd!
'S ann air tha mo dhàn-sa ri luaidh,
Shliochd Dhiarmaid 's airidh àireamh is àit'
Am measg nan sàr bhàirdibh nach buan.

Ris an Rubha mu dheireadh thu shuath,
Leat phaisgeadh gu buan leat do shiùil,
Ach dìleab làn luach aig do shluagh
Dh'fhàg thusa fhir shuairc air do chùl.

Tha cànan na Fèinne ri caoidh
'S an saoidh às a leth bha ri cath
Na bhuan chadail anns a' bhuan oidhch'
Gun chuibhrig air ach an sgrath.

Coibhneil, treibhdhireach, tàlantach, suairc'
Brolasg cha d' fhuaireadh nad ghnè,
Cha tugadh tu bonaid a-nuas
Ma bha 'n fhìrinn's do chogais-sa rèidh.

Bhiodh triall fhoghlamaichean fiùghail gud theach
Air dhaibh cluinntinn do chliù,
'S aon bharail is bheachd aig gach neach
Gur Ceilteach am bàrd gu chùl.

Cha b' e an guitear neo 'n dìg
Raon ionaltraidh inntinn a' bhàird
Ach ceist dhìomhair ar beatha 's a brìgh,
A' cheist, "Carson?" seadh, "Carson?" air a ghnàth.

You were respected by Irish Gaels,
Your blood relationship on show round the table
As it was well known by you both
That you were Gaels of the same stock.

For five years you were in captivity,
Suffering from the cold, hunger and every want,
But locks and doors didn't hold captive
Your spirit in the struggle.

And the Highlands of Scotland mourn you;
Who will fill the void for us?
Will we ever see his like in Lewis again?
With his death have we lost the bardic tradition?

As a hermit in sorrowful journeying,
So I lament the departed poet.
Is the era of the poet disappearing
Slowly as in the west the sun sinks into the sea?

O, Gael, please wake up
Before the fountain of poets dries up!
Have, O, spirit of the Muses mercy on us,
Do not desert us in our adversity!

Ort aig Gàidheil na h-Èireann bha meas,
'S càirdeas fala mun bhòrd dheidheadh an gnìomh
'S agaibh le chèile làn fhios
Gur Gàidheil sibh chinn on aon fhreumh.

Glaiste còig bliadhn' bha thu 'm bruid,
Fulang fuachd, acras 's gach dìth,
Ach glasan neo dorsan nìor dhruid
'M bruid do spiorad san t-strì.

'S tha Gàidhealtachd Albann gad chaoidh;
Cò dhuinn a lìonas a bheàrn?
Sheòrs' am faicear an Leòdhas a-chaoidh?
Na theirig leis linn nam bard?

Mar mhaol-chiaran 'g iargan na thriall
Mis' tha 'g iargan a' bhàird nach buan.
Eil air aimsir nam bàrd dol sìos
Mall a' ghrian anns an Iar sa chuan?

O Ghàidheil nach dùisg thu suas
Mun tiormaich suas fuarain nam bàrd!
Gabh, O Spioraid, a cheòlraidh dhuinn truas
Na trèig sinn ann ar cruaidh chàs!

A Trip to Ireland

From Donegal in the northwest
To Cork we travelled,
Where Fionn and Diarmaid
Fought furiously over Gráinne.

There originated my roots
In green, old and pleasant Ireland,
Where they kept the candle of Christianity
That was lit long ago in the dark ages.

At Yeats's grave, bareheaded
We stood emotionally for an hour of time,
We read poetry composed by Sorley,
The grave merited honour and humility.

A brutal history with the blood of the valiant
Is Ireland's legacy against the bad deeds
Of the foul Saxons
Who oppressed the Gaels.

They told us that tale,
The congenial storytellers,
And we listened intently
For the same thing was done to us.

In the language of the Gael
We read and sang our songs,
Gathered together
As was natural and as we ought to do.

When I arrived in Glasgow,
Friends, my thought was,
That Scotland was my stepmother
And that Ireland was my mother.

Turas a dh'Èirinn

O Dùn nan Gall an iar-thuath
Chun a' Chorcaich sinn ràinig,
Far robh Fionn agus Diarmad
Ri dian chath mu Ghráinne.

'N siud thàrmaich mo fhreumha
'N Èirinn uaine aost àghmhor,
A chùm coinneal na Crìosdachd
Lasadh o chian an dorch làithean.

Aig uaigh Yeats le cinn rùisgte
Sheas, bu drùidhteach an uair i,
Leugh sinn bàrdachd le Somhairle,
Urram 's ùmhlachd an uaigh dhleas.

Eachdraidh dhearg le fuil threun, thìr
Na h-Èireann 'n aghaidh dò-bheart
Na Sacsonaich bhreuna
Air na Gàidheil rinn fòirneart.

Dhuinn dh'aithris an sgeul ud,
Na seanachaidhean còire,
'S le aire riutha dh'èist sinn
Oir 'n nì ceudna rinneadh oirrne.

Ann an cànan a' Ghàidheil
Leugh is sheinn sinn ar n-òrain,
Cruinn còmhla ri chèile,
Mar bu dual 's mar bu chòir dhuinn.

Nuair a ràinig mi Glaschu,
'S ann a shaoil mi mo chàirdean,
Gum b' e Alba mo mhuime,
'S gur e Èirinn mo mhàthair.

Time

Another year coming to a close,
Who would hinder time or end it?
Though a king might command it, "Delay."
His plea would fall on deaf ears like that of the oppressed,
And no matter where we go
When we look back,
You, time, are close behind us.
Consuming us, as a maggot consumes cabbage.

Where does time take us?
What lies beyond the valley,
Or does even a beyond exist?
Does it, or does it not? Who would wager?
Who will answer the question for us? My goodness!
For never has one soul returned
To tell us that death
Is but a pathway to a much better land.

Time has never been young,
Neither did age grey its locks,
"NOW" - as soon as you utter the word
Its tense isn't 'is' but 'was'.
Look at that small clock over there,
Its black hands moving slowly,
Yet, it is devouring me,
Its tick, tick, tick ceaselessly, without pity.

Time, is slow for him
Who awaits the ebbing of the current;
For him who awaits the gallows
It's quicker than a galloping horse.
Our lives are but a flicker of joy
And then the void,
And death is as natural as birth
One is the beginning and the other is life's end.

Tìm

Bliadhn' eile a' dol na cèis,
Cò chuireadh maill air tìm neo èis?
Ged ghuidh an rìgh rithe "Dèan dàil."
Cluais bhodhar gheibh e mar an tràill,
'S chan eil àit air bith gan tèid
Nuair a sheallas sinn nar dèidh,
Tha thusa, a thìm, teann air ar sàil
Gar n-ithe suas mar chnuimh sa chàl.

Càit' am bheil i ri dol leinn?
Gu dè tha air taobh thall a' ghlinn,
Neo am bheil idir ann taobh-thall?
Am bheil, neo nach eil? Cò chuireadh geall?
Cò a fhreagras dhuinn a' cheist? Mo chreach!
Oir riamh cha d' phill air ais aon neach
A dh'innse dhuinn nach eil sa bhàs
Ach staran gu tìr tòrr nas fheàrr.

Tìm cha robh i òg a-riamh,
Nì motha a liath an aois a ciabh,
"AN-DRÀST"', cho luath 's a nì thu ràdh
Chan nì tha e, ach a bha.
Seall air a' chloca bheag sin thall
'S a spògan dubha gluasad gu mall,
Gidheadh, a ta gam ithe suas
A dhiog, dhiog, dhiog gun stad gun truas.

Tìm, mall a cheum dhàsan a tha
Feitheamh na fadhail gus an tràigh;
Dhàsan tha feitheamh ris a' chroich
'S luaith na leum-cheithir marc-eich.
Chan eil nar beath' ach aon phòg
Agus na dhèidh sin an aog,
'S tha bàs cho nàdarrach ri breith
Aon dhiubh is tùs 's aon crìoch air beath'.

Time cannot be hastened and will not slow down,
Neither can it be hindered on the way,
It won't draw breath nor will it rest
For it doesn't have a destination.
Each generation will consume time,
The grit of rocks and stones
Time will crack and finely crush
With the might of the heavy hammer of the elements.

There is not a place on the face of the earth
Where humankind can escape
From the loathsome hunter who is ever in pursuit
Time, the black hunter with no mercy,
We must, ultimately, submit to it
And it will completely ravage us;
Even in the grave, we cannot escape it,
We will decay like the earth of the garden.

Tìm cha ghreas is cha dèan maille,
Nì motha a bhacair i san t-slighe,
Anail cha ghabh i 's cha dèan suidhe
Oir chan eil aice-se ceann-uidhe.
Ithidh gach ginealach i suas,
Creagan is clachan air an cruas
Sgàinidh is pronnaidh i gu mion
Leis an òrd-mhòr neart nan sian.

Chan eil air uachdar mòr na cruinne
Àit' às an tàrras Mac-an-duine
On t-sealgair bhreun tha ghnàth an tòir air,
Tìm an sealgair dubh, gun tròcair,
'S fheudar dhuinn, fa-dheòidh, dha gèilleadh
'S nithear leis gu tur ar milleadh;
Eadhon san uaigh sinn uaip' cha tàrr às,
Caochlaidh i sinn cosmhail ri ùir a' ghàrraidh.

I Saw, at a Distance, the Hill

I saw, at a distance, the hill
While on a plane journey,
And how I cursed old age
And longed again to be young
On the hill without cap and shoe,
A wish never fulfilled for man
As death stalks each generation.

I saw, at a distance, the hill
On a bright and sunny day;
And as the storm burgeons the waves
Lying calm on the face of the waters,
So were my thoughts awakened
From far back in my memory
Of gathering sheep and lambs there.

Gathering the flocks from the village
Around the middle of the soft-blossomed month of May,
That day we won't go to school
And lads and dogs will be delighted,
When we at last reach the hills
We'll sit on a knoll and from our hands
Eat a morsel of oatcakes or barley.

It seemed I saw in the hill
Heroes of a different age,
With a strap round their knee and quickly
Moving up and down the moorland,
I could hear the whistle and the shout
To the dogs rounding the flocks
And the sharp shears being put to use.

Chunnaic Mi Uam a' Bheinn

Chunnaic mi uam a' bheinn
'S mi siubhal air astar speur,
'S an aois a mhallachadh rinn,
Oir mhiannaich mi rithist bhith òg
Sa bheinn, gun bhoineid 's gun bhròig.
Mhiann riamh nach do shealbhaich mac mnaoi
'S oirnn fear-trusaidh gach linn an tòir.

Chunnaic mu uam a' bheinn
Air latha geal, grinn is grèin';
'S mar dhùisgeas an doineann na tuinn
Nan suain air aghaidh a' chuain,
'S amhlaidh a dhùisgeadh mo smuain
'S a dhùisg à dùsal a' chuimhn'
Air bhith trusadh chaorach is uain.

'S a bhith togail o bhaile nan treud
Mu mheadhan bhog bhlàth-mhiòs na Màigh,
An latha ud dan sgoil sinn cha tèid
'S bidh balaich is coin air an dòigh,
'S nuair ruigear na beannaibh, fa-dheòidh,
Sinn suidhidh air tom 's ithidh grèim
Aran-coirce neo eòrn' às ar dòirn.

Shaoil leam gu faicinn sa bheinn
Suinn a bhuineadh do linn nach beò,
Le lùthag fon ghlùin 's orra sgoinn
A' dìreadh 's a' teàrnadh an t-slèibh,
'S gun cluinninn an fhead is an èigh
Ri coin toirt na sprèidhe cruinn,
'S na deamhaisean geur dol gu feum.

O, hill of my heart, on your summit
I often stood, but never will again,
My step and my leap have shortened
And the sweet place of memory from yesteryear,
Tomorrow, I will not recognise,
I'm like a bee sucking honey from each blossom
From amongst the days I have left behind.

My old sheep dog is asleep
I left him on the path in the sun,
His bristly coat is scraggy and dull,
His step is shaky and slow,
His fleet foot is now useless
For gathering sheep at the foot of the hills,
Never again will I or him go there.

I saw him in his prime on the hill
When the hare of the cairns could not escape him,
On the path now he lies
Sheltered and catching the sun,
Encased in each life is death
Just as the day is followed by night
And the morning of the living is so short.

I saw, at a distance, the hill
The scene that sickened my heart,
The dogs of time gathering in on my generation,
Hark! Hear them descending the glen,
The gathering will soon be at an end;
In the west, the sun set in the ocean,
Little by little the night closes in on us.

O, bheinn mo chridhe, nad bhàrr
'S tric a bha, cha bhi tuilleadh mi chaoidh;
Dh'fhàs mo shìnteag 's mo shearrag cho geàrr,
'S innis mhilis na cuimhn' an dè,
A-màireach, chan aithne dhomh e,
Mi mar sheillean deocadh mil às gach blàth
Measg nan làithean a dh'fhàg mi am dhèidh.

Mo sheann chù beinne na shrann
Dh'fhàg mis' air an staran sa ghrèin,
Cholg 'n uiridh air peallach is fann,
Critheanach, mall a cheum,
Chois chlis a-nis tha bho fheum
A thrusadh an casadh nam beann,
A chaoidh cha tèid mis' neo e fhèin.

Chunnaic mise mo sheud sa bheinn
'S cha tàrradh uaith' geàrr nan càrn,
Air an staran a-nis air a shlinn
Ri cùl gaoith' 's aghaidh grèin sa bhlàths',
Ann am broinn gach beatha tha bàs
Mar an dèidh an latha tha 'n oidhche,
'S tha madainn nam beò cho geàrr.

Chunnaic mi uam a' bheinn,
An sealladh rinn tinn mo chridh';
Coin thìm ri trusadh mo linn,
Èist! Cluinn orra sìos an gleann,
Chan fhad gum bi 'n trusadh aig ceann;
Sìos san iar chaidh a' ghrian anns na tuinn,
Mean air mhean oirnn an oidhche a' tighinn teann.

5

SGRÌOBHAIDHEAN EILE LEIS A' BHÀRD

a) Dàin Eile

Battle of the Bulge

Last night the moon looked down,
Her cloudless face so sad,
"Poor Earth", she said, "Poor Earth",
Since man, poor Man's gone mad
Lending in fury blind
His heart, his strength, his mind
To the destruction of his own mind.

This morn the sun got up
With wrath his face so red,
"Why give him light and life
To squander; why," he said
"Should I throughout life's span
My good free gifts shower on
This puny self-destroying creature Man?"

This eve the skies did weep,
Washed gently with their tears
Pale brows of friend and foe
Who no more each other fears,
The gentle breeze went by
Wiping each pale brow dry
Whispering with a sigh, "So young to die."

Her slain sons to Mother Earth
Return from whence they came,
Yesterday young and strong,
Now a mound, a cross, a name.
Some crosses no name bore,
But somewhere some heart is sore
For him who returns never, never, no more.

An aon dàn coileanta sa Bheurla a rinn Murchadh cho fad' s is fiosrach mi. B' e blàr am Bulge, ann an sgìre Ardennes sa Bheilg, an iomairt mòr mu dheireadh a rinn Hitler an aghaidh Feachdan Bhreatainn, na Frainge is Aimeireagaidh. B' e Aimeireaganaich gu h-àraid a bha an sàs anns a' bhlàr a mhair sia seachdainnean bho 16 Dùbhlachd 1944 gu 25 Faoilleach 1945; rinn iad a' chùis air na Gearmailtich aig a' cheann thall.

Dathan Eilein

Eadar-theangachadh de *Colours of an Island* le Màiri NicCarmaig

Sgeadaicht' le shlabhraidh neamhnaid sa chuan,
Saor, sìtheil, sàmhach ar n-eilean beag uain',
Faic e an liath-sholas gealaich san oidhch',
Ga ionnlaid an dathan gorm is airgid le soills'.

Gidheadh, nuair a shèideas a' ghaoth on tuath
Mhuir èiridh geal-chìreanach, cas, glas e suas,
'S gu h-obann nì caochladh air oidhch' shamhraidh bhlàth,
Aiteal òr-bhuidhe is 'laidhleag' dathan a' bhàigh.

Dearg bhitheas an t-adhar os ceann Shiadair an Rubha
Air madainn chiùin shamhraidh nuair dh'fhosglas do shùil,
'S gu h-obann nì caochladh gu buidhead-an-òir,
An t-adhar 's e 'n cainb th' aig an Dealbhadair mhòr.

Tha 'm Foghar air tighinn 's a ghath anns a' ghaoith,
Àilleach nan gàrraidhean shearg e is chlaoidh,
Ach 's cuirm don an t-sùil còmhdach an t-slèibh
Le fhraoch-fhallaing, rìomhach, rìoghail tha sgèimh.

Sgeadaicht' le shlabhraidh neamhnaid sa chuan
Saor, sìtheil, sàmhach ar n-eilean beag uain',
Faic e an liath-sholas gealaich san oidhch'
Ga ionnlaid an dathan gorm is airgid le soills'.

Colours of an Island
by Mary McCormack

Still in its chain of pearls in the sea,
This island of ours is tranquil and free;
Seen in the glow of the great moon by night,
Our island is bathed in a blue-silver light.

Yet when the wind howls over the bay
The water is foaming, white-crested, grey,
Rapid the change on a warm, summer night
The ripples are lilac, gold-tinted, bright.

Red is the scene which awakes you at dawn
High over Point on a clear, summer's morn,
Swiftly it changes to yellow and gold,
The sky is His canvas, the Painter is bold.

When Autumn arrives with its nip in the air,
Stripped of their beauty, the gardens are bare,
Out on the moor for the eye to absorb
A vastness of purple, rich royal robe.

Still in its chain of pearls in the sea,
This island of ours is tranquil and free;
Seen in the glow of the great moon by night,
Our island is bathed in blue-silver light.

Bha Màiri NicCarmaig na neach-teagaisg Beurla agus Eachdraidh ann an Sgoil 'IcNeacail ann an Steòrnabhagh. Bhiodh Murchadh gu tric a' cèilidh air a pàrantan, Kenny Dan MacLeòid is a bhean Murdag, nan dachaigh ann an Sanndabhaig far am biodh tòrr còmhraidh a' dol mu phoilitigs Làborach. Bha an teaghlach taiceil do Malcolm K. Mac a' Mhaoilein a bha na bhall Pàrlamaid Làborach sna h-Eileanan an Iar bho 1937 gu 1970. Chaidh an dàn Beurla agus an t-eadar-theangachadh Gàidhlig a dhèanamh ann an 1976. Chaochail Màiri san Lùnastal 2019. Tha mi an comain Aonghais MhicCarmaig airson cead Colours of an Island agus Dathan Eilein fhoillseachadh san leabhar.

SGRÌOBHAIDHEAN EILE LEIS A' BHÀRD

b) Seanchasan
Murchadh an t-Seanchaidh

Bàs Taigh-Cèilidh

Thatar ag ràdh gu bheil, gu h-ùmhlachdail do lagh nàdar, na h-uile nì a' fàs an dara cuid, sìos neo suas, agus sin a' filleadh a-steach mac-an-duine agus stùc na beinne. A bheil seo iomlan fìor chan fhios dhomh. Gidheadh, air a seo is fiosrach mi. Anns na leth-cheud bliadhna a chaidh thairis, bha na seann taighean-tughaidh dubha ri fàs sìos, sìos, sìos gus, mu dheireadh, gun deach iad à fianais 's nach eil iad rim faicinn nas motha air aghaidh na tìre. Am feadh 's a bha na taighean-dubha ri fàs sìos, bha na taighean geala ri fàs suas agus 's e nì mòr, math a th' ann a sin ged a tha e comasach gun deach rudan leis an t-sruth a b' fheàirrde sinn a bhith air a chumail.

Goirid mun do sguir mi dhen chosnadh làitheil, bha mi dol a dh'obair aon mhadainn agus mhothaich mi shuas mu leth a' bhaile ùpraid agus collaid nach robh ann a-raoir nuair a thàinig mi dhachaigh agus ghreas mi gus am faicinn dè a bha a' gabhail àite. Ach, a chuilein ort, nuair a ràinig mi is a chunnaic mi dè bha a' gabhail àite, thàinig an nì sin a thuirt an salmadair air m'aire.

> *An sin air làithibh fad o chèin*
> *Smuainich mi fèin gu beachd;*
> *Air bliadhnaibh fòs na h-aimsire cèin*
> *Am aire fèin bha teachd.*

Bha uilebheist mhòr bhuidhe de *bulldozer* (mar a their iad sa chànan Ghallda) a' stialladh às a chèile tobhtaichean seann taigh-cèilidh a' bhaile againn anns na làithean a dh'fhalbh. Taigh 'Dool' a theireadh iad ris, ann am Mealabost, sgìre na h-Aoidhe ann an Leòdhas. Theirinn nam b' e daoine le piocaidean is sluasaidean a bhiodh a' glanadh air falbh làrach an t-seann taigh gum biodh rudeigin de dhùil agam gu làimhsicheadh iad rudeigin na b' fhaiceallaiche e, rudeigin na bu bhàidheile, seadh, mus goirticheadh iad e cus neo gus nach goirticheadh iad e ach cho beag 's a b' urrainn dhaibh. Ach an uilebheist mhòr bhuidhe sin, an-iochdmhor, goimheach, glàmhach, cìocrach agus caob aice anns a h-uile glaim a bha i a' togail de thobhtaichean an t-seann taigh is i ga dhòirteadh do làraidh. Ghabh mi air m' adhart agus bha mi dubhach. Agus thuirt mi, "Faire! Faire! Bha latha eile aig fear na mònach. Bha latha eile aig an t-seann taigh."

Chunnaic mise an taigh-cèilidh a bh' ann a seo cho làn agus nuair a thigeadh fear an taighe nuas às an t-sabhal an dèidh a bhith greis air an t-sùist chan fhaigheadh e àite anns an suidheadh e. Ann a sin theireadh cuideigin ris, "Chan fhaigh thu àite-suidhe na do thaigh fhèin, a bhròinein!" Ach chan abradh Dòmhnall ri duine "Siuthad èirich, leig dhomh suidhe." Smior a' Ghàidheil. Aoigh is carthannas na thaigh fèin. 'S e a dhèanamh e, bheireadh e dheth a dhà bhròig agus shuidheadh e air bòrd-slios na leapa àird, mar a theireadh sinne, is a chasan a' slaodadh ris. *Crimean* srianach glas air agus galaisean a' bhriogais air uachdar a' *chrimea*. Bheireadh e an uairsin a-mach a sgian, sgian-dhlùthaidh a theireadh iad rithe. *Cock knife* bhiodh aca oirre, sgian an isein. Bheireadh e an uairsin a-mach a spliuchan, spliuchan de bhian ròin agus tomhais bheag neo mhòr de thombaca dubh, am bogie roll a theireadh iad ris. Tombaca nan trì *x*-achan. Shìneadh e air an tombaca a ghearradh agus nuair a bhiodh mu thuaiream làn na pìoba aige air a ghearradh dhen tombaca thòisicheadh e a' pronnadh an tombaca ùr gheàrrte air deàrn làimhe clì le deàrn na làimhe deise. Nuair a bhiodh e ullamh dhan sin chuireadh e sgian as a' ghlaic agus bheireadh e a-mach a' phìob. Pìob iasgair a theireadh iad rithe. Pìob bheag dhubh-dhonn chrom agus ceann tiona oirre agus e air a mheidheadh ceithir thimcheall gus nam biodh e ro bheag air a cheann gu sgiabadh e a-mach gus a' phìob a fhreagairt. Bha bann tiona oirre cuideachd, air a cois, agus bhiodh copan beag oirre cuideachd anns am biodh sùith an tombaca ri tional agus bhidhte ga fhalamhachadh a-mach an-dràsta 's a-rithist. Sgrìobadh e a' phìob leis an sgian is shèideadh e suas na cois gus an tarraingeadh i na b' fheàrr nuair a dheidheadh an lasadh a-rithist. Chuireadh e a-nise an tombaca ùr gheàrrte dhan phìob, is bha e an dèidh an luath a thoirt aiste, is chuireadh e an tombaca ùr gheàrrte dhan a' phìob is chuireadh e an luath air uachdar. Dheidheadh a lasadh an uairsin le pìos pàipeir oir cha chaithte lasan is teine mòr mònach air a' chagailt. Seo agad Dòmhnall a-nise agus thùg is thurram aige air a' phìob is ceò an tombaca ag èirigh na cearcaill 's na snìomhain shuas am mullach an taighe.

Tha mise creidsinn nach fhaca an duine a bh' ann a seo leithid de rud a-riamh ri *bank book*, gidheadh, seo agaibh duine a tha doirbh fhaotainn anns an linn mhaoineil, sin agaibh am *materialistic age*, mar a their sinn ris, duine sona le beagan maoin, is 's e beagan a bh' aca. Tha mise creidsinn an-diugh gu bheil e a' dèanamh barrachd boile dhuinne anns a' ghinealach a th' ann a seo, gum bi rud againn a chòrr a chuireas sinn mu seach, na tha an t-aran làitheil a' dèanamh dhuinn, mar gum biodh an t-aran làitheil cinnteach dhuinn co-dhiù. Chan eil e cho cinnteach ri sin idir dhuinn.

Nise, seo agaibh Dòmhnall is thùg is thurram aige air a' phìob. Nis tha a' chèilidh a' dol air adhart fad na tìde. Sgeulaichean mu mhuir is mu mhonadh, mu chogaidhean, mu bhuisneachd is mu thaibhsichean. Nise 's e sgeulaichean nan taibhsichean a b' fheàrr leinne a bhith gan èisteachd. Tha mar gum biodh an dara cas aig a' Ghàidheal ann an saoghal nan taibhsichean agus 's e a bu docha leinne a bhith gan èisteachd. Nam b' ann anns an taigh agaibh pèin a bhithte gan aithris cha bhiodh feagal ort a dhol dhachaigh. Bha e glè mhath a bhith gan èisteachd gu smaoinicheadh tu gun robh agad ri dhol dhachaigh. Sin agaibh Dòmhnall agus taigh Dhòmhnaill.

Tha mise creidsinn gun robh ann a seo freumhan a' Ghàidheil a' faighinn beathachadh is ga cheangal mar nach robh ann an àite sam bith eile agus tha mi a' creidsinn gun robh an sgeulaiche ann a seo gun robh e a' dèanamh slabhraidh òr agus bacan òr de bheul-aithris. Agus bha am bacan mar gum biodh e ga bhualadh gu cheann ann an cridhe a' Ghàidheil agus ga cheangal ri tìr nam beann. Ged a shiubhladh e cian is ged nach pilleadh e air ais a-chaoidh tuilleadh gu tìr nam beann bha an t-slabhraidh a bh' ann a sin a' cheart cho làidir na sheann aois 's a bha e an latha a chaidh a bualadh a-mach air innean a' chridhe anns an taigh-chèilidh.

Ach, uidh air an uidhe, thòisich a' bheing, an t-sèis, thòisich beàrnan a' tighinn oirre. Duine is duine dha na seann daoine ri triall agus tha stòl nan casan cearbach, air am biodh an sgeulaiche na shuidhe, chan eil duine na shuidhe a-nise. Chan eil an òigridh ann. Thàinig am *Metagama* is thàinig am *Marloch* is thàinig an *Canada*, trì soithichean mòra an CPR, agus thog iad an òigridh mar gun togadh tu an uachdar far mias bhainne. Dh'fhalbh iad leotha. Tha a' bheing a-nise falamh is tha stòl nan casan cearbach, chan eil sgeul air an sgeulaiche. Tha stòl nan casan cearbach gun duine na shuidhe air.

Seo a nì a thachair. Chunnaic mise seo a' tachairt. Uidh air an uidhe, chunnaic mi glas chrochaidh dol air an doras. *Front door* a their iad ris an-diugh, tha iad air fàs Gallda. Chunnaic mise glas chrochaidh dol air doras a' chabhsair. Chaidh an teine mònach mu dheireadh na luath. Chnàmh an teine mònach mu dheireadh na luath air a' chagailt' agus sguir ceò a dh'èirigh às an taigh. Nuair a sguireas ceò a dh'èirigh à taigh gheibh e bàs oir 's e seo anail na beatha aig taigh, a' cheò.

Nise, bhreòth na sìomain air an dachaigh agus thàinig na faoillich agus rùisg iad an còta blàth, seasgair, tughaidh far a dhruim is dh'fhàgar an sgrath lom ris. Uidh air an uidhe chrìon an sgrath mar an ceudna agus dh'fhàgadh na cabair lom ris. An gad-droma, na ceangail, na sparran, na taobhann, an t-slinnteach, an corra-thulchann againn a bhiodh an àirde aig dà cheann an taigh, air am biodh na sìoman a' dol air a thigeadh iad dlùth ri chèile aig oiseanan an taighe. Uidh air an uidhe dh'fhalbh na cabair. Is dh'fhàgadh na tobhtaichean lom ann a sin. Uidh air an uidhe dh'aom na tobhtaichean cuideachd.

Thàinig an t-earrach agus chòmhdaich e na tobhtaichean le brata feur uaine agus dh'fhàs an fheanntag cuideachd ann mar gum biodh i a' toirt rabhadh dhan an fhear a chì i aig an rathad mar gum biodh i ag ràdh, gluais faiceallach ann a seo agus gluais urramach ann a seo oir 's e seo saoghal a bh' ann agus nach bi ann a-chaoidh tuilleadh. Sin agaibhse bàs taigh-cèilidh.

Bàs Taigh-Cèilidh: Òraid do Chomunn Gàidhlig Inbhir Nis, Dùbhlachd 1967

An Tastan

B' ainm do chuspair mo sgeòil Murchadh. Bha e mu chòig bliadhna deug a dh'aois aig an àm a bha seo, 1916, teis meadhan cogadh a' Chèiseir. B' e 'n t-earrach a bh' ann - an t-earrach trang, dripeil; suic gan cur gan geurachadh do cheàrdach Phàdraig agus Thòmais; amaill agus greallagan is sliosan gan cur air dòigh, agus earball nan gearrainn gan gearradh 's gan gleidheadh airson snòtaichean. Agus uain òga gam breith. Balachain òga a' lorg ach cò chaora gheibheadh iad air breith gus an coisneadh iad bonnach-imeanach air neo dà ugh an àite a' bhonnaich. Ach cha b' ann a chosnadh bonnach-imeanach a chaidh Murchadh idir. Bha e car aosta air son siud. 'S ann a fhuair e peile agus spaid 's dh'fhalbh e don tràigh-mhuirsgean an Laighe-nan-ròn, làimh ri Talm.

Nuair a bha cnuaic air a' pheile, dhìrich e suas Rubha-na-Mairbh 's rinn e dhachaigh. An uair a ràinig e cha robh duine a-staigh, 's bha e ga tholladh leis an acras, ach bha prais bheag nan trì-chasan, taosgach buntàta air a leth-taobh, ris an teine agus truinnsear beag na beul le dà sgadan Loch-Fin'. Cha do thog Murchadh am buntàt' air an truinnsear idir. Tharraing e steach an stòl an taic an teine 's dhruid e dhà ghlùin ri chèile, 's chàirich e 'n truinnsear leis an sgadan oirre, 's ghabh e dhan bhuntàta 's an sgadan. Nuair a dh'ith e sheachd-leòran chuir e bobhla bainne a bh' air a' bhòrd air a cheann gus na thràigh e e.

Sheas e air beulaibh an dreasair agus mar is tric a rinn balach nuair a gheibheadh e 'n taigh dha fhèin, thòisich e air rumasdaireachd anns na dràthraichean. Cha b' e gu robh càil sònraichte na shealladh a bha e lorg ach dìreach gu amharas thoirt asta. Nuair a thog e shùil chun na sgeilp air an robh na bobhlaichean, mhothaich e dà ghrunnan math bhoinn-thastain agus dhà-thastain air cùl bobhla. Dh'fhan e na thost mionaid no dhà. "Bheil thusa 'n dùil," ars esan ris fhèin, "an ionndrainneadh tastan nan tugainn-s' às e?" "Falbh leis," ars an sàtan beag dubh a bha na chridhe. "Gu dè th' ann an aon tastan beag mialach. 'S co-dhiù, nach ann leis an taigh agaibh fhèin a tha 'n t-airgead."

Gidheadh, cha do dh'aontaich Murchadh le comhairle an t-sàtain bhig a bha na chridhe, agus bha 'n dithis mar gum b' ann a' gleac fad chòig mionaidean. Fa dheireadh thall thàinig Murchadh agus an sàtan gu co-chòrdadh, agus b' e seo mar a bhà. "Cha toir mi leam an tastan idir," arsa Murchadh, "ach, 's e nì mi cuiridh mi e fo bheul bobhla, agus ma dh'ionndrainneas iad e cuiridh mi air ais e, 's mur a h-ionndrainn bheir mi leam e an ceann seachdain."

Bha Murchadh fada na seachdaineach a' falbh 's a' tighinn bhon a' bhobhla mar eun bhon nead.

Thàinig oidhche na Sàbaid 's bha muinntir an taighe gu lèir a' dol dhan a' choinneimh, agus Murchadh, mar an ceudna maille ris na balaich eile. "Siud agad," ars' a mhàthair ri Murchadh, "am bonn-a-sia airson a' bhrod." Dh'fhuirich Murchadh gus na dh'fhalbh iad gu lèir. Chaidh e don doras 's bha Seonaidh Alasdair Ghlais a-nuas taigh MhicRath. Leum e a-steach 's rinn e air a' bhobhla fon robh an tastan. "Tha mi fada gu leòr ga do ghur" ars esan, 's e ri cur an tastain na phòcaid.

'S e Calum Iain Ic Aonghais Òig a bha an ceann na coinneimh agus Ruairidh Chaluim ri preseantadh. Mar a b' àbhaist chaidh caibideil a leughadh agus ùrnaigh an dèidh gach seinn. Ma chaidh, cha mhòr a chuala Murchadh. 'S ann a bha e a' cunntadh na inntinn a liuthad rud a cheannaicheadh e ann an Steòrnabhagh leis an tastan - feadag-tine air sgillinn, organ gròt, tromba, agus dè mu dheidhinn na caramels mhòr dheang am bùth Watson - ochd air a sgillig. Chunnt e suas a' chosgais, agus bha còig sgillinn aige fhathast a chòrr. Agus dìreach sa cheart àm, chuala e Calum ag ràdh gu robh an Tighearna a' beannachadh dhuinn a bhith seinn 's a' leughadh Fhìrinn. "Agus," ars' esan, "an duine a chuir an tastan dhan truinnsear an àite a' bhonn-a-sia ma dh'fhuiricheas e aig an doras gheibh e an tastan air ais."

An Tastan: Gairm, An Samhradh 1971, Àireamh 75, td 206

A' Ghàidhealtachd An-Dè
Sùil air Ais

Tha cunnart ann a bhith ag amharc air ais tro shùilean na h-òige, air eagal gum bi an òige a' cur a dreach brèagha fhèin mar-aon air na nithean dona mar air na nithean matha. Ach ma sheallas sinn air ais gun chlaon-bhàigh ri saoghal ar n-òige 's fheudar aideachadh nach robh na h-uile nithean a bha fàs anns a' ghàrradh cho buileach brèagha 's a their sùilean na h-òige rinn nar sean aois.

Dè 'n samhla th' aig na Gàidheil a th' ann ris na Gàidheil a bh' ann? Dè 'n samhla th' aig Gàidheil Coire Cheathaich Dhonnchaidh Bhàin? Neo Gàidheil an latha an-diugh ri Gàidheil an latha an-dè anns na h-Eileanan Siar? An toiseach, 's e nì sin as motha tha dèanamh an eadar-dhealachaidh eadar an-diugh 's an-dè gun do chaill Gàidheil an nì sin a bha dèanamh Gàidheil de Ghàidheil – 's e sin, an cànan.

Nuair a thiginn-sa dhachaigh air chuairt à tìrean-cèine neo air fòrladh às an t-saighdearachd chan fhaighnicheadh mo mhàthair a-chaoidh dhomh, "A bheil Breatannaich neo a bheil Albannaich còmh' riut?". 'S e theireadh i, "Mhurchaidh, a bheil Gàidheil còmh' riut?". Seo an t-eadar-dhealachadh eile th' eadar Gàidheil an latha an-diugh is Gàidheil na linn a dh'fhalbh. Bha a ghnàth beò gheur-mhothachadh aig Gàidheil na linn a dh'fhalbh gur e Gàidheil a bh' annta, gur e fine air leth a bh' annta, agus nach robh fine eile ann coltach riutha ann an neart 's an treubhantas. Seo an geur-mhothachadh a chaill sinne; an geur-mhothachadh a ghluais na bàird anns na linntean a dh'fhalbh gu bhith a' seinn le teas-ghràdh do chànan a' Ghàidheil; agus ann an cànan a' Ghàidheil.

Dòigh-beatha: chluinntear tric an-diugh mu dhòigh-beatha na Gàidhealtachd agus nach còir cur às dhith. Seadh ma tà, eil e fìor gun robh dòigh-beatha na Gàidhealtachd eadar-dhealaichte agus diofraichte bho Alba-Dheas agus an còrr de Eilean Bhreatainn? 'S e mo bheachd gun robh. An uair a thòisich linn nan taighean-gnìomhachais ùra am Breatainn (an "Industrial Era"), thug e an t-atharrachadh a bu mhotha am beatha an luchd obrach. Chan ann leis a' bhreabadair a tha a' bheairt nas motha. Feumaidh e a dhol a dh'obair dhan an taigh-gnìomhachais ùr airson beò-shlaint. Agus chan ann leis a tha aon bheairt a tha na bhroinn. An t-aon nì a th' air fhàgail aige nis 's e a dhà chròig mhòir gu bhith 'g obair —'s e sin, ma tha feum aig a' mhaighstir air. A thuilleadh air a sin tha e nise air a chuingealachadh ri uairean, gu math tric bho mhoch gu dubh. Ann an aon fhacal, tha e nis fo "spòig" 's fo riaghladh a' chleoc bheag, chruinn làrum.

Dè mu dheidhinn na Gàidhealtachd? An deach an dòigh-beatha acasan bun os cionn mar a chaidh dòigh-beatha nan Albannach a deas? 'S e mo bheachd nach deach. Cha do bhuin linn nam factoraidhean ris a' bheatha shìmplidh aig na Gàidheil idir. Agus ged bha aige ri spàirn chruaidh a dhèanamh air son teachd-an-tìr, cha robh e idir fo spòig a' chleoc-làrum mar am fear-obrach a deas. Seo agaibh cunntas goirid air an t-saoghal a chunnaic mise am òige anns a' bhaile againn fhèin, saoilidh mi, tha toirt tomhais de shoilleireachd eadar an dà dhòigh-beatha air na luaidh mi.

An talamh. Bha e ceadaichte do dhuine air bith dhol dhan a' chladach-dhearg air a cheann fhèin suas chun an 28mh latha den Mhàirt. An dèidh a' cheann-latha seo, nuair a thigeadh feamainn air tìr chan fhaodadh duine dhol ann air a cheann fhèin. Bha am baile uile a' giollachd na feamad am pàirt.

Feamainn Dhubh: cho luath 's a thigeadh reothartan mòra an earraich, bhatar a' falbh dhan chladach-dhubh, dithis mach às gach taigh le cliabh is corran. An toiseach, bhatar gu lèir dol chun nan corran. An uair a shaoilte gu robh tìm a dhol chun nan clèibh, bha dàrna leth a' sgiobaidh a' gabhail nan cliabh a dhìreadh na feamad gu bonn na creige. Dheidheadh an duine bu shine bha sa chladach a chur air leth. Chunntadh e a h-uile taigh bha sa chladach agus sheasadh e aig bonn na creige. Agus ma 's e fichead taigh bha sa chladach dhèanadh e fichead tòrr. Bha e faighinn seann chnàimh a bha bàn blianta aig grian is gailleann agus bha e càradh a' chnàimh air an ath thòrr air a leagadh tu do chliabh. Theireadh cuideigin an uair sin, "Fhearaibh, tha muir air pilleadh." Agus gun dàil dheidhteadh gu lèir chun na clèibh gus nach caillte dlòth dhen fheamainn. Nuair a dhìricheadh an fheamainn gu lèir, seo a' rud a dheanadh bodach nan torran: thaghadh e mach cuideigin 's theireadh e ris, "Falbh sìos a bheul na mara 's cùm do chùlaibh ris na torran"; 's shìneadh e air èigheach, "Cò leis a tha 'n tòrr seo? Cò leis a tha 'n ath fhear?" gus mu dheireadh a bhitheadh leagail nan cruinn seachad agus a thòrr fhèin aig gach duine.

An talamh. Dheidheadh na nàbaidhean cuide ri chèile le na h-eich agus threabhadh iad talamh gach taigh am pàirt. Bhitheadh sgioba math aca cur a' bhuntàta, oir anns an talamh ghainmich bha an fheamainn-dhubh a bh' air grodadh ri dol ris a' sgealb anns a' sgrìob. Bha aon trian den talamh fo chorc, 's trian fo eòrna, 's fo bhuntàta.

Mun tàinig na muilnean-làimh' gu bhith bualadh an arbhair 's e an t-sùist a bh' ann – chunnaic mise m' athair ann an 1933 ri bualadh ceithir chruachan mòra bileach leis an t-sùist. Ach aig a' cheart àm bhatar a' bualadh am pàirt leis a' mhuilinn bheag làimhe.

Cur a-mach an t-sùithe: 's e an duine mu dheireadh is cuimhne leamsa fhaicinn ri cur a-mach an t-sùith anns a' bhaile againne, Alasdair Iain Fìdhleir an ath-dhoras. An toiseach bhatar a' spìonadh an eòrna le bhun-dubh, an àite spealadh; agus chainte ruisg-eòrna, agus adag chorc. 'S e an t-adhbhar a bhith spìonadh an eòrna le bhun-dubh seo: as t-earrach bha latha air a chur air leth ris an cainte "latha sgathaidh" –'s e sin, bhatar a' faighinn a' chorran-sgathaidh agus a' gearradh na sguaib-eòrna na dà leth agus a' sgaoileadh nam bunan às a chèile. Nise, bha Alasdair an toiseach a' dol a bhuain sgrathan. Dheidheadh e an sin a dhruim an taigh-thughaidh agus bheireadh e an seann tughadh agus na sgrathan bha ris a' cheò dheth gu chur ri bàrr òg a' bhuntàta. Dheidheadh na sgrathan ùra agus bunan nan eòrna chur air an taigh an àite na chaidh thoirt dheth. Thachradh seo anns a' Mhaigh.

Am monadh. Bha làithean faing nan caorach air an cur air leth 's chan fhaodadh mac màthar a dhol a-mach ach air latha-na-fainge. Bha amar tomaidh chaorach sa bhaile againne agus na h-uile tomadh nan caorach am pairt an aon latha.

Am muir. Mar a dh' fhaodar a thuigse, b' e seo gairm-làitheil nach gabhadh a bhith dèante ach am pàirt ri chèile.

Nis, gu dè a' bhuaidh a bh' aig an dòigh-beatha seo air na Gàidheil? Saoilidh mi sa chiad aite, gun robh an eisimeileachd seo air a chèile gan dlùth-cheangal ri chèile agus a' cumail spioraid a' charthannais gun mhaoladh thighinn air. Seadh, gur e seo an t-aol a bha ceangal na h-aitreabh ri chèile. Bhitheadh boireannaich a' falbh gu Lerwick, an cost a-sear, Yarmouth agus Lowestoft chun an iasgaich agus bhitheadh na criuthachan aca taghte mu falbhadh iad. Triùir, mur eil mi am mearachd, anns gach criutha agus an triùir a' co-obrachadh agus am pàirt còmh' ri chèile. Air uairibh, bhiodh an criutha a dheidheadh a Shasainn toirt leotha baraille buntàta. Bha iad air leth calma cruadalach.

Bha luadh a' chlò cuideachd am pàirt.

Saoilidh mi gun tug mi gu leòr far comhair air son dearbhadh gu robh dòigh-beatha an t-saoghail a dh'fhalbh anns a' Ghàidhealteachd agus na h-Eileanan glè eadar-dhealaichte ris a' chòrr dhen rìoghachd.

Nis, dè mu dheidhinn na rudan nach robh cho math air na luaidh mi an toiseach mo sheanchais? An toiseach, bha bochdainn gu leòr ann. Chan e gun robh i na bu mhiosa – no cho dona – ri bochdainn bhailtean mòra shìos deas. A-rithist, bha na bàilidhean a' riaghladh le dòrn-iarainn, gun iochd, gun bhàidh, anns an t-saoghal a dh'fhalbh. Tha cuimhne agamsa – bhithinn mu chòig bliadhna a dh'aois – an uair mu dheireadh a thàinig na h-earraidean dhan bhaile againn. Chuir iad Coinneach Uilleam na shean aois chun na sitig agus Iain Mòr Mac Aoidh agus a phiuthar Màiri. Chuir iad glas-chrochaidh air doras a' chabhsair 's ghlasadh a-muigh iad. Thainig Coinneach Uilleam còmh' ri phiuthar agus nuair a thuit an oidhche dh'fhalbh m' athair gu doras Iain Mhòir agus bhris e ghlas-chrochaidh agus leig e Iain agus Màiri a-steach. Bha rithist am fearann bu torraiche, a Leòdhas co-dhiù, aig na Newhalls, na Littles, na Houstons, 's na Hunters – coigrich uile. Bha sean-bhean ri ar taobh-se 's bhitheadh i 'g innse gur ann an Tolm Iarach a rugadh 's a thogadh ise – baile torrach 's cath is cur-am-muthadh air iasg – ach chuir am bàilidh mach às an talamh thorrach iad agus thug e dhaibh an talamh creagach far a bheil Tolm an-diugh. Chìtear tobhtaichean seann bhaile na caillich gus an latha an-diugh.

Nise, seo air cuid dha na rudan nach robh cho math anns an t-saoghal a dh'fhalbh. Agus eadhon fhathast, ann an 1973, tha an Dotair Uaine, tha na shuidhe air a thòin shìos ann an Sasainn, ag ràdh nach toir esan criomag fearainn do mhuinntear Ratharsair –

seadh dhen eilean aca fhèin – chum agus gum faigh iad bàta-aiseig chuir air chois. Ochan! Ochan! Càit' eil Gàidhcil '45! Tha luchd-eachdraidh a' cumail a-mach gur e brìgh is suim eachdraidh chlann nan daoine: luchd dèanamh fhòirneirt agus luchd fulang fhòirneirt.

Tha na h-Albannaich a deas a ghnàth ri cur às leth nan Gàidheal nach fhiach leotha ach nuair a bhios iad dubhach, seadh 's a bhitheas iad dèanamh chumhachan is mairbh-rainn. Ma tha sin mar sin 's e mo bheachd fhèin gur ann a-nuas bhuapa-san a thàinig sin còmh' ri creideamh an Ath-leasachaidh. Co-dhiù gur e aon de na rudan a dh'fhàs a-mach à creideamh an Ath-leasachaidh sa Ghàidhealtachd.

An toiseach, bha cleachdadh aig na Gàidheil – chan fhios dhomh an robh an tìrean eile – urstan aig àm breith agus alair aig àm bàis. Aig toiseach mo latha-sa bha drama uisge-bheatha ga thoirt seachad do gach fear a bhiodh ann an taigh-fhaire. 'S e eildear san Eaglais Shaoir an duine mu dheireadh as cuimhne leamsa a bhith toirt seachad drama dha na fir an taigh-fhaire a mhic. Seo air sgeula ghoirid a chuala mi aig seann duine an ath-dhoras dhuinn – Alasdair Glas.

"Mhurchaidh," ars' esan, "Bha seann bhodach, Alasdair Ruairidh, ag innse dhòmhsa 's mi òg gu robh teaghlach inbheil ann an Steòrnabhagh bh' air an adhlaiceadh air an Aoidh far a bheil triathan Chlann 'Ic Leòid air an adhlaiceadh: "Tha cuimhne agamsa," ars' Alasdair Ruairidh, "air adhlaiceadh Màiri Càrn agus sheas an alair aice trì làithean air an ceann." Chan abair mi, "'S olc neo 's math" mun a' chleachdadh seo ach a-mhàin seo: tha e na làn-dhearbhadh nach b' e fine bh' air an toirt suas do thuireadh 's do dhubhachas bh' anns na Gàidheil air tùs mar a bhios na Goill ri cur às an leth.

Rud eile: chan eil àicheadh air a' chùis nach do chlaoidh 's nach do, cha mhòr, mharbh creideamh an Ath-leasachaidh a h-uile gnè ciùil anns a' Ghàidhealtachd. Eadhon gus an latha an-diugh tha na Calvinistich ag amharc air inneal-ciùil le gnùig. Gidheadh, an lorg nach robh creideamh an Ath-leasachaidh a' toirt gnùis do cheòl – thachair dà nì. Rinn Gàidheil ceòl ùr dhaibh fèin ris an canar nar latha-ne "port-a-beul" neo, mar a bhios na Goill ga shloinneadh, "mouth music". An dara nì – ghabh Gàidheil a-null thuca fèin fuinn nan salm. 'S e bun a bh' ann gun do rinn iad seinn nan salm cho

Gàidhealach ri Cumha MhicCruimein. Seadh, rinn iad ceòl ùr do sheinn nan salm.

Nise, dh'oidhirpich mi, mì-choileanta 's mar a tha e – air beagan de dhòigh-beatha an t-saoghail a dh'fhalbh a thoirt far comhair. Bha bheatha sìmplidh 's a feuman tearc. Ceum na beatha mall, 's iad sona le beagan, 's an eisimeileachd air aon-a-chèile bho latha gu latha gan ceangal an dlùth-dhàimh ri chèile. A thuilleadh air a sin, o nach robh an ceum caoich is cuthaich tha 'm beatha an t-sluaigh an latha an-diugh nan dòigh-beatha, bhatar a' coimhead ri dhol dhan taigh-chèilidh chan e mhàin mar chur-seachad tìde ach mar dhleastanas, oir, ann a seo tha beul-aithris ga thoirt seachad dhan ath ghinealach. Oir 's ann air innean an taigh-cèilidh a bha na slabhraidhean-òir a bha dian-cheangal cridhe a' Ghàidheil an tìr chèin ri Tìr-nam-Beann gam bualadh a-mach.

Dè mu dheidhinn dòigh-beatha an latha an-diugh? A bheil sinn cho fialaidh ri na Gàidheil a bh' ann? Saoilidh mi bhon nach eil sinn an eisimeil a chèile, *nach eil.*

A bheil sinn nas ceirte an-diugh na bha sinn sna làithean a dh'fhalbh? *Tha.* Cha tig aon earraid an-diugh a chur duine chun na sitig mura bi àite-còmhnaidh eile air ullachadh dha.

A bheil sinn nas fheàrr dheth an-diugh? Tha a thaobh cuid is codach is maoin.

A bheil sinn nas sona an-diugh? Seo a' cheist tha duilich freagairt agus 's e seo air suim is brìgh dòigh-beatha dhaoine aig àm sam bith is an àite sam bith. 'S e mo bheachd fhèin nach eil sinn cho sona.

Dè an dearbhadh? Tha, na mìltean sluaigh tha tuiteam air an t-slighe ann an rèis-a'-radain (rat race) an latha an-diugh agus iad tinn nan inntinnean ged a tha cath is cur-am-mutha aca air cuid is codach.

> *Dùisg, Albainn, 's cuir ort do dhà bhròig,*
> *Bi fhathast air d' èideadh le treun-spiorad d' òig,*
> *Bi fhathast air d' fhèin-riaghladh 'nì th' ann fo spòig*
> *Reachdairean Lunnainn is Bhrussels 's na Ròimh.*

A' Ghàidhealtachd - An-Dè: Gairm An t-Earrach 1973, Àireamh 82, td 146.

A' Cheist

Cha robh an t-ochdamh linn deug air dùnadh, agus mar a dh'fhaodar a thuigse cha robh dòigh siubhail aig daoine ach a-mhain a' chois. Agus do bhrìgh seo, bhithte ri gabhail an t-slighe bu ghiorra. 'S e seo a rinn Donnchadh, cuspair na sgeula ghoirid seo. Donnchadh Mac a' Ghobhainn à Tunga, an Leòdhas. Duine foghainnteach na latha. 'S e am foghar a bh' ann 's dh'fhalbh e gu Steòrnabhagh a cheannach dà chorran agus rud a dhèanamh iris clèibhe.

An àite an rathad fada timcheall Lacasdail a ghabhail gheàrr e tarsainn an t-fhadhail. Nuair a thàinig e chun na h-aibhne chuir e dheth a bhrògan agus thruisich e a bhriogais os cionn na glùine. Nuair a fhuair e tarsainn, cheangail e barrall an dà bhròig ri chèile, 's chuir e thar a ghualainn iad, bròg air a chùlaibh 's bròg air a bheulaibh. Nuair a ràinig e an taigh taca am mullach Chnoc-nan-Gobhair chuir e air a bhrògan 's rinn e air Steòrnabhagh. Arsa Donnchadh ris fhèin, "Feumaidh mi cabhaig a dhèanamh gus am faigh mi air ais tarsainn na fadhla mun till am muir-làn." Cheannaich e an dà chorran agus an rud gu iris a' chlèibh a dhèanamh. Bha duine is duine air an robh e eòlach a' tachairt ris agus e ga chall fhèin a' conaltradh riutha.

"'S fheàrr dhomh dèanamh às," arsa Donnchadh, "mus till am muir 's nach fhaigh mi 'n fhadhail."

'S e seo a rinn e. Ach mar chlach a' dol le gleann tha feasgair fann foghair. Cho luath 's a chaidh a' ghrian fodha, chiar an oidhche. Ghreas Donnchadh air, sìos an rathad beag, sìos mu thaca Chnoc nan Gobhair chun na tràigh, agus an tiotadh tha e air an tràigh. Bha e furasta dha a shlighe a dhèanamh oir b' e gainmheach bhàn shligeach a bha san fhadhail. Letheach slighe tarsainn an tràigh mhothaich e mar gum biodh cuideigin neo nitheigin tighinn na choinneimh. An ùine gheàrr bha e fhèin agus a nì a bh' ann aghaidh ri aghaidh. Bha 'n dithis a' dearg-choimhead a chèile agus frionas feirge 'g èirigh orra. Dhùisg spiorad an dùbhlain ann an Donnchadh ann an lorg an neach a bha seo a' seasamh roimhe agus dha stad, nuair a bha ciad cabhaig air gu faighinn tarsainn mun tilleadh am muir.

'S e Donnchadh a bhruidhinn an toiseach. "Teich às mo rathad!"

"Chan e do rathad a th' ann," fhreagair an neach eile.

Dhùisg an guth teagamh an cridhe Dhonnchaidh nach b' e duine feòlmhor bh' air a bheulaibh.

"'Se tathaich a th' annad," arsa Donnchadh.

"Chan e tìr nam beò mo thìr. Chan e ach tìr nan sgleò 's nan sgàil," fhreagair an neach eile.

"Teich às mo rathad," arsa Donnchadh gu colgarra, 's e dèanamh ionnsaigh air adhart air a thuras. Ach stad an tathaich e 'g ràdha, "'S e cainnt làidir a th' agad 's gun ghnìomh da rèir."

"Ma 's e gnìomh da rèir tha dhìth ort gheibh thu i," arsa Donnchadh, 's e tilgeadh an dà chorran agus stuth na h-iris aig casan an tathaich. Gu cothrom na Fèinne bhith aig an dithis. Siud an dithis an craic! Tha gleac air tòiseachadh.

Thug iad a' chiad ghreiseag mar gum biodh an dara neach a' tomhais neart an neach eile.

'S e Donnchadh bu treise. 'S e 'n tathaich bu sheòlta.

Treisead is seòltachd!

Donnchadh 's an tathaich.

Tha leth-uair a thìde on chaidh iad an craic.

Chleachd an tathaich a h-uile car is cleas a b' aithne dha, ach thug neart Dhonnchaidh gu neo-bhrìgh iad uile.

Ach stad ort!...Tha Donnchadh shìos air a leth-ghlùin aig an tathaich. Chan eil fada!

Tha e air a chasan a-rithist?

Seòltachd is neart!

Cò aca tha buannachadh?

Tha 'n tathaich aig Donnchadh air a ghlùinean ach chan eil fada. 'S tha 'n dithis air an casan a-rithist. Tha seadhan orra le chèile 's an anail cho luath ri anail cù-chaorach latha teth aig faing.

Neart is seòltachd!

Cò aca a tha toirt buaidh?

Chan eil aon seach aon. Mu dheireadh thall bhruidhinn an tathaich ri Donnchadh.

"Na thachair càil a-riamh riut cho cruaidh ri seo?"

"Thachair," fhreagair Donnchadh.

"Dè bha sin?" ars' an tathaich.

"A bhith a' cumail na h-uaisleachd suas ga h-ain-deòin," arsa Donnchadh.

'S cha robh sgeul air an tathaich!

A' Cheist: Gairm, Am Foghar 1976, Àireamh 96, td 326

An Talamh Fuar (Manitòba)

Nuair a bha mise glè òg bha seann duine anns a' bhaile againn ris an cainte Niall an t-saoir, saor shoithichean. Bha esan air a bhith anns an Talamh Fhuar. Manitòba, mar is fheàrr a thuigear. Agus bhiodh e 'g innse gur e leth-dusan taigh còmhnaidh a bha nuair ud far am bheil baile mòr Winnipeg air a shuidheachadh. 'S beag a bha dhùil a' m an uair ud gun tigeadh an latha anns am bithinn-sa cuideachd, anns an Talamh Fhuar.

An Talamh Fuar. Is cothromach a shloinn na Gàidheil e, oir feumar fhaicinn agus fhulang mun tuigear 's an creidear fuachd dian-reothaidh a' gheamhraidh. An uair as dèine an reothadh cha ghluais a' ghaoth fuiltean air do cheann. Chluinn thu 'n deigh air na lochan a' bragail mar gum biodh i ri sracadh; agus craobhan na coille a' bragail. Cha dèan brògan-leathair a' chùis, oir reothadh do chasan annta. Cha dèan miotagan a' chùis air do làmhan; feumar dòirneagan chum 's gum bi na meuran còmh' ri chèile, mar gum biodh a' cumail a chèile blàth. Feumaidh do chluasan a bhith còmhdaichte. Agus an uair a bhios an crabhat suas gu do shròin bithidh d' anail a' reothadh air do rosgan agus crochte riutha mar phaidearan airgid. Nuair a thuiteas an oidhche chluinntear na madaidhean-allaidh a' donnalaich. Am madadh-allaidh mòr (timber wolf) agus am madadh-allaidh beag (coyote).

Bha mi an cuideachd seann duine às an Rubha an Leòdhas. Thachair mi ris am baile beag ris an cainte Selkirk ann an 1924. 'S ann aig companaidh Camus Hudson, "Hudson Bay", a bha e ag obair greis dha latha, agus 's e bhiodh a' ruith nan litrichean anns a' gheamhradh. 'S e slaod-sleannainn (sleigh) agus coin le sliosan ga tarraing a bhiodh aige. Bha e 'g ràdh nach robh fiamh aige idir ron mhadadh-allaidh bheag, ach nach robh e cinnteach nan tachradh tubaist dha gu fanadh am madadh-allaidh mòr air falbh. Nan stadadh e ri gabhail anail air an t-slighe, bhiodh e ri fadadh teine, chumadh seo iad air falbh. Bha mòran eileanaich siar, agus Sealtainnich agus Arcaich air sheirbheis aig Camus Hudson san linn ud, agus gu leòr dhiubh nach do thill a-riamh air ais agus a phòs ban-Innseanaich.

Seo ma-tà beagan cunntais air an Talamh Fhuar. Nuair a bhios an dian-reothadh, fichead, deich thar fhichead, neo dà-fhichead fo neoni bithidh do smugaid, cha mhòr, cruaidh-reòthte cho luath 's a bhuaileas i aig do chasan. Seo mar a thugadh an toiseach dèinid agus an-iochd an fhuachd 's an reothaidh dhachaigh ormsa.

Geamhradh 1924. Bha cosnadh cho doirbh fhaotainn anns an dùthaich ùir 's a bha e san t-seann dùthaich. Agus bha 'n dùthaich ùr ag iarraidh barrachd bidhe agus aodaich. Nise, 's e rinn mi fhìn agus Murchadh, mac bràthair mo mhàthar, nuair a bha bhuain crìochnaichte chuir sinn romhainn gu fuireadh sinn aig an tac fad a' gheamhraidh. Gheibhte ar biadh ann co-dhiù.

B' e seo a' chiad geamhradh againn agus cha robh sinn anabarrach ullaichte fa chomhair. Thàinig an sneachda agus an reothadh na làimh. Theich na h-eich gu fasgadh na sìgean mòr connlaich ag ithe 's a' tolladh a-steach annta gus mu dheireadh an robh fasgadh aca, agus biadh rim bus. Air an fheasgair a bha seo bha mi fhìn agus Murchadh a' cairteadh na bàthaich. 'S e slaod-sleannain a bh' againn agus gearran beag bàn ga slaodadh. Cha robh ar cluasan air an còmhdach 's bha brògan leathair na seann dùthaich oirnn fhathast. Do bhrìgh seo bha sinn a' feuchainn ri bhith cho sgiobalta leis gach luchd inneir 's a b' urrainn dhuinn gus nach bitheadh sinn ro fhada muigh san fhuachd. 'S e luchd ma seach a bh' againn. Cho luath 's a thaomadh sinn an luchd bha 'n gearran a' faotainn sràic mun tòin air ais chun na bàthaich. An turas a bha seo, agus mise leis a' ghearran - bhà, 's ann a chaidh e frulasg anns na sliosan. Choisinn seo gu robh Murchadh air a chumail a-muigh na b' fhaide na bha dùil aige. Coma co-dhiù fhuair mi air casan a' ghearrain a thoirt à measg nan sliosan, agus a-mach à seo air ais gu fasgadh is blàths na bàthaich. Bha Murchadh eile na sheasamh anns an doras gam fheitheamh. 'S e 'n ath rud a chuala mi esan ri briseadh a-mach le àrd lachanaich ghàireachdainn agus e na dhà lùban air a chèile 's a' bualadh a bhoisean air a ghlùinean.

"Dè," arsa mise, "tha ceàrr?"

"Dè tha ceàrr?" ars' esan. "Feuch do dhà chluais, 's bithidh fios agad."

Dìreach san dearbh mhionaid dh'fhairich mi mar gum bithte sàthadh snàthadan teth na mo chluasan, agus thuirt mi, "Thighearna bheannaichte, tha mo dhà chluais cruaidh reòthte."

Agus bhà; cheart cho cruaidh ri cluais na poit-tì.

Thug Murchadh eile 'n aire do ghilead mo chluasan cho luath 's a ràinig min doras. 'S e seo a b' adhbhar gun bhris e a-mach a' gàireachdainn. Thug mise cola-deug le boinne-tàig a' tuiteam às mo chluasan. Ach, fa dheireadh thall, thàinig an aiteamh air cluasan Mhurchaidh. Ach, fad an dèidh seo, chan fhuilingeadh iad deò fuachd. Thàinig cuideachd, aiteamh mòr deireadh an earraich. Agus an dèidh a bhith air do chuairteachadh fad shia mìosan le saoghal geal an t-sneachda 's an reothaidh, nuair a shil ciad-uisge blàth an earraich chaidh Murchadh a-mach ann, gus na dhrùidh e air chun a' chraicinn.

An Talamh Fuar (Manitòba): Gairm, An Geamhradh 1976-1977, Àireamh 97, td 41

Gearradh-cainnt à Leòdhas

1.

Thàinig eildear o na tuathadh a dh'fhuireach a Steòrnabhagh. Cha robh a' Bheurla aige cothromach gu leòr gu ùrnaigh Bheurla a dhèanamh. Ach an oidhche bha seo dhearg am ministear air gu feuchainn air ùrnaigh Bheurla a dhèanamh, ach cha b' fhada gus an robh Iain ann am bogadh 's am b' fheudar dha dèanamh air AMEN.

Nuair a bha a' choinneamh seachad, thuirt am ministear ri Iain, "Bha cruaidh-fheum agad air gràs a-nochd Iain."

"Cha b' e gràs bu mhotha bha dhìth orm ach GRÀMAR," ars' Iain.

2.

Nuair a bhios bus a' dol gu na tuathadh aithnichear gun dàil ma bhios coigreach air a-measg chàich.

An oidhche bha seo, air bhus Phort nan Giùran, bha duine agus e follaiseach gu leòr nach b' e Rubhach a bh' ann. 'S coltach gun robh amhaich a bha neo-àbhaisteach chaol-fhada air. "Saoil," arsa an dàrna Rubhach ris an fhear eile, "Dè 'n saoidhis a dh'fheumas e ann an colair?"

Fhreagair an Rubhach eile. "Chan e colair a dh'fheumas e siud ach spat."

Gearradh-Cainnt à Leòdhas: Gairm, An t-Earrach 1977, Àireamh 98, td 161

Nithean Neònach

An uair a bhitheas nithean a' tachairt a bhitheas an taobh a-muigh de chearcall comas ar breithneachaidh 's ar reusain chan fhaod sinn a bhith bùrt às na nithean sin a chionn nach eil sinn gan tuigse neo co-dhùnadh nach eil a leithid idir ann.

'S ann de àireamh nan nithean sin a bhuineas na nithean neònach tha san sgeula ghoirid seo.

Tha 'n sgeula na trì earrainnean agus gach cuspair ag innse earrainn fhèin ach, aig an aon àm, neo-fhiosrach air an sgeula a tha na trì earrainnean dèanamh suas.

An t-ùghdar

B'e coimhearsnach bun na h-ursainn' do thaigh m' athar duine ris an cainte Alasdair Glas. Gàidheal mòr tapaidh leis am bu toil a bhith ag aithris sgeula. Seo an nì a bha Alasdair ag innse dhomh:

Alasdair Glas

Bha duine òg ann am Beinn na Saighde, "Bràighe Steòrnabhaigh," ris an cainte mar fhar-ainm, "A' Ghort". Mac le Seonaidh a' Rothaich.

Bha mi ag obair aig cidhe Steòrnabhaigh aon gheamhradh leis an each a' tarraing sgadan chun nan taighean-smocaidh. Am feasgar a bha seo chualas cuideigin ag èigheach. "Tha "A' Ghort" a-muigh air a' mhuir."

"Ma tha," fhreagair fear ris an cainte Mòr-thìreach Chùl ri grèin, "Na bu tige an latha thig i air tìr."

Bha 'n duine còir a' ciallachadh na goirt gu litireil. 'S cha b' e Gort Bheinn na Saighde.

An t-ùghdar

Thurchair dhomh a bhith a Steòrnabhagh aon latha agus thachair caraid dhomh, Iain Ruairidh a' Mhuilleir, rium aig beulaibh bùth Mhic Ruairidh Bhig – mar a theireadh mo mhàthair – Bùth Murdo Maclean bhios aca oirre an-diugh.

Theann sinn a' bruidhinn air seann bhuachaillean na linn a thriall, agus thug seo sinn gu "Seonaidh a' Rothaich", buachaill ainmeil na latha. Agus b' e cuideachd, athair na "Gort".

Bha mi 'g innse dha mo charaid a nì a bha Alasdair Glas ag innse dhomh mu mhac Sheonaidh an Rothaich, "A Ghort", nuair a thuit e mach air a' mhuir, agus a nì a thuirt Mòr-thìreach Chùl ri grèin.

Seonaidh Ruairidh a' Mhuilleir

"Uill a Mhurchaidh" arsa Seonaidh. "Bha nì neònach ri aithris mun a' Ghort. Agus bhatar ga aithris am Beinn na Saighde fada, fada mun do thachair càil dha. Thuit a' Ghort mach air a' mhuir barrachd air aon uair, ach an turas a bha seo, thàinig e dhachaigh an dèidh an aon nì tachairt dha a-rithist. Sheas a mhàthair air a bheulaibh. "Tà mhic!" ars' ise. "Ged a dhiùlt an sàl thu cha dhiùlt am bùrn thu."

An t-ùghdar

Dh'fhalbh "A' Ghort" a Chanada mar mòran eile an uair a bha am ficheadamh linn òg.

Bha fear anns a' bhaile againn, "Caoilt" a far-ainm a bh' air, chaochail e ann an 1960. Seo ma-tà, earrainn na Caoilte dhen sgeula.

Caoilte

An Geamhradh 1913 bha mise 'g obair a-muigh air an dùthaich ann am Manitòba. A chionn 's gun robh sinn astar bho bhaile ghabh sinn taigh beag agus bha sinn a' deasachadh 's ag ullachadh ar biadh fhìn.

Bha grunnan math Leòdhasaich againn ann, agus nam measg fear à Beinn na Saighde air an robh "A' Ghort", mac le Seonaidh a' Rothaich.

Aon fheasgar dian-reòthte thàinig sinn dhachaigh agus air dhuinn an teine fhadadh, theann sinn air ullachadh na suipeireach.

An sin, thuirt cuideigin: "Chan eil drùdh bùirn a-staigh."

"Thèid mise a-mach a dh'iarraidh peile-bùirn" ars' a' Ghort.

Am meadhan iomairt ullachaidh a' bhidh, thuirt cuideigin:

"Dè tha cumail a' Ghort leis a' bhùrn?"

Chaidh mise a-mach a dh'fhaicinn gu dè bha ga chumail. Ach cha robh e ri fhaicinn.

"Mhurchaidh, nuair a sheall mise sìos dhan tobair bha " A' Ghort" air a dhol an comhair a chinn innte 's air a bhàthadh anns a' bhùrn."

An t-ùghdar

"TÀ MHIC" ars' a mhàthair, "GED A DHIÙLT AN SÀL THU, CHA DHIÙLT AM BÙRN THU!"

Nithean Neònach: Gairm, An Samhradh 1977, Àireamh 99, td 287

An t-Amadan

Thatar ag ràdh gum faodar eachdraidh chloinn nan daoine a shuimeadh an àirde ann an leth-dusan fhacail:

"Luchd fulang fhòirneirt 's luchd dèanamh fhòirneirt."

Chan eil teagamh sam bith nach eil tomhais thomadach dhen fhìrinn anns an ràdha seo.

Agus, gu deimhinn, dh'fhuiling na Gàidheil fòirneart gu leòr an dèidh Cùil Lodair.

Thrèig na triathan an sluagh aca fhèin aon uair 's gun do bhlais iad air poitean-feòla Shasainn.

Agus do bhrìgh gu bheil na Gàidheil dìleas dha na Stiùbhartaich tha riaghaltas Shasainn ceart coma ged a dheidheadh iad le chèile chur à bith.

Tha na Gàidheil air a bhith na sgealb san t-fheòil dhaibh agus dè 's fheàrr na cur às dhaibh!

Chaidh iad glè fhaisg air a seo a dhèanamh!

Shìos ann an Sasainn tha fear Arkwright air beairt-fhighe ùr a dhèanamh a dh'fhigheas ann an ùin' ghoirid dithean nan dithean de dh'aodach. Do bhrìgh seo tha clòimh nan caorach air fàs nas luachmhoire na bha i riamh roimhe seo. Agus is e seo fàth mo sgeòil ghoirid.

Tha na triathan agus na tighearnan-fearainn anns a' Ghàidhealtachd a ta air an sluagh a thrèigsinn a' faicinn nam bitheadh caoraich an àite an t-sluaigh gur e b' fheàrr a phàigheadh dhaibh on tha a' chlòimh air èirigh am prìs.

Mach le na Gàidheil! Steach le na caoraich!

Thàinig na maoir gu bhith a' riaghladh 's cha b' ann le còir neo ceartas. Agus thòisich am fuadach. Bha banntrach san t-srath agus aon mhac aice, agus cha robh an gille glic bhon a' bhroinn. Chuir am maor sùil anns an fhearann aice. Seadh, tha e ri leum a' ghàrraidh far an ìsle e.

Thàinig an t-amadan dhachaigh aon fheasgar agus fhuair e a mhàthair na gurraban an taice an teine agus mhothaich e gun robh i air a bhith a' gal.

"Cò bha riut a mhàthair?" ars' an t-amadan. "Cha robh duine a ghràidh," ars' ise. Agus chuir i seachad le seo e.

Thachair an nì a bha seo grunnan uairean agus dhùisg e droch amharas anns an truaghan gu robh nì-eigin a' cur às dha mhàthair. Gidheadh, cha robh a mhàthair ag innse dha gu dè bha ceàrr neo fàth a h-imcheist. Ach cha b' fhada gus an d' fhuair an t-amadan a-mach dè bha ceàrr air a mhàthair.

Aon oidhche thàinig e dhachaigh an dèidh bhith anmoch sa mhonadh. Bha e a' cluinntinn còmhradh mun d' ràinig e an doras. Stad e ri far-chluais. Chuir e a chluais ris a' bhìdeag a bha fosgailt' dheth 'n doras. "Còmhradh a' mhaoir!" ars' esan. Chuala e a mhàthair a' cur ìmpidh air a' mhaor. "Chan fhaod sibh mo chur às an fhearann 's gun agam ach mi fhìn agus aon truaghan mic nach eil tulchuiseach."

"Tha mi toirt dhut cola-deug gu bhith a-mach à seo, 's mura tèid a dheòin thèid a dh'ain-deòin."

Chuala an t-amadan a mhàthair a' caoineadh. Thug e aon dudar-leum a-steach. An tiotamh bha e fèin 's am maor aghaidh ri aghaidh. Chaidh e eadar a mhàthair 's am maor. "An diabhal ortsa!" ars' esan. "'S tusa tha ri mo mhàthair."

"Socair ort, a bhalaich!" ars' am maor, "Cha dèan mise cron sam bith oirre." Sheall an t-amadan ri mhàthair. Bha i air a bhith a' gul.

"Cola-deug 's bithidh tu mach à seo!" ars' esan. Dè tha maor a' ciallachadh le seo? Chunnaic e am maor a' feuchainn ri fàth a ghlacadh air an doras, ach leum e thuige 's chuir e dhruim ris. "Bha e na b' fhasa dhut a thighinn a-steach na bhitheas e dhut a dhol a-mach, a Mhaoir," ars' esan.

Thug am maor a-mach a sporan agus thug e bonn às. "Siud," ars' esan, "ginidh òr agad," is e ga thilgeadh chun an ùrlair.

Ghluais an t-amadan bhon doras agus chrom e a thogail a' bhoinn. Leum am maor chun an dorais, ach mun d' fhuair e chun an eich bha 'n t-amadan air a shàil, agus b' fheudar dha dèanamh às le bheatha às aonais an eich.

Cha mhotha a smaoinich an t-amadan air leum air an each gus am maor a ghlacadh. Tha fios aig a' mhaor 'g eil a bheatha 'n crochadh ri chasan, agus thug seo luaths agus spionnadh anabarrach dha. 'S e am maor a bu luaithe, ach 's i a' cheiste cò a b' fhaide sheasadh aig an dol seo. Tha 'n ruaig a' sìneadh. Tha 'm maor ri faireachadh an teas – breitheal tighinn air, agus buille na h-analach fàs nas cabhagaiche, agus nas teotha. "Chreach Mhòir!" ars' esan, "tha' n t-amadan ri buannachd orm."

Tha e cho faisg air 's gu bheil e a' cluinntinn iomairt na h-anail aige air a shàil. Chuala e an t-amadan ri leigeil lachan mòr gàire às, "'S maor marbh a-màireach thu!" dh'èigh e.

Tha am maor air tuiteam na chluain-chlàir anns an fhraoich.

Sheas an t-amadan os a chionn. Chuir e a bhanasan cruaidh air a chèile leis an droch nàdar, 's rug e air a' mhaoir air chaol-druim. Thog e os a chionn e agus thilg e le uile neart e sìos gus na bhuail e air carraig liath-ghlas shìos fodha.

Sheas an t-amadan os a chionn. Cha do ghluais am maor. "Cola-deug! An tuirt thusa ri mo mhàthair, 's bithidh tu a-mach à seo. Cò tha a-mach à seo a-nis?"

Am feadh bha na nithean seo ri gabhail àite cha robh a' bhanntrach na tàmh. Bha i tighinn air sàil a' mhaoir 's a mic.

Mu dheireadh thall ràinig i agus chunnaic i nì a chuir eagal is uabhas oirre. Bha maor na shìneadh rag marbh san fhraoch. Rinn i ball dìreach air is sheas i os a chionn.

"Mo chreach mhòr! Iain, a ghràidh. Gu dè a rinn thu? Tha murt air ar làmhan a-nochd. O Iain, m' eudail, crochar thusa agus mise air son seo...dèan às dhachaigh a dh'iarraidh na spaide." Cha robh an t-amadan fada.

Chladhaich iad uaigh anns an fhraoch agus thilg iad am maor innte. Nuair a bha iad deiseil chan aithnichte gun deach dragh air an fhraoch. Ach sheas an t-amadan os cionn na h-uaighe. "Cola-deug," ars' esan, "'s bithidh tu a-mach à seo."

"Nach e siud a thuirt e riut, a mhàthair?" Rinn an dithis às dhachaigh. Chaidh an t-amadan a chadal, ach cha deach a' bhanntrach, cha b' ann air a bha i a' tighinn, ach air dè thachradh nuair a dh'ionndrainnichte am maor.

Fhuair i spaid agus phill i air ais gu uaigh a' mhaoir a bha furast' dhi a lorg oir bha dà-thrian de ghealach san adhar.

Chladhaich i uaigh eile astar math eile air falbh bho uaigh a' mhaoir. Thog i am maor às a' chiad uaigh agus thug i chun na h-uaighe ùir e. Thilg i e sìos innte. Dhùin i 'n àirde an uaigh. Nuair a bha i deis chan aithnicheadh duine beò gu robh uaigh neo maor an siud. Rinn i às dhachaigh a-rithist. Bha reithe ceangailt air teadhair air cùl an taighe. Thug i a-steach e agus gheàrr i amhaich agus thug i dheth an ceann.

Air ais le a-rithist le ceann an reithe agus chuir i e anns an uaigh às na thog i am maor, agus lìon i suas air ais i.

Bha làn fhios aice nach robh tulchuis aig a mac na chleitheadh a nì a thachair nan ceasnaicht' e.

Dh'èirich an t-amadan anns a' mhadainn. Bha each a' mhaoir aig an doras bhon a-raoir agus e ri 'g ithe an fheòir. Leum an t-amadan air a mhuin agus rinn e air uaigh a' mhaoir.

"Tha thu an sin on raoir, a mhaoir!" ars' esan. "Cola-deug 's bithidh tu a-mach à seo! Nach e siud a thuirt thu ri mo mhàthair!"

Dh'èigh fear-eigin, "Seo each a' mhaoir agus amadan na banntraich ga mharcach." Rinn iad air a' mharcach 's am marcach orra.

Chaidh a' cheist gun dàil. "Càit' eil am maor? 'S càit' an d' fhuair thu 'n t-each sin?" Leum an t-amadan bhàrr an eich.

"Fhearaibh!" ars' esan. "Leamsa tha 'n t-each sin. Chan eil feum tuilleadh aig a' mhaor air each, thiodhlaic mise am maor a-raoir."

Cha robh fios aig càch an creideadh no nach creideadh iad e.

"Càit' eil am maor?" ars' iadsan a-rithist. "Mur eil sibh ga mo chreidse," ars' an t-amadan, "thigibh maille riumsa 's bheir mise dhuibh e."

Rinn an t-amadan air an uaigh anns na chuir e fhèin 's a mhàthair am maor an toiseach. Ràinig luchd siridh a' mhaoir cuideachd. "Cladhaichibh an sin," ars' esan, "'s gheibh sibh e." Chuir iad e a dh'iarraidh spaid, agus 's e fhèin nach robh fada.

Thug iad air an uaigh a chladhach. Ma thug, cha robh coltas sam bith gun robh corp a' mhaoir innte. Ach, mu dheireadh thall, thàinig an t-amadan air ceann an reithe a bha a' bhanntrach air a chur dhan uaigh às na thog i am maor.

Ghlac an t-amadan an ceann na làmhan. "Fhearaibh!" ars esan, "An robh adhaircean air a' mhaor?"

An t-Amadan: Sruth, Gasaet Steòrnabhaigh, 3 Dùbhlachd 1977. Choisinn an sgeulachd seo a' chiad duais aig a' Mhòd Nàiseanta ann an 1977.

Mar a Rinn an Deamhain-Bheag Suas Airson Iomrall na Creamaig Arain
Eadar-theangaichte bho Gheàrr-Sgeul le Count Leo Tolstoi

Chaidh duine bochd a-mach a threabhadh. Cha robh bracaist aige 's cha tug e leis ach creamag bheag arain gu dhìnnear.

Chuir e 'n crann air a leth-thaobh agus chuir e a' chreamag arain a lùib a sheacaid a-staigh fo dhìon preas.

Fa dheireadh thall, dh'fhàs na h-eich sgith agus an treabhaiche acrach; an sin shàth e sròin a' chruinn anns an talamh, 's dh'fhosgail e na h-eich 's leig e fa sgaoil iad a dh'ionaltradh agus rinn e air a sheacaid fon a' phreas an lùib an robh a dhìnnear.

Thog e a sheacaid – ach, mo chreach mhòr! Cha robh sgeul air a' chreamaig arain. Shir is sheall e thall 's a-bhos, chrath e 's thionndaidh e a sheacaid ach cha robh sgeul air a' chreamaig arain.

Chuir seo mòr iongnadh air; bha rud a bh' ann cho neònach. Chan fhac e duine a' falbh neo tighinn a bheireadh leis e.

Gidheadh, leis an fhìrinn innse, ghoid deamhain-bheag a' chreamag arain am feadh 's a bha an duine bochd ri treabhadh; agus chrùb e air cùl a' phris gus an cluinneadh e e ri mionnan 's ri mollachadh air shàillibh a challa. Ach ged a bha chùis duilich deuchainneach, gidheadh, cha tuirt e nì, ach, "Uill, cha bhàsaich mi leis an acras co-dhiù. Ge b' e cò thug leis e feumas gun robh cruaidh fheum aig air. Itheadh e e ma-tà, 's gun rachadh leis." Rinn e air an tobar, 's ghabh e deoch aiste, agus leig e anail.

An sin, rug e air na h-eich, 's chuir e fodha iad agus shìn e air treabhadh a-rithist.

Bha 'n deamhain-bheag a ghoid a' chreamag arain air a thàmailteachadh a chionn 's nach deach aige air toirt air an treabhaiche bhochd air tòiseachadh a' mionnachadh 's a' mollachadh 's a' peacachadh, 's a-mach leis gu ruig iutharn a dh'innse dhan Diabhal mhòr fhèin mar a ghoid e criomag arain an duine bhochd, 's an àite seo toirt air peacachadh, 's ann a ghuidh e beannachd air mèirleach an arain aige.

Bha 'n Diabhal mòr ro dhiombach, agus, ars' esan ris an deamhain-bheag "Ma rinn an truaghan seo a' chùis ort 's e do choire fhèin a bh' ann gu h-uile 's gu h-iomlan. Cha b' urrainn gun deach thu an dòigh ceart timcheall air a' chùis. Ma rinn an truaghan seo a' chùis ort, 's ann bagarrach mì-dhòchasach tha chùis a' coimhead dhuinn ma sguireas na daoine bochd 's am mnathan a mhionnachadh 's a mhollachadh. Cha bhi bith-beò coin againne! Cha dèan seo a' chùis. Falbh suas a-rithist agus aiseag a' chreamag arain air ais dhan treabhaiche bhochd! Nis, tha mi toirt dhut trì bliadhna gus a' chùis a dhèanamh air. An ceann trì bliadhna thig mi air ais, agus mura bi thu air a' chùis a dhèanamh air, bogaidh mi anns an uisge-choisrigte thu." Le fiamh is eagal nuair a chual' e mun uisge-choisrigte, rinn an deamhain-bheag às chun na talmhainn far na shuidh e sìos a' smaointeachadh gu dè 'n dòigh a b' fheàrr air a chliù fhaotainn air ais. Fa dheireadh thall, bhuail e air dòigh a ghabhadh e.

Chuir e e fèin – bhon taobh a-muigh – ann an riochd turasaiche-Crìosdail agus ghabh e na sheirbhiseach aig an treabhaich bhochd. An toiseach, sheòl e dha mar a chuireadh e an sìol anns an ìsle thais nuair a bhiodh an samhradh teth.

Bhiodh an sin arbhar chàich ga losgadh aig a' ghrèin, agus an arbhar aigesan a' cinneachadh 's a dhias a' brùchdadh le làn gràn, ionnan 's gun robh e beò chun ath-shèason air a mhin fhèin, 's eadhon rud a chòrr aige.

An ath shèason, chomhairlich an "turasaiche" dhan duine bochd a churachd a dhèanamh air an àit àrd. Thurchair gur e sèason fliuch a bh' ann. Bhiodh an sin, arbhair chàich ga bhàthadh 's gun abachadh, ach arbhar an treabhaiche bhochd air a' chnoc a' crathadh sa ghaoith fo làn dhèis.

Bha a-nis, barrachd gràn aige na bha feum aig air, seadh, bha mòran a chòrr aige.

An sin thug an "turasaiche" air an gràn a mhì-bhuileachadh le bhith toirt air bhodca a dhèanamh dheth.

Dh'òl e fhèin air tùs e, agus thug e an sin do chàch e.

Rinn an deamhain-bheag air an Diabhal mhòir fhèin ag innse dha gu bòsdail gun d' rinn e suas a-nis airson iomrall na creamaig arain.

Chaidh an Diabhal mòr a dh'fhaicinn air a shon fhèin.

Air dha ruighinn bothan an treabhaiche bhochd 's ann a bha e air tuathanaich bheartach fhiathachadh chun a' bhothain 's iad ri chèile dol a thòiseachadh ag òl bhodca a bha bean-an-taighe 'g ullachadh gu chur timcheall, ach dìreach nuair a ghluais i gu seo a dhèanamh, gu dè, ach bhuail i anns a' bhòrd, agus gu leibideach dhòirt i a' ghloinne bhodca.

Thionndaidh an duine aice oirre ann an corraich a' toirt dhi sgalladh dha theanga.

"Haidh!" ars' esan. "Nach bu tu an luid a dhol a dhòirteadh an deagh stuth air an ùrlair. Òinsich spàgaich tha thu ann."

Phut an deamhain-bheag an Diabhal mòr le uilinn. "Feuch riut," ars' esan, "an e creamag arain tha 'n treabhaiche bochd a' caoidh a-nis?" Air dha a bhean a chronachadh chuir an treabhaiche e fèin a' bhodca mun cuairt. Sa cheart àm thàinig oibriche bochd a-steach gun fhiathachadh dhan a' bhothan, 's e tighinn dhachaigh bho obair-latha. Chuir e fàilt air a' chòmhlan.

Gu grad thug e an aire gun robh na h-aoighean ag òl bhodca, mhiannaich esan mar an ceudna deoch bhodca, oir bha e ro sgìth.

Bha e na shuidhe an siud agus bùrn a' tighinn bho fhiaclan, ach cha tug bean-an-taighe nì dha 's gun chomas aige nì a dhèanamh ach a' brunndail fo anail.

"Math leam fhìn!" ars' esan. "Nach iad a tha ga chumail aca fhèin."

Bha 'n Diabhal mòr gu math riaraichte leis a' chùis. 'S e sin cho fad 's a chaidh i.

An sin thuirt an deamhain-bheag gu bòsdail ris, "Fuirich mionaid ort 's chì thu rud nas fheàrr na seo."

Dh'òl na tuathanaich bheartach a' chiad ghloinne bhodcha agus mar an ceudna an treabhaiche bochd.

An sin thòisich iad a' bruidhinn briathran brìodalach ri chèile 's a' tuiteam air muineal a chèile.

Dh'èist an Diabhal mòr ris seo le deagh aire, agus thaitinn a' chùis ris. Ars' esan, "Ma dh'fhàsas iad cho cealgach ri seo le aon ghloinne bhodca an duine, an ùine ghoirid bidh iad a' toirt a' char às a chèile, an sin bidh a chuile mac dhiubh againn."

"Bithidh, ach fuirich ort gus am faic thu an ath rud tha tighinn," ars' an deamhain-bheag. "'S chì thu e gu cinnteach nuair a dh'òlas iad an ath ghloinne bhodca. Chan eil iad fhathast ach a' slìobadh a chèile mar na sionnaich."

Chan fhada gus am bi iad nam madaidhean-allaidh bhrùideil ri chèile.

An sin ghabh na tuathanaich gloinne bhodca eile an duine 's dh'fhàs an còmhradh na bu chruaidhe 's na b' àirde, 's gun urram dha chèile. An àite nam briathran mìne brìodalach thòisich iad a-nis a' mollachadh 's a' maoidhinn 's a' bualadh a chèile.

Bha fear-an-taighe bha toirt aoigheachd do chàch a-nis an teis-meadhan na caparaid agus leum càch air. Bha chùis a' còrdadh ris an Diabhal mhòr cho math, 's gun ghlaodh e,

"Tha seo uile anabarrach math!"

Ach fhreagair an deamhan-bheag, "Fuirich gus an gabh iad an treas gloinne bhodca." Chan eil iad fhathast ach mar na madaidhean-allaidh air a dhol a-mach air a chèile ach dèan air do shocair, leig dhaibh an treas gloinne òl agus bidh iad nam mucan."

An sin, ghabh iad uile an treas gloinne bhodca agus bha iad gu tur air chuthaich. Thòisich iad ag èigheach 's ag onghail gun mhothachadh aca dè bha iad ag ràdh, neo 'g èisteachd dè bha càch a chèile ag ràdh. Mu dheireadh thall, dh'fhàg iad am bothan, cuid nan aonar, 's nan dithisean 's nan triùirean 's iad uile bho thaobh gu taobh dhan a rathad. Chaidh an treabhaiche bochd dhan doras a ghuidhe turas math dhaibh, ach, siud e air a bheul-fodha ann an lòn bùirn 's e làn poill is clàbair o dhosan gu osan na shineadh mar thorc-fhiadhaich 's e gnùstaich 's ag acain.

Bha 'n Diabhal mòr a-nis a' bualadh a bhasan le greadhnachas. "Is e dòigh mhìorbhaileach tha seo a ghabh thu," arsa esan ris an deamhan-bheag.

"Tha thu an dèidh barrachd a dhèanamh suas na iomrall na creamaig arain."

"Ach innis dhomh a-nis ciamar a rinn thu an deoch-làidir seo!"

"Saoilidh mi gur e chiad nì a chuir thu ann, fuil an t-sionnaich a chùm an treabhaiche bochd a dheanamh seòlta, carach, clìcearach agus an dara nì fuil a' mhadaidh-allaidh a chùm a dhèanamh brùideil, an-iochdmhor, agus an treas nì fuil na muice chùm gun deidheadh e na mhuc."

"Cha b' e idir!" fhreagair an deamhain-bheag.

"Bha 'n dòigh a ghabh mi tur eadar-ealaichte ri sin."

"Cha robh dad agam ri dhèanamh ach toirt air an treabhaiche bochd cus bàrr a chur...sin uile!"

Tha thu faicinn, bha cheana, an stuth ceart – 's e sin ri ràdha – fuil nam beathaichean fiadhaich anns an treabhaiche, seadh a ghnàth 's an-còmhnaidh. Ach am feadh 's a bha e curadh, a-mhàin airson biadh, cha d' fhuair fuil nam fiadh-bheathaichean ud a bha nan cadal na chridhe cothrom air tighinn an uachdar."

Bha àm ann, tha cuimhn' agad, nach do rinn e dragh sam bith dha a' chreamag arain a bhith air ghoid air.

Ach cho luath 's a bha barrachd gràn aige na dh'fheumadh e thòisich e air smaoineachadh ach gu dè dhèanadh e leis.

An sin, arsa mise rium fhèin, seo an t-àm agamsa gu cur-seachad ùr ionnsachadh dha, bhith ris an òl.

Cha bu luaithe mhì-bhuilich e maitheas Dhè 's a rinn e deoch làidir dhen a' ghràn a bha chòrr aige, na dhùisg ann, araon, fuil an t-sionnaich 's a' mhadaidh-allaidh, agus na muice.

A-nis, on a bhlais e aon uair an deoch làidir bidh e na ainmhidh a-chaoidh tuilleadh.

Chuir an Diabhal-mòr meal-a-naidheachd air an deamhain-bheag.

'S mhaith e dha iomrall na creamaig arain. Agus dh'àirdich e e ann an arm nan Diabhal.

Mar a Rinn an Deamhain-Bheag Suas Airson Iomrall na Creamaig Arain: Gairm, An t-Earrach 1978, Àireamh 102, td 116. Tha an sgeulachd air a foillseachadh an seo mar a nochd i ann an Gairm.

An Sgàthan

O chionn fhada 'n fhada an t-saoghail mun tàinig na "super-markets" neo na càraichean, bhitheadh ceannaichean-siubhail tighinn dha a' Ghàidhealtachd le màileid air an druim làn ghoireasan a bhitheadh iad a' reic air feadh na dùthcha. Seadh ma-tà, piornaichean, snàthadan, siosaran, clachan airson an iarainn-iarnaigeadh agus pocanan beaga bìodach le guirmean annta bhithte ri 'g ùisneachadh gu lèintean Sàbaid nam fear a dhèanamh na bu ghile. 'S e "bleach" a bhitheamaid ag ùisneachadh an-diugh an àite nam pocannan beaga guirmean a bh' ann an uair ud.

An latha seo thàinig ceannaiche-siubhail timcheall ann am baile beag anns na Hearadh, canaidh sinn Bun Abhainn Eadarra.

Bha a' chailleach 's am bodach a-muigh anns an fheannaig-thaomaidh. Le teas an latha maille ri bhith 'g obair dian, 's ann a thàinig am pathadh air a' bhodach.

"Feumaidh mi," ars' esan "a dhol dhachaigh a dh'iarraidh deoch." 'S e Muldònaich an t-ainm a bh' air a' bhodach, (Ludovic, mar theirear sa Bheurla). Dh'èigh a' chailleach às a dhèidh, "A Mhuldònaich, cuir fàd mun teine a chumas beò e."

Dh'fhalbh am bodach 's fhuair e "peile-caol" agus chuir e a thaosg bùrn ann, fhuair e cuideachd dòrlach mhin-chorca agus chrath e air a' bhùrn e. Bha seo ri dèanamh na deocha na bu taitnich' ri òl.

Am feadh 's a bha e ri crathath na min-chorca air a' bhùrn, chuala e gnogadh anns an doras. "Cò 'n truaighe tha seo?" ars' esan. "Chan eil mìr de Ghàidheal a' gnogadh an dorais."

Chaidh e chun an dorais; cò bha seo ach ceannaiche-siubhail.

"Thig a-bhàn ille." arsa Muldònaich.

"Thank you." arsa am fear eile.

Dh'fhosgail an ceannaiche-siubhail a-mach a mhàileid agus sgaoil e air beulaibh Mhuldònaich na goireasan.

'S e a' chiad rud a ghlac sùil Mhuldònaich sgàthan beag an cèis fhiodha. Cha robh e air leithid a rud ri sgàthan fhaicinn a-riamh roimhe seo. Sheall e anns an sgàthan, agus chunnaic e e fhèin ann.

"A Dhia beannaich mi!" ars' esan, "ìomhaigh m'athar. 'S fhada on a bha mi a' miannachadh a dhealbh a bhith agam."

Cheannaich e e gun dàil, an sgàthan, agus rinn e air ciste an iasgaich a bha ann an ceann shuas a' chùlaist, agus chàraich e an sgàthan brèagha socair ann an seotal na ciste.

Phill e chun na feannaig leis a' bhùrn ach cha do leig e càil air ris a' chaillich gun d' rinn e marsantach sam bith ris a' cheannaiche-siubhail.

Bha 'n ùine ri dol seachad, ach cha robh latha nach robh am bodach ri dol chun an sgàthain ann an seotal na ciste, a dh'fhaicinn ìomhaigh athar. Ach cha robh a' chailleach cho maol 's a bha e an dùil, agus thug i an aire do dhol a-mach a' bhodaich agus dhùisg droch amharas innte. "Ach dè th' aige an seotal na ciste?" ars' ise.

"Tà" ars' ise, "gheibh mise a-mach," 's i ri dèanamh air a' chiste. Dh'fhosgail i brèagha socair a' chiste gus nach dèanadh i dìosgail sam bith. Dh'fhosgail i a seotal. Bha sgàthan a' bhodaich ann an siud. Thog i e agus sheall i ann, 's chunnaic i i fhèin ann. "Ach," ars' ise, "'s mise a dh'aithnich gu robh t' èile aige. Ach nach iargailt an clàr-aodainn a th'oirre!"

An Sgàthan: Gairm, An t-Earrach 1979, Àireamh 106, td 141

They Came, They Saw, They Conquered

1940-41 was the end of an era for the village of Melbost. Previous wars had been fought in France and Flanders. In fact, an old bodach in Uig is reputed to have wished for "cogadh beag fad às a thogadh prìs a' chruidh" (a little war far away that would raise the price of cattle). But wars in Europe now can be neither little nor far away. War has taken upon itself a new dimension. War is total and global, and that because man can wage war on the sea, under the sea, on land and in the air.

It is the latter - war in the air - that brought our village face to face with the reality of universal holocaust. Before this they took our young men. But now they are going to take our good mother-earth from us, the mother that put bread, butter, milk, crowdie and cream on the table before us.

What kind of village was Melbost before what the then old hard toilers of the soil viewed as the raping of their "mother-earth"? First of all, it was intensely and deeply committed to the soil. It had the most fertile crofts in the Long Island - approximately 100 acres of machair, first class pasture, with rough grazing elsewhere. Mr Willie

Munro (now retired) who worked in the old slaughter-house informs me that they could recognise instantly Melbost sheep and cattle by their quality.

We had two types of soil. The lota-dhubh (the black soil) and the "Ganivochs", the dark sandy soil adjacent to the machair, and every inch was utilised. In fact, should the plough leave a bit at the end of the rig unturned, one would have to go out with the spade and turn it. This act they called "dèanamh a' chinn-sguire". In the days gone by all the village sheep had to be removed to the Barvas hills on or by the 12th of May, thus enabling the crofts to be ploughed and sown. There were no fences then.

The then older generation were wedded to the soil. I once saw my father in 1934 threshing four huge oat corn stacks with the flail. I can still see him in the barn sitting on a bag of seed resting, with the steam rising from his sweating brow mixing with the clouds of smoke issuing from his black-tobacco filled pipe. Thus you, readers, can appreciate the feeling of the then generation of hard-working tillers of the soil at the sight of what they viewed as "the rape of their mother-earth."

1939: The 'Runway Bheag' (the little runway) was finished. This was the levelling-off of approximately 500 yards mostly on the Steinish part of the machair to facilitate the landing by Captain Fresson - the great pioneer-pilot of the Western Isles to whom we owe so much.

August 1939: Hitler invaded the Polish corridor to the Baltic.

September 1939: The rabid war-dogs were let loose, infecting Europe with the epidemic of war-madness.

August 1940: The first bombers land on the strip prepared for Captain Fresson. The first emissary from the government met with villagers. We were told the purpose behind the visit. The first thing he said was, "The 1939 Requisitioning Act is not generous." This was "coming events casting their shadows before" preparing and conditioning us to the idea of not expecting much compensation for our land.

Then came the bulldozers, the diggers, dozens of lorries and all the paraphernalia necessary for the making of a new aerodrome from which to wage war against the enemy. The old men stood by stunned and helpless as they saw the destruction of good earth, earth that once provided bread for their table, and kept the girdle daily on the fire. They took not the less fertile of our land but the most productive. This land was never used as is evident on the existing requisitioned crofts. This land was never even leased back for agricultural use and so was a significant waste and loss to the Melbost community.

Compensation: Compensation was not based on the value of land only, but also on the condition of steadings. To illustrate this, we will take No 9 Melbost as an example. The croft contained 6 acres first class arable land, the house was vacant and the steading poorly. All the daughter (then married in No 14) got was approximately twenty five pounds. Yes, that's what they told us, "The 1939 Requisitioning Act is not generous." We did not complain - our survival was in the balance. Now let us see how the powers-that-be who told us about the ungenerous 1939 Requisitioning Act, behaved when they rented us a few acres of 'their' land. Of the old machair land there still remains 11 acres - "Strupair Point" - which has never been used by the Air Ministry. What do you think we pay for this 11 acres? We pay £12. That is over £1 an acre for land which was once our own.

Compare the above to the pre-war rental of our croft No 26 Melbost, comprising 5 acres, all arable, a share in roughly 100 acres of machair land, approximately, 150 acres of rough pasture in common with Branahuie, and a share in 19,000 acres of hill grazing - all for £2, and those in Air Ministry Authority charge us £12 for 11 acres rented to us! Yes, over £1 an acre! Ah, but there was a war on in 1939! But there was no war on when they charged us over £1 an acre for land which was once our own, but is now government property.

The 1939 Requisitioning Act is not generous they told us. See how generous they are when they rent us a bit of the land they requisitioned, but never used.

They Came, They Saw, They Conquered: Islands at Risk.
Edited by Frank Thompson. A Joint Publication of Keep NATO Out and Hebrides against Nuclear Dumping, 1980

5

SGRÌOBHAIDHEAN EILE LEIS A' BHÀRD

c) Litrichean gu Gasaet Steòrnabhaigh
Murchadh am Fear-Coiteachaidh

Ainmean air Ceàrnan agus Sràidean Ùra

Tha sinn toilichte nach deachadh do na h-Innseachan gu ainmean fhaotainn gun toirt air na ceàrnan ùra - taighean aig bonn leathad Dhùghaill. Gidheadh, shaoilinn gun robhte air ainmean fhaighinn anns am bitheadh barrachd de cheòl nan fheadhainn a fhuaireadh, agus a bhitheadh an ìre mhath furast' am fuaimneachadh. Seadh, dè mu dheidhinn cothrom a thoirt do luchd-leughaidh *a' Ghasaet* gu ainmean a chur a-steach agus an uairsin taghadh a dhèanamh.

Tha raoin mhòra, fharsaing againn às an dèan sinn taghadh. Dè bhitheadh ceàrr air: Ceàrn Mhic an t-Srònaich, Ceàrn Aonghais Ghreum, Ceàrn Chùil-Lodair, Ceàrn Mhùirneig? Agus cha bu chòir fhàgail - Ceàrn Thòmais MhicIain (am fear a thug sgiomachan Hydro don Ghàidhealtachd). Dè mu dheidhinn ainmean linn na Fèinne - Fionn, Oscar, Goll, Gràinne, Diarmad 's Cu-Chulainn agus àireamh lìonmhor eile?

Nì eile tha cur mòr iongnaidh orm, 's e sin, ma thèid thu cuairt mun chidhe feasgar Dihaoine nuair a bhitheas na bàtaichean-iasgaich Leòdhasach sa phort, cunntaidh tu air do chluasan na chì thu le ainmean Gàidhlig orra. Mo nàire air na h-iasgairean Leòdhasach a tha cur cànan ar màthar cho suarach.

Thig a-nis dhà neo trì cheuman bhon chidhe agus bithidh tu ann an Ceàrnag a' Bhaile. (The Square). Saoil thu cò às dèidh tha ise air a h-ainmeachadh? An e ainm math Leòdhasach? Chan e ach "Perceval" agus, gu deimhinn, chan eil clòimh nan caorach againn air an ainm ud.

Ceum eile agus bithidh tu air prìomh shràid Steòrnabhaigh. Saoil thu, an e ainm math Gàidhealach a tha oirre-se? Chan e, ach ainm a thàinig à tòin Shasainn – "Cromwell". An robh fine riamh ann air an do rinneadh ionnlaid-eanchainn a rinneadh oirnne, na Gàidheil? Nam faighinn fhìn mo thoil fhìn ghabhainn a' mhapaid-thearra agus dhubhainn às Sràid Chrombail 's bheirinn Sràid Allt a' Bhonnaich oirre. Dè an dàimh, caidreabh, neo 'n cleamhnas a th' aig Gàidheil ri "Cromwell" co-dhiù?

Tha àitean eile ag atharrachadh ainmean shràidean. Cuige nach dèanamh sinne e? Taghamaid, ma-tà, ainmean anns am bi ceòl na h-uiseige, 's chan e ceòl a' chlacharain.

Agus an ainm an àigh ma thogas tu taigh ùr na sgrìobh "Bay View" air an doras. Bu cho math leam "Taigh a' Bhuntàta Chnàmh" a sgrìobhadh air!

Ainmean air Ceàrnan agus Sràidean Ùra: Gasaet Steòrnabhaigh,
6 Dùbhlachd 1975

One Pound Per Acre

Sir,

I am well aware of the history of landlordism and the destruction of Gaeldom after Culloden and that good landlords were as rare as stars on a black winter's night - but there were, and are, a few good ones.

As a socialist for half a century, I once thought that State ownership of land was, at least, a partial solution to landlordism. I still maintain that selling and buying our land, our common birthright, in parcels on the market like any other commodity, is wrong in principle.

Before 1940, our village of Melbost had: approx 100 acres of machair with first class grazing; approx 150 acres of rough pasture in common with Branahuie; a share in 19,000 acres of hill pasture. Our croft at No 26 Melbost consisted of 4½ acres arable. For this and our share in all the above, we paid the Stornoway Trust two pounds per annum.

In 1940, the government requisitioned all our village pasture for the areodrome, except for thirty-seven acres in common with Branahuie and half the village crofts also went. We were informed at the time that the 1939 Requisitioning Act was not generous. We did not complain; our survival as a nation was in the balance.

Now comes the crux of the matter in the light of our experience since then. Of the old machair land- also the old golf course - there still remains to us intact for common grazings approximately 12 acres rough pasture at Strupair Point, which we now rent from the government. How much do you think we pay for this bit of land? We pay £12 per annum to the government that told us in 1940 that the Requisitioning Act was not generous.

Ah! But there was a war on then!

There is no war on now, but the government is even less generous than when war was on. Yes, we pay £12 for a bit of rough pasture which was once our own. Compare this to our croft rental of £2 and you shall have no doubt who is the better landlord of the two - the Stornoway Trust or the State - and do not wonder if I am disillusioned. I should like to add that the Stornoway Trust is efficiently administered by only one Factor and two employees and none of them imported.

Yours etc.,

Murdo MacFarlane,

26 Melbost, Stornoway

One Pound Per Acre: Gasaet Steòrnabhaigh, 8 Cèitean 1976

Òrain Ùra

Fhir-deasachaidh,

Guma fada bhios e uamsa nì sam bith a ràdh neo dhèanamh a mhì-mhisnicheas neach sam bith den ghinealach òg a tha ri 'g oidhirpeachadh air òrain ùra neo fuinn ùra a dhèanamh ann ar cànan. Gidheadh, theirinn seo: ma tha neach sam bith ri saoilsinn gun dèan e òrain Ghàidhlig le bhith a' tàthadh butarais de Ghàidhlig 's de Bheurla ri chèile theirinn, "Sguir dheth!"

Cha ghabh uisge is ola ri chèile.

Theirinn cuideachd: mas toil le neach sam bith tomhais de choileantas a bhith aige na chànan fèin leughadh e am Bìoball. Eadar-dhealaichte bho bhuannachd spioradail bheir e dhachaigh air a' ghinealach òg an easbhaidh th' air a' Ghàidhlig aca anns an linn seo.

Leughadh e Eclesiastes agus chì e an staid ìosal gus an do thuit ar cànan ann an Leòdhas.

Gidheadh, ghabhainn orm seo a ràdha - nach eil aon àite ann an Gàidhealtachd na h-Albann anns an cluinnear Gàidhlig cho fìor iomlan coileanta 's a chluinnear ann an coinneamh-ùrnaigh an Leòdhas agus saoil nach e 'crann' is ceòlmhoire fuaim na 'mast'.

Le spèis,
Murchadh MacPhàrlain,
Mealabost.

Òrain Ùra: Gasaet Steòrnabhaigh, 17 Dùbhlachd 1977

Imlich-bhròg nan Gàidheal

Fhir-deasachaidh,

Saoilidh mi g'eil mo charaid, Murchadh Moireasdan, caran cruaidh air Goill ann a bhith cur cionta is coire ar cànain 's ar ceòl orra anns an latha 's eil sinn beò.

Theirinn g'eil am breothadh an taobh a-staigh cearcall na Gàidhealtachd, fada nas calldaiche na nàimhdeas sam bith th' air a thaobh a-muigh. Chan e Goill is coireach nach eil barrachd air triùir chloinne an-diugh sa bhaile againne a bhruidhneas Gàidhlig. Ged robh na Goill uile nan nàimhdean do ar cànan - rud nach eil - nan robh na Gàidheil fhèin dìleas dìorrasach dhi, cha b' eagal dhi. Saoilidh mi gur e dìmeas nan Gàidheal fhèin cnag na cùise, agus a tha cosnadh gum bitheadh mo bhàrdachd-sa "*B' Fheàrr Gu Robh Dusan dhe d' Sheòrs*'", air a mheas le mo charaid Murchadh mar "smuaintean iarrachail", neo mar a b' fheàrr leam fhìn a chur, "smuaintean miannachail". Thatar ag ràdh an duine bhitheas ann an airc bithidh e anns an eisimeil. Agus tha sinne feumach air a h-uile cuideachadh a gheibh sinn, ge b' e taobh on tig e, mas ann bho Dheasaich neo bho Dhuitsich. Nuair bhitheas muinntir ri cruaidh chath 's gun iad fèin làidir, saoilidh mi gur e gnothach neo-ghlic dhaibh a bhith dol a-mach às a slighe gu bhith dèanamh tuilleadh nàimhdean dhaibh fhèin. 'S e tha dhìth oirnn tuilleadh chàirdean, agus chan e nàimhdean. Uime sin bhitheadh e na bu ghlic dhuinn an impidh a chleachdadh agus nì h-i an t-slat.

Ma dh'ìslicheas Gàidheil iad fhèin gu bhith "ag imlich bhròg" 's ann oirnn fhìn a bhitheas an cionta tràilleach seo. Ach air an aon saoghal, càite an deach spiorad Ghàidheal Chùil Lodair? Ach 's e ceist eile tha sin.

Coma co-dhiù, cumaidh na Murchaidhean a' deasbad anns a' chànan aca fhèin - gu sealltainn gu bheil breab làidir ann an cois na Gàidhlige fhathast.

Le meas,
Murchadh MacPhàrlain

Imlich-bhròg nan Gàidheal: Gasaet Steòrnabhaigh, 18 Gearran 1978

Bha an litir seo mar fhreagairt do litir agus don bhàrdachd *Ilmich-bhròg Mac a' Ghàidheil* le Murchadh Moireasdan à Paislig a nochd ann an *Gasaet Steòrnabhaigh*. Thuirt Murchadh à Pàislig san litir aige gun robh nàire air gun robh ar sluagh a' leigeil le Gall sam bith brath a ghabhail orra.

Fir-Chlis

Sir,

Yes, Fir-Chlis came to Tong last Wednesday. Yes. "They came, they saw…" What did they see? They saw empty seats. So they could not very well say, "We came, we saw, we conquered."

Well, it would appear that the Tong people are not proud of their author and playwright son, Norman Macdonald, who is deeply inlvolved in Fir-Chlis.

No wonder our friend Norman felt embarrassed that night.

Tong, being conspicuous by their absence, showed their lack of interest in the cultural side of life in the form of drama.

Of course, it could be the logical result of Puritanism. Puritanism does not believe in the "grey". It is either "very black" or the "very white".

"You either come over to us from the black to the white or stay where you are. Never mind the grey."

No wonder alcoholism is a major problem in Lewis.

To those who did not come out to see Fir-Chlis in action last Wednesday night, I would say - it will be a long time before you see such a night again. For us who did see it, it was both inspiring and moving.

Yours etc.,

Murdo MacFarlane,

26 Melbost

Fir-Chlis: Gasaet Steòrnabhaigh, 21 Dàmhar 1978

Grim Reading

Sir,

What grim reading the "Gazette" of the 17th was, and grimmer still for us climbing to the 80's and over, because we have seen the Cauldron-of-War boiling over twice in our lifetime.

One would imagine the way NATO is trying to put it across, that they are really doing us a great service and favour by making us a No 1 target in the next holocaust.

And, frighteningly, we all seem to become gradually reconciled to the inevitability of nuclear war.

In the 1960's the issue was whether NATO was going to store nuclear war-heads at the Stornoway Airport. The main leader of the local resistance movement then was Rev. Kenneth MacRae, Free Church Minister, Stornoway.

Alas, there seems to be none left of the calibre of this courageous Christian who not only had the welfare of men's souls at heart, but also their physical welfare on this earth.

But not a BEEG from the churches this time. If silence is consent, then we are justified to draw our own conclusion from this silence on the part of the churches. Maybe they shall redeem themselves by one or more of the "cloth" flopping in front of the death dealing bombers on landing. It has happened before in much less important issues than our total annihilation.

Anyone who saw the recent Peter Ustinov programme on the television and learned the following morning of the frightening and ugly coincidence of the "Finger on the button" alert by the USA, must be a hyper super patriot or mad if he believes there is such a thing as DEFENCE for mankind against his own hellish destructive inventions. There isn't. One need not be a professor, philosopher or prophet in order to come to that conclusion. We ordinary mortals on the strength of information available to us can also make our own judgement and quite as valid.

Maybe the philosophy of my friend Calum MacRae, Branahuie, makes sense when he states, "Murdo, it's better to be at the epicentre of the holocaust, then you won't know what happened to you."

Well, maybe true, but not much consolation. As for the blimps in the local Tory Party, well, understandably, they are the representatives of the party of the "guns" never of the "butter".

Can anything more disastrous than full-scale nuclear war happen to mankind?

Yours etc.,
M. MacFarlane
Melbost,
Next door to the NATO base.

Grim Reading: Gasaet Steòrnabhaigh, 22 Dùbhlachd 1979

Will Stop Paying Sustentation Fund

Sir,

Having read the pro-NATO article in the Free Church Monthly Record by its editor, I have decided - not on the spur of the moment - now, that the two MacLeod Church 'luminaries' of the Free Church and Free Presbyterians are both on the same pro-holocaust car. I will cease contributing towards the Free Church sustentation fund until such time as the Free Church in Lewis repudiates the pro-NATO policy advocated - and that unashamedly - by the editor of the Free

Church Monthly Record. I am now eighty years old and have been contributing since I was twenty, bar my years abroad - and so were my people since 1843.

By the way, the NATO base is not planned to be in Stornoway, but on the doorsteps of Melbost and Steinish, and the villages on the base fringe well within the incinerating range. Also, my philosophy is not based on the old Gaelic saying 'Uamsa - Thugadsa'. I wish it on no-one.

At eighty years I could ignore it all, as I most likely will be peacefully at rest on the 'Aoidh' by the time the final Armageddon breaks out, but how can I ignore the unthinkable consequence of our village becoming the epicentre of the holocaust that threatens not only the wiping of man off the face of the planet, but also all life as well? How can I, when I observe our village children playing 'Falach Fead', hide and seek? And suddenly! I am stopped in my track as if by a bullet, "Hiroshima". Are our dear children fated to be "Hiroshimad" too? And then I pity them from the bottom of my heart.

Of course, we all believe in multilateral disarmament, but does anyone in his senses believe that the holocaust is going to wait until the two super-powers agree to this, and if not, is the rest of humanity tamely and submissively to be dragged down with them into the deep dark depth of oblivion? Do I exaggerate what's in store for us in an atomic war? Well, listen to the analysis of a great man, a militarist practically all his life - the late Lord Mountbatten. This is what he says. I quote, "In the event of a nuclear war, there will be no chances. There will be no survivors. All will be obliterated." This coming from a super military man is exceedingly important, for the simple reason that you never find Generals or Admirals leading a "peace on earth parade". Every man to his trade. There will be no survivors.

Will someone tell me if anything worse than this can happen to mankind? It is obvious these days that, throughout the west, people are awakening to the terrible threat of nuclear war as it gets nearer and nearer, and to crown it, the President of the USA thinks he can confine the Holocaust to Western Europe and thus save his own skin. Will there be anyone left who will at the burial of mankind repeat, "Earth to earth, dust to dust"?

We think it was extremely distasteful on the part of the Professor to have thrown cheap jokes into an article on such a serious nature as the incineration of our village in the event of a nuclear war, and more so was his bargaining with the powers that be for concessions in lieu of us agreeing to be incinerated. Yes, concessions, which were our rights in the first place. I fully appreciate how unequal this contest is between a Professor and a humble Lewis crofter. Nevertheless, we don't believe that even Professors have a monopoly of wisdom.

> 'S e do ghnè, a chogaidh, bhith sgrios,
> B' e seo do ghnè o thùs,
> Is mallaicht an sluagh a bhios
> Ri tabhairt dhut tlachd is gnùis.
>
> Dòrainn, creachadh is bròn
> An còmhnaidh ta ann ad lorg,
> 'S chan fhiach leat deoch gu h-òl
> Ach à cridh' an òigfhear fhuil dhearg

After the 1914-18 war T. Hardy wrote:

> "Peace upon earth" was said we sing it.
> And pay a million priests to bring it,
> After two thousand years of mass,
> We got as far as Poison-gas.

If we now add Atom Bombs, Hydron Bombs, Neutron Bombs, Napalm Bombs to gas, you have the making of Armageddon.

May I salute the two noble and brave Free Church ministers who sided with us on our anti-NATO campaign (I am informed that one of them is not in good health, we wish him a speedy recovery). We need their type badly. "O for a Rev. Kenneth MacRae to lead us", as of yore.

Yours etc.,
M. Macfarlane,
26 Melbost,
Point,
Isle of Lewis

Will Stop Paying Sustentation Fund: Gasaet Steòrnabhaigh, 31 Dàmhair 1981

Who Are The Christians?

Sir,

It would appear the Editor of the Free Church Monthly Record, The Rev. Professor Donald MacLeod is very, very angry because the tail is not wagging the dog in the case of the stand the Free Church in Lewis is adopting re the upgrading of NATO Base. He also asserts that this stand possibly means the eclipse of Christianity within a generation. Does the learned Professor ever think that the stand he is taking could possibly mean the eclipse of both Christianity and civilisation? Yes, we have the means to do it.

According to Lord Zukerman, there are 40,000 war heads in existence; equivalent to one million of the type dropped on Hiroshima and Nagasaki, sufficient to destroy the world several times over, and it just needs that fateful squeeze on the button deliberately or accidental to start the holocaust. I am amazed at the Professor scarcely mentioning the awfulness of nuclear war that threatens all life on our planet. The Free Church in Lewis is fully aware of this awful threat facing us and therefore taking a rational and Christian stand in opposing it.

Just compare the brave stand by the Free Church in Lewis today re the upgrading of NATO Base and the behaviour of the Church which sat on, or fell off the wrong side of the fence, during the Highland Clearances, while Patrick Sellar was busy burning the homes of congregations in Gaeldom, and tyrants clearing the glens of their indigenous populations, as if they were vermin of the worst type. Yet, the church of the day heard nothing, saw nothing and did nothing. I am proud of belonging to the Free Church; they are proving they are FREE by creating a precedent in refusing to go docily all the way with the Establishment, our rulers. The idea to render obedience to our rulers irrespective of whether they are good or bad amazes and puzzles me.

Hitler was the ruler of Germany from the early 1930's till 1945. Did the German people behave in a Christian manner in being obedient to this hellishly evil man, and their RULER? Imagine, the answer to this question by a survivor of Belsen. Why! The whole church of the reformation is a result of non-obedience to their spiritual rulers. So what!

To class KNO as a wicked unchristian rabble motivated by ulterior political motives is neither right nor honest. Do they deserve this castigation simply because they are a section of the community who are seriously concerned and actively demonstrating their concern at civilisation hovering on the brink of oblivion? Is the pessimistic attitude of those who say: "Why bother?" preferable? The truth is that politics are part and parcel of our society, especially a society where the upper strata must have their furs, their silk, and their wine, whereas the lower strata are expected to exist on "fish and chips".

Yes, the Free Church in Lewis is true to the grass roots from which they stem and obviously at the same time do not necessarily find their stand conflicting with their role as ministers preaching the Gospel of the Prince of Peace.

I do not apologise to repeat again the analysis of nuclear war by the late great man Lord Mountbatten - who was not of the left - "There will be no chances, there will be no survivors, all will be obliterated." Are those who oppose this nightmarish threat acting unchristian in doing so, or totally immoral as some NATO supporters maintain?

A survivor from Hiroshima could well answer this question and we think we can guess his answer - I believe it would not be flattering to Professor MacLeod.

As for the analogy of our anti-NATO stand with David challenging Goliath - well, we know from the Bible that God was on the side of David. It is the same this time!

Yours etc.,
Murdo MacFarlane
(Next door to NATO)
Melbost

Who Are The Christians? Gasaet Steòrnabhaigh, 30 Faoilleach, 1982

"Keep NATO" Crusader

Sir,

I notice in the Gazette issue of May 1 a correspondent from Point who is willing to start a pro-NATO Crusade.

The first thing that struck me was that this aspiring leader of a Keep NATO In group didn't have the courage to sign his own name to his letter, and courage is a very necessary quality in a leader. Of course, he has the privilege like the rest of us not to sign his name to his letters, but one thing is certain he cannot wage a successful crusade under a pen name. Nevertheless, people who have the courage of their convictions don't often take advantage of this privilege.

Of course, one could ask this newly emerging crusader where he has been hiding over the last two turbulent years?

May I suggest that he starts his recruiting campaign in the villages of Branahuie, Melbost, Tong, Steinish, Sandwick and Holm, villages who shall have the honour to be among the first to be wiped off the face of the earth in the threatened holocaust hanging over mankind.

Yours etc.,
Murdo MacFarlane
26 Melbost
Point

Keep NATO Crusader: Gasaet Steòrnabhaigh, 15 An Cèitean, 1982

6

MARBHRAINN A' CAOIDH MHURCHAIDH

Fàili, a Mhurchaidh
le Aonghas Pàdraig Caimbeul

Tha i meadhan-oidhche
's tha an clàr air tionndadh
's air tionndadh
fad na h-oidhche Shàbaid seo,
le fàili fàili fàili òro
Mhurchaidh,
fàili fàili fàili òro
's tha cian nan cian
bho 'n dh'fhàg sinn Leòdhas.

Cho soilleir 's cho brèagh'
a tha i a-muigh
an-seo ann am Fòbhran
a-nochd, chì mi solais òir
Abar Dheathain nan sgàthan
am measg nan rionnagan,
's a-mach an Ear
chì mi na cruinn-ola
a' deàlradh san reothadh
mar chraobhan Nollaig.

'S thuirt an rèidio
gun robh i sileadh
ann an Leòdhas
feasgar do bhàis:
seòrsa de cheòban
a' drùidheadh an rèisg
air mòintich Bharabhais,
's ceò air raineach Thuilm
's air mullach Mhùirneig,
boinnean mòra bùrn
a' dòrtadh

air tarmac shleamhainn
a' phuirt-adhair
's air sràidean cruaidh
a' bhaile.

As t-Earrach,
thuirt thu rium aig bun na lota
an Garrabost:
"thig an latha
a gheibh cuimhne urram
's chan fhaigh an cosnadh,
gheibh an sgeul san innse
cliù, 's chan ann san dèanamh."

Cuimhne is cosnadh
is cliù is gnìomh
's tha 'n clàr a' tionndadh
's a' tionndadh.

"'S fheàrr a bhith falbh na tighinn,"
's tha chlann òg a' caoineadh,
na pàistean a' gàireachdainn,
na leanabhan a' rànaich,
's tha an clàr a' tionndadh
's a' tionndadh.

Tha cumhachd niùclach nad bhriathran,
tha do chuimhne mar an atom fhèin,
an clàr a' tionndadh
's a' tionndadh
tha fàili òro às do dhèidh,
fàili òro às do dhèidh,
fàili òro às do dhèidh.

Do Mhurchadh MacPhàrlain

le Dòmhnall Iain MacDhòmhnaill

Thost ribheid na smeòraich,
Chaidh a ceòl a mhùchadh,
Chaidh ar cànan an còmhdach
Eideadh-bròin na tùrsa
'S sàr fhear-dhealbhaidh a fuinn-se,
'N cladh na h-Aoidh chuireadh ùir air.

Chuireadh ùir ort, a Mhurchaidh,
Ach bidh lorgan do thàlann
Domhainn, domhainn ri' faicinn
Ann an eachdraidh ar cànain,
'S domhainn, domhainn dà-rìribh
Air ar n-inntinn-ne gràbhailt'.

Spiorad Ceilteach an dùthchais
Bu chairt-iùil dhut nad bhòidse;
Teud bu mhìlse na càch thu
Ann an clàrsach na Ceòlraidh;
Mil a' fhraoich air do bhriathran,
Cridh' a' Chrìosdaidh nad òran.

Clach eil' air do chàrnan,
Leabhar tàlantach d' òrain;
Toinneamh dìomhair na h-inntinn -
Seadh, inntinn bha sònraicht',
Inntinn Ghàidhealach bhàrdail,
Inntinn bhàidheil ri deòraidh.

Shèid an osag bhon Rubha
'S gaoir cumha na h-anathadh;
Bhrist ràn air an stuadh-thonn
Nuair a bhuail i Tràigh Mhealaboist;
Thionndaidh ceilear na cuaiche -
Seadh, bho luath-ghàir gu marbhrann.

Tha do sheòrsa ro ainneamh
Ann an roinnean na Gàidhlig;
Tha do leithid do-dhèante
Bhith gu sìorraidh ann dà uair:
Cha bhi 'n àireamh nan seanchaidh
Ach aon Mhurchadh MacPhàrlain.

Murchadh MacPhàrlain
Mar chuimhneachan air fìor bhàrd agus sàr Ghàidheal
le Niall Brownlie

Leamsa togamaid càrn mar chuimhn' air an t-sàr
A choisinn da chànain mòran;
Bha meas air mar bhàrd fad' bho eilean a ghràidh,
Tha 'n òigridh am bàidh air òrain.

Tha beàrn am measg bhàrd bhios ri òrain 's gach àit
On a chaochail am bàrd gleusta;
A bheil e beò am measg chàich filidh nan dàn
A lìonas an t-àit a dh'eug leat?

Ged tha 'n teanga bha geur fo ghlasan an èig,
Tha na dh'fhàg e na dhèidh neo-bhàsmhor;
Fad 's bhios Gàidhlig cur loinn air tallachan seinn,
Bidh daoine ri seinn a bhàrdachd.

Bidh e siubhal nan speur le Mòrag a sheud
No a' coiseachd a' phrèiridh fhàsail;
Am mailisidh an rìgh bidh e meàrsadh gun sgìths',
'S e tilleadh gu tìr àraich.

Am mailisidh an Rìgh tha riaghladh gach nì
Tha an laoch a bha fìor chàirdeil;
Tha Murchadh nam buadh, sàr-fhilidh nan duan,
Anns na nèamhan tha shuas a' bàrdachd.

An taigh, le a dhoras gun chlàimhean, anns an do rugadh Murchadh agus air an do rinn e inneas ann an Seann Taigh a' Chladaich. *(Dealbh: Aonghas Caimbeul)*

Pàrantan Mhurchaidh, Calum MacPhàrlain agus Hannah NicPhàrlain.
(Dealbh: Aonghas Caimbeul)

Murchadh na dhuine òg.
(Dealbh: Aonghas Caimbeul)

Murchadh na bhalach òg, le a bhràthair Dòmhnall ann an èideadh an airm, mu 1914 *(Dealbh: Aonghas Caimbeul)*

Murchadh ann an deise odhar an Royal Army Service Corps. *(Dealbh: Stornoway Historical Society)*

Murchadh le Aonghas Caimbeul, am balachan bàn, sa mhòine. *(Dealbh: Aonghas Caimbeul)*

Cùl: Murchadh agus Peigi (NicPhàrlain) Mulholland.
Aghaidh: Gwen, Robbie, Maggie agus Liza Mulholland.
Chaidh athair Peigi, Murchadh MacPhàrlain, co-ogha a' bhàird, a thogail an dèidh bàs a' phàrantan ann an dachaigh a' bhàird. Bhiodh Peigi is a teaghlach, a bha a' fuireach ann an Inbhir Nis, gu tric a' dol a Mhealabost airson làithean saora an t-samhraidh. *(Dealbh: Liza Mulholland)*

Catrìona NicDhòmhnaill, Murchadh, Chrisell NicLeòid, Seonag NicAmhlaigh, Tina Milton agus Iain MacÌomhair.
(Dealbh: Aonghas Caimbeul)

Aonghas Caimbeul, Murchadh, Seonag NicAmhlaigh, Màiri Flòraidh Chaimbeul, co-ogha às Na Stàitean Aonaichte agus Dòmhnall Iain Caimbeul. **Na suidhe:** Catrìona NicDhòmhnaill.
(Dealbh: Aonghas Caimbeul)

Murchadh cuide ri Tormod Macleòid (clì) bhon Bhac agus Alasdair Macleòid (deas) à Inbhir Nis ann an 1968.
(Dealbh: Alasdair Macleòid)

Murchadh a' cur ainm ri lethbhreac de An Toinneamh Dìomhair ann an 1973. *(Dealbh: Gasaet Steòrnabhaigh)*

Tormod MacÌomhair às An Àird anns an Rubha, a' bhean Màiri (NicPhàrlain) NicÌomhair agus Murchadh ann an Toronto ann an 1974. Thogadh Màiri is a bràithrean, co-oghaichean Mhurchaidh, an dachaigh bràthair a h-athar aig 26 Mealabost an dèidh bàs am màthar is iad nan clainn. B' e bràthair Màiri, Murchadh MacPhàrlain, an duine a b' òige a sheòl à Leòdhas air a' Mhetagama. Bha Tormod MacÌomhair cuideachd na eilthireach air a' Mhetagama. *(Dealbh: Liza Mulholland)*

Na h-Òganaich –
Noel Eadie,
Mairead NicLeòid agus
Donaidh MacLeòid –
agus Murchadh.
(Dealbh: Mairead NicLeòid)

Mairead agus Donaidh
MacLeòid, Murchadh
agus Alan Stivell, às
a' Bhreatainn Bhig, air
a' phrògram telebhisean
'S e Ur Beatha ann an 1976.
(Dealbh: Mairead NicLeòid)

Murchadh le Cuach Comunn Leòdhais agus na Hearadh Glaschu. Tha a' chuach air a toirt seachad leis a' Chomunn gach bliadhna gu Leòdhasach neo Hearach a tha air urram a chosnadh dhaibh fhèin neo dha na h-eileanan. Chaidh an t-urram a bhuileachadh air Murchadh ann an 1974. *(Dealbh: Mairead NicLeòid)*

Murchadh ag aithris a bhàrdachd do bhuidheann bho Edinburgh Arts aig Tursachan Chalanais, 8 Lùnastal 1975. *(Dealbh/Photo: Demarco Archive and Demarco Digital Archive (University of Dundee)*

Cruinneachadh aig Comunn Cheilteach Oilthigh Obar Dheathain sna seachdadan. Bha Murchadh na bhall urramach den Chomunn.
A' seasamh: Neilly Fearghasdan, Flòraidh NicNèill, An t-Urr Uilleam MacMhathain, Mòrag NicLeòid, Màiri Cheanadach (NicDhòmhnaill), Ailean Dòmhnallach.
A' suidhe: Màiri Nic a' Ghobhainn, Seonag NicChoinnich, Catriona NicGumaraid, Murchadh, Zena Cheanadach (NicChoinnich), Màiri Mairead NicChoinnich, Donnie Murdo MacLeòid.
(Dealbh: Aonghas Caimbeul)

Iain Crichton agus Murchadh aig tachartas sònraichte ann an Sgoil a' Chnuic, anns an Rubha, ann an 1978, a' comharrachadh 100 bliadhna na sgoile. Bha Iain na chomhairliche airson Aignis air Comhairle nan Eilean Siar bho 1975, a' bhliadhna a chaidh an t-ùghdarras a stèidheachadh, gu àm a' bhàis ann an 1994 agus b' e esan a mhol gum biodh Murchadh na phrìomh aoigh aig an tachartas. Chithear fo achlais a' bhàird am poca anns an robh e a' cumail a bhàrdachd! *(Dealbh: Iseabail NicIllFhinnein)*

Murchadh agus Calum Dòmhnallach bho Runrig ann an 1979. *(Dealbh: Calum Dòmhnallach)*

Murchadh an tac an teine na dhachaigh ann am Mealabost, 1978. *(Dealbh: Gus Wylie)*

Murchadh ris a' stòbha sa chidsin, Mealabost, 1982. *(Dealbh: Sam Maynard)*

7
NOTAICHEAN MU DHÀIN IS ÒRAIN

Chaidh mu leth de na dàin is òrain anns a' chruinneachadh seo fhoillseachadh anns *An Toinneamh Dìomhair* (*Gasaet Steòrnabhaigh*, 1973). Nochd taghadh dhiubh sin cuideachd san leabhran *Dàin Mhurchaidh* (An Comunn Gàidhealach, 1986) agus ann an *Eilean Fraoich* (Acair, 1982). Thàinig bàrdachd eile am follais ann an *Gasaet Steòrnabhaigh*, *Gairm*, *Crann* (iris Comann Ceilteach Oilthigh Obar Dheathain), *An t-Albannach*, *Scotia Review*, *Ossian* (iris Comunn Oiseanach Oilthigh Ghlaschu), agus anns an iris *Eilean an Fhraoich*. Chaidh òrain a thogail bho chlàraidhean a rinn Murchadh eadar 1956 is 1957 leis an Oll. Gordon W. MacGillFhinnein agus Seumas Ros do Sgoil Eòlais na h-Alba; tha iad rin cluinntinn air làrach-lìn *Tobar an Dualchais*. Tha dàin an seo à tasglann Mairead NicLeòid de làmh-sgrìobhainnean Mhurchaidh, feadhainn dhiubh a bh' air am foillseachadh ann an *Le Mùirn* (Faram Publications, 2016). Tha bàrdachd ann cuideachd a chaidh a thoirt dhomh ann an 1983 le Donaidh MacIlleathain, a bha na stiùiriche aig a' Chomunn Ghàidhealach ann an Steòrnabhagh, is mi a' dèanamh tràchdas air obair Mhurchaidh aig Oilthigh Ghlaschu. Dh'fheuch mi ri na dàin is òrain a chur fo chinn-chuspair oir 's gum biodh e na chuideachadh dhan leughadair.

TD: *An Toinneamh Dìomhair*
DM: *Dàin Mhurchaidh*
GS: *Gasaet Steòrnabhaigh*
TaD: *Tobar an Dualchais*
CG: *An Comunn Gàidhealach*
EF: *Eilean Fraoich*
SR: *Scotia Review*
LM: *Le Mùirn*

a) Cogadh, Eilthireachd is Cianalas

Naoi Ceud Deug 's a Ceithir Deug (TD, td 62; DM, td 20)

Aig àm a' Chiad Chogaidh bha mòran de bhalaich Leòdhais gan ceangal fhèin ris a' mhailisidh cho luath 's a bha e ceadaichte dhaibh. Bu daor a' phrìs a phàigh gu leòr dhiubh. Rinn Murchadh an t-òran mar chuimhne orrasan is, gu h-àraidh, mar chuimhne air balach òg à Aignis a b' aithne dha.

Bha mi dol dhan sgoil aon mhadainn agus nuair a ràinig mi sìos Aignis bha mo charaid Tormod agus uchd air a' gheat agus mhothaich mi gun robh e ri gal. "Dè", arsa mise, "a Thormoid, a tha ceàrr?". "O", ars' esan, "tha an trìtheamh naidheachd bàis de bhalaich a' mhailisidh air tighinn an-diugh, eadar an-diugh is an-dè. Thàinig naidheachd bàis a' Ghrionaidh an-diugh." Am fear seo air an robh far-ainm an Grionaidh, bha mise ann an July ron a sin, as t-samhradh, bhitheadh sinn a' dèanamh rud ris an canar marcachd breacan-uasal. Bhitheadh an fheadhainn òg air guailnean an fheadhainn mhòra gus feuchainn cò a leagadh a' chèile agus 's ann air guailnean a' Ghrionaidh a bha mise…agus tha e nise air tuiteam na bhalach òg san Fhraing. Bha e riamh ga mo bhioradh nach do rinn mi beagan de bhàrdachd a-riamh mu mar a thachair de bhalaich a' mhailisidh ach, mu dheireadh thall, chaidh agam air a sin a dhèanamh. (Agallamh le Jo NicDhòmhnaill, *Cur is Dlùth*, BBC, 1972).

A rèir *Loyal Lewis Roll of Honour* b' e Coinneach MacSuain à 21 Aignis, a chaillear san Fhraing air 11 Lùnastal 1915, aig aois 21, an treas duine à Aignis a chaillear sa chogadh.

A-mach às na h-òrain a rinn e b' e seo am fear a bu docha le Murchadh fhèin. *Siud am fear a tha ga mo ghluasad-sa bho ùrlar mo spioraid…sin am fear a bheir cnap nam amhaich.* (Agallamh le Coinneach MacÌomhair, *Coinnicheamaid*, BBC, 1978).

Chaidh *Òran a' Mhailisidh*, mar a tha an t-òran aithnichte cuideachd, a sheinn air telebhisean an toiseach le Mairead NicLeòid ann an 1973 agus an dèidh sin le Na h-Òganaich, ged nach do nochd e air clàran a' chòmhlain a-riamh. Chaidh a chlàradh le Mairead air na clàran *West of West - A New Sound to Gaelic* (1979) agus *Dìleab* (2005) agus le Iseabail NicAsgaill air *Dhachaigh/Home: The Murdo Macfarlane Songbook* (2007), clàr a thug An Lanntair ann an Steòrnabhagh a-mach a' comharrachadh òrain is bàrdachd Mhurchaidh.

Tha an t-òran am measg nan taghaidhean bàrdachd a chaidh fhoillseachadh ann an *Siud an t-Eilean, Gaelic and English Poetry from Lewis and Harris* (Acair, 1993), *An Tuil* (Polygon, 1999) agus *Cuimhneachan, Bàrdachd a' Chiad Chogaidh* (Acair, 2015).

Socair Ort, a Dhòmhnaill, Seall! (TD, td 79; DM, td 12)

Chaidh an t-òran a dhèanamh do dh'Ìomhar MacCoinnich, mac Iain Chaluim Chaluim, à Bràigh na h-Aoidhe, a bhàsaich tro leòn aig Blàr Cambrai san Fhraing san Dàmhair 1917. Bha Murchadh glè eòlach air Ìomhar, *duine eireachdail air a dhà bhonn*, agus bha e air a ghluasad gu mòr nuair a thàinig naidheachd a bhàis. Bha am bàrd den bheachd gum b' e seo aon de na ciad òrain chudromach a rinn e a-riamh; bha e seachd bliadhna deug a dh'aois. Tha an t-òran air a dhèanamh mar gum b' ann leis an t-saighdear fhèin is am bàs ag iadhadh air. Mhol Murchadh gum biodh e air a sheinn air fonn *Eilean Sgiathanach nam Buadh*. Chaidh a chlàradh le Na Lochies air *Slàinte Mhath* (1978) agus tha e am measg taghadh de bhàrdachd a chaidh fhoillseachadh ann an *Cuimhneachan, Bàrdachd a' Chiad Chogaidh* (Acair, 2015).

Gnè a' Chogaidh (TD, td 65)

Tha an dàn seo a' cur bheachdan Mhurchaidh mu chogadh an cèill gu dùrachdach.

Chan Fhada gu Madainn (TD, td 81)

Sa Chiad Chogadh, eadar 1914 is 1918, chaidh 306 saighdear a chur gu bàs airson teiche, gealtachd, eas-ùmhlachd, ionnsaigh a thoirt air oifigeir neo cadal air faire. Ann an 2006 chaidh maitheanas oifigeil a thoirt dhaibh uile le Ministrealachd an Dìon. B' ann mu fhear a chaidh a chuir gu bàs an dèidh dha cadal air faire a rinn Murchadh a' bhàrdachd seo. Stèidhich Tormod Calum Dòmhnallach an dealbh-chluiche *Chan fhada gu madainn* air an dàn. Tha an dealbh-chluiche air fhoillseachadh anns *An Fhìrinn agus a' Bhreug*, deich dealbhan-cluiche le Tormod Calum Dòmhnallach air an deasachadh le Michelle NicLeòid (Aberdeen University Press, 2016). Bha Tormod Calum agus Murchadh anabarrach mòr aig a' chèile agus bhiodh iad tric rim faicinn còmhla air sràidean Steòrnabhaigh. Chaidh an dàn fhoillseachadh cuideachd ann an *Cuimhneachan, Bàrdachd a' Chiad Chogaidh* (Acair, 2015).

Raoir Reubadh an *Iolaire* (TD, td 68)

Cha robh Murchadh ach seachd bliadhna deug nuair a chaidh an *Iolaire* air Biastan Thuilm air madainn na Bliadhn' Ùire 1919. Dh'fhiosraich e le a shùilean an t-uabhas a bha a' feitheamh air muinntir Leòdhais air a' mhadainn sin, le cuirp bhàthte air a' chladach is an tuilleadh a' tighinn air bhàrr nan tonn gu tìr. Thug na chunnaic e buaidh mhòr air agus tha *Raoir Reubadh an Iolaire* air aon de thrì òrain a rinn e mun chall. Mhol Murchadh gum biodh e air a sheinn air fonn *An Gille Dubh Ciar Dubh*. Ceud bliadhna air adhart bho chailleadh an *Iolaire* chaidh an sgeulachd innse gu mionaideach le Malcolm Macdonald agus Donald John Macdonald ann an *The Darkest Dawn, The Story of the Iolaire Tragedy* (Acair, 2018). Tha *Raoir Reubadh an Iolaire* air fhoillseachadh anns an leabhar, ann an *Sheòl Mi 'n-Uiridh* (Clàr, 2009) agus ann an *Cuimhneachan, Bàrdachd a' Chiad Chogaidh* (Acair, 2015). Chaidh a chlàradh le Màiri Nic a' Ghobhainn air *Dhachaigh/Home: The Murdo Macfarlane Songbook* (2007).

Mar a Chailleadh an *Iolaire* (TD, td 70)

Seo an t-òran a b' fhaide a rinn Murchadh le 40 rann ann uile gu lèir. Na lèirmheas air *An Toinneamh Dìomhair* bha an t-Àrd Oll Ruaraidh MacThòmais den bheachd gur e an t-òran a bu chumhachdaiche agus a bu driùitiche a bh' anns an leabhar. *Tha e fada air thoiseach air càch, a' nochdadh deagh ghibht sgeulaiche, comas cainnt, agus mac-meanmain. Tha 320 sreath ann, ach cha sgìthich duine ga leughadh. Tha mi dèanamh dheth gur e seo an t-òran a chumas ainm Mhurchaidh MhicPhàrlain air chuimhne.* (*Gairm*, Foghar 1973, Àireamh 84, td 377)

Chaidh cuibhreann den bhàrdachd fhoillseachadh ann an *Sheòl Mi 'n-Uiridh* (Clàr, 2009).

Mhol am bàrd gum biodh e air a sheinn air fonn *Eilean a' Cheò*; chan aithne dhomh gun deach a chlàradh a-riamh.

Thig e A-Nochd (GS, 30 Dùbhlachd 1972; SR, No 15, 1976 - Northern Lights td 48)

Òran eile a rinn Murchadh a' comharrachadh call an *Iolaire* ach nach eil air a bhith cho aithnichte ri *Raoir Reubadh an Iolaire* agus *Mar a Chailleadh an Iolaire*. Chaidh *Thig e A-Nochd* fhoillseachadh an toiseach ann an *Gasaet Steòrnabhaigh* san Dùbhlachd 1972 agus an dèidh sin ann an *Scotia Review* san Dùbhlachd 1976 leis an tiotal *Bròn Mara*. Chan eil dearbhadh cuin a rinn Murchadh an t-òran ach tha na h-ìomhaighean agus na facail a tha e a' cleachdadh anabarrach coltach ris an fheadhainn a bha san dà òran eile. Tha a' bhean a' feitheamh a cèile is athair a cloinne gun dad a dhùil gun lorgadh i e san fheamainn, bàthte an Tolm. Chan aithne dhomh gun deach *Thig e A-Nochd* a chlàradh a-riamh.

Moladh Leòdhais (TaD)

Thug Donaidh MacIlleathain tionndadh goirid den òran seo dhomh ann an 1983 fon ainm *O Slàn Leis a' Mhòintich*. A rèir mar a dh'innis Donaidh do Evelyn Coull NicLeòid ann an 2003, is ise a' dèanamh tràchdas air bàrdachd Mhurchaidh, chaidh a dhèanamh an latha an dèidh don *Metagama* seòladh à Leòdhas. Ann an 1956 chaidh Murchadh a chlàradh a' seinn an òrain air fad leis an Oll. Gordon W. MacGillFhinnein do Sgoil Eòlais na h-Alba. B' e *Moladh Leòdhais* a chaidh a thoirt air. Tha e a' nochdadh mar *Metagama* air clàradh a chaidh a dhèanamh de Mhurchadh faisg air deireadh nan seasgadan ann an Seisiadar anns an Rubha. Chan aithne dhomh gun deach a chlàradh le seinneadair eile roimhe sin neo on uair sin, rud a tha na adhbhar iongnaidh oir 's e òran àlainn, tiamhaidh a th' ann. Aig aon àm bhiodh Aonghas Rothach, neo 'Inna' à Bràigh na h-Aoidh ga sheinn agus mus do chaochail e dh'iarr e air a mhac, Iain Ailean, faclan an òrain fhaighinn o Mhurchadh. Gu h-iongantach, cha robh cuimhne aig Murchadh fhèin idir air an òran is cha d' fhuair Iain Ailean na faclan a-riamh. Nach math gun deach an ulaidh seo a chlàradh. Tha an tar-sgrìobhadh san leabhar air a thogail bhon chlàradh aig Tobar an Dualchais agus bu mhath leam taing mhòr a thoirt don eòlaiche Mòrag NicLeòid, a bha uair na h-Àrd Òraidiche aig Sgoil Eòlais na h-Alba is a tha an-diugh a' fuireach ann an Scalpaigh, airson a taice is cuideachaidh leis an tar-sgrìobhadh.

Comann Mo Ghaoil (TD, td 13; *Sheòl Mi 'n-Uiridh*, Clàr, 2009)

Òran a tha a' caoidh mar a sgaoil is sgap sliochd Leòdhais an dèidh a' Chiad Chogaidh a Chanada is a dh'Aimeireagaidh air soithichean mar am *Metagama* (21 Giblean 1923) agus am *Marloch* (26 Giblean 1924). Am measg na bh' air bòrd am *Metagama* bha Murchadh MacPhàrlain, co-ogha dhan bhàrd, a thogadh, an dèidh bàs a mhàthar, san aon dachaigh ris a' bhàrd aig 26 Mealabost. A rèir foirm siubhail oifigeil Mhurchaidh bha e ochd bliadhna deug ach, 's e an fhìrinn, nach robh e ach sia bliadhna deug nuair a dh'fhalbh e agus thathas a' smaoineachadh gum b' e an t-eilthireach a b' òige a bh' air am *Metagama*.

Sheòl Murchadh MacPhàrlain, am bàrd, a Chanada air an SS *Athenia* air 24 Giblean 1924. Chaidh an *Athenia* a togail an Glaschu ann an 1923 agus b' i a' chiad soitheach Breatannach a chaidh a chur fodha le na Gearmailtich san Dàrna Cogadh air 3 Sultain 1939. A' seòladh à Grianaig còmhla ris a' bhàrd bha Murchadh MacPhàrlain eile; co-ogha agus nàbaidh aig 27 Mealabost. Abair gun robh Clann 'IcPhàrlain pailt am Mealabost aig an àm!

Air an dearbh latha a dh'fhalbh an dithis bha an Rìgh Seòras V ri chluinntinn a' bruidhinn air a' BhBC - a' chiad uair a-riamh a chualas monarc Breatannach air an rèidio - an dèidh fosgladh oifigeil Taisbeanadh Impireachd Bhreatainn aig Wembley air 23 Giblein, Latha Naomh Sheòrais. Tha e na adhbhar smaoineachaidh gun robh na ceudan de dh'Albannaich a' cur cùl ri dùthaich am breith fhad 's a bha an Rìgh a' cur fàilte air daoine gu Taisbeanadh Impireachd ann an Lunnainn.

'S Fhada Leam an Oidhche Gheamhraidh (TD, td 11; DM, td 34; EF, td 22)

Seo fear de na h-òrain as ainmeile a rinn Murchadh; òran tiamhaidh a tha cuideachd aithnichte mar *Fàili, Fàili, Fàili Hò Ro*. Chaidh a sgrìobhadh ann an 1924 air oidhche gheal, ghealaich air còmhnardan Mhanitòba is am bàrd làn cianalais is e a' cuimhneachadh air Eilean Leòdhais.

An toiseach nuair a bha mi nam bhalach òg, ann an 1913, thàinig fear dhachaigh à Canada air an robh Roddy Aonghais Ruaraidh. Cha bheò e an-diugh, agus chaidh mi a-steach a thaigh piuthar seanar dhomh aon latha agus bha e na shìneadh air a' bheing agus srian an eich fo cheann agus b' e am fonn a bh' aige "Fàili, fàili, fàili hò ro, càite, càite, càite an tèid mi nuair a thuiteas sìos na sgàilean far am b' àbhaist dhòmhsa bhith cèilidh". B' e siud a bha e a' seinn 's cha robh duine a-staigh ach an dithis againn. Dh'fhalbh mise a Chanada cuideachd agus a' chiad fhoghar a bha mi a-muigh, bha sinn aig a'bhuain, aig an fhoghar agus air oidhche bhrèagha ghealaich, thàinig an cianalas orm mar tonn bhàtht' agus chuimhnich mi air an fhear a bha na shìneadh air a' bheing anns an t-seann taigh-tughaidh agus e a' seinn leis fhèin "càite, càite, càite an tèid mi nuair a thuiteas sìos na sgàilean far am b' àbhaist dhòmhsa bhith cèilidh." Agus b' e seo a ghluais mise an oidhche sin gu bhith a' dèanamh "Fàili, Fàili, Fàili Hò Ro" agus chuingealaich mise an duan a tha seo ris an taigh-chèilidh. (Agallamh le Jo NicDhòmhnaill, *Cur is Dlùth*, BBC, 1972).

Rinn Murchadh soilleir nach b' e idir a chuir fonn air an òran. Ann an litir gu *Gasaet Steòrnabhaigh* ann an 1976 sgrìobh e: *Nuair a rinn mise an t-òran seo cha robh guth neo iomradh agam air gun dèanainn bìog ciùil a-chaoidh. Bha e fichead bliadhna an dèidh seo mun tug mise làmh air ceòl a chur air cuid dem òrain. Bha mi làn mhothachail air gun robh gach òran ùr bha tighinn am follais air seann fhonn; seadh, sia òrain air fonn "Eilean mo Chrìdhe" agus nach robh sin ceart. Uime sin, thuirt mi, "Tha mise dol a thoirt sgairbh à creagan dhomh fhìn." 'S e sin dol a dh'fheuchainn ri ceòl ùr agus òrain ùra a dhèanamh. Tha min dòchas gun deach agam ann an tomhais bheag neo mòr air an sin a dhèanamh agus togail spioraid a thoirt do mo cho-Ghàidheil.*

B' e seo aon de na h-òrain a sheinn Iain MacAoidh às an Rubha ann an Leòdhas nuair a choisinn e Bonn Òir an t-Seann Nòis aig a' Mhòd Nàiseanta an Inbhir Nis ann an 1972.

Chaidh an t-òran a chlàradh le Na h-Òganaich (*Gael Force Three*, 1974; *Gun Stad*, 2009), Iain MacAoidh (*Voice of the Hebrides*, 1975), The MacDonald Sisters (*Songs of the Islands*, 1977), Capercaillie (*The Blood is Strong*, 1988); Anna Mhoireach (*Trì Nithean*, 1999) agus le Iseabail Ann Mhàrtainn air *Dhachaigh/Home: The Murdo Macfarlane Songbook*, 2007).

Latha na Dròbh (TD, td 16)

B' e latha mòr do shean is òg ann an Leòdhas a bh' ann an latha na dròbh, a' chiad Dhimàirt den Iuchar. B' ann air an dearbh latha ann an 1924, latha teth samhraidh, is e ag obair gu cruaidh a' cuibhleadh bara làn choncrait air còmhnard Mhanitòba a rinn Murchadh a' bhàrdachd.

Bliadhnaichean an dèidh sin chuimhnich e gum b' e siud a' chiad uair a-riamh a mhothaich e gu robh fallas saillte, oir bha fallas a ghnùis a' sruthadh sìos aodann agus a' dol na bheul. Ged a tha e ag aithris sa bhàrdachd gu bheil e gu brònach air a' chòmhnard tha na cuimhneachain, air latha na dròbh agus air an ullachadh làithean ro làimh, togarrach agus aotram.

An Còmhnard (CG)

Dàn eile a chaidh a dhèanamh ann am Manitòba is lomnochd a' chòmhnaird an taca ri àilleachd beanntan na h-Alba air inntinn a' bhàird.

Fhir Turais Gu Tìr nam Beanntan (TD, td 19)

Air a sgrìobhadh an Canada mar gum bitheadh am bàrd aig deireadh a latha gun dùil gun tilleadh e a-chaoidh dhan t-seann dùthaich. Thill Murchadh dhachaigh a dh'Alba ann an 1932. Chithear an rann seo às an dàn air balla aig Port-adhair Steòrnabhaigh:

> *Tha bannan nach d' mheirg na siantan,*
> *Is cùird air an toinneamh gu dìomhair*
> *Gam cheangal, fhir-turais,*
> *Ri dùthaich nan curaidh*
> *'S gur treise na 'n uiridh am bliadhn' iad.*

An Deis Odhar (TD, td 86; DM, td 30)

Cha do chòrd Murchadh agus an t-arm ri chèile agus mhol e gun deidheadh an t-òran a sheinn air fonn an òrain *Cha mhol mi fhèin an t-Saighdearachd*. Bha an deis odhar a' samhlachadh daorsa agus an clò a' samhlachadh saorsa.

'S Lugh' Orm na 'n Donas (TD, td 88)
Dàn làidir an aghaidh uachdarain air a' Ghàidhealtachd.

Dunkirk (TD, td 90)
Cha robh Murchadh aig Dunkirk ach 's ann tro a bhith ag èisteachd ri sgeulachd saighdear a thàrr às a' bhlàr a rinn e a' bhàrdachd seo.

Bruadar Cogaidh na Caillich (TD, td 93)
Luinneag èibhinn bho àm an dàrna cogaidh anns a bheil cailleach a' bruadar gu bheil na Gearmailtich air tighinn air tìr ann an Leòdhas. Cha robh bruadar na caillich buileach gun bhrìgh oir thòisich ionnsaighean bhon adhar air bailtean beaga ann an Alba an dèidh dhan Ghearmailt a dhol a-steach a Nirribhidh san t-earrach 1940. Na leabhar *Stornoway and the Lews* tha James Shaw Grant ag innse mar a chaidh bomaichean a leagail air Leòdhas le na Gearmailtich air madainn Sàbaid ann an 1941. A rèir na sgeòil san leabhar bha an RAF den bheachd gun robh iad a' cuimseachadh air port-adhair Steòrnabhaigh ach cha do rinn iad a' chùis air an targaid agus bhathas a' smaoineachadh gun thuit dà bhoma dhan mhuir faisg air Tunga. Chaidh Alasdair MacLeòid, clàrc baile Steòrnabhaigh, agus an Sàirdseant Murchadh MacPhàil a chur nan deann ann an càr a Thunga ach bha muinntir a' bhaile nan suain is cha robh sgeul air dad àraid. Ann am Mealabost bha Murchadh air a bhith na dhùisg tràth madainn na Sàbaid a' leughadh leabhar. *I don't think I ever saw the bàrd that he didn't have a book in his hand. He would be in the bedroom, there, reading the book from morning till night, if there was nothing else to do, and he would be singing to himself quite a lot, outside. Around the back of the house, the barn, you would hear him singing and he used to go right down to the ocean, you know, and look out in the ocean, and he would be singing.** Dh'innis Murchadh do James Shaw Grant gun cuala e fuaim spreadhaidh agus gun robh na soithichean air an dreasair a' gliongadaich. An aon rud a bha cinnteach, a rèir an ùghdair, 's e gun lorgar gun do thuit bomaichean dha-rìribh air mòinteach Arnoil, gun do spreadh trì dhiubh agus chaidh feadhainn eile sìos dìreach tron riasg. Nan cadal nan àirigh ann an Gleann Bhruthadail faisg air Loch Muabhat bha dithis

pheathraichean, Cathy agus Mairead Paterson (Cathy agus Mairead Ceit), a chuala na plèanaichean agus na bomaichean. Cha b' iad nan aonar. Tha coltach gun robh cailleach aois ceithir fichead bliadhna na cadal leatha fhèin air àirigh eile. Chuala ise fuaimean cuideachd ach cha do rinn i ach tionndadh sa leabaidh is a dhol air ais a chadal. Bha e grunn làithean an dèidh sin mus do thill i dhachaigh agus dh'innis i mar a thachair dha a nàbaidhean. Cha b' ionnan a' chailleach sin agus cailleach Mhurchaidh anns an dàn a bha deiseil a gràp a chur an com a nàimh!

*Mary MacFarlane MacIver, Toronto 1986: *Metagama*, Jim Wilkie, Mainstream Publishing, 1987.

Stad an Saoghal 's Mise Tighinn Dheth (GS, 31 Faoilleach 1981)

Tha fearg is faireachdainnean làidir Mhurchaidh mu mar a bha luchd-poilitigs a' maoidheadh lèirsgrios air an t-saoghal air a dhèanamh gu cumhachdach san dàn seo. Thug Murchadh làn thaic don iomairt Keep NATO Out agus don bhuidhinn Hebrides Against Nuclear Dumping agus bha e am measg grunn dhaoine a sgrìobh aistean goirid às leth KNO agus HAND san iris *Islands at Risk*, deasaichte le Frank Thomson ann an 1980.

No! No! NATO Base!
No! No! NATO Base!
Who wants to be a target
And cindered in the blaze?
Nuair dhitheas a' mheur air putan an dòlais
'S a dhubhair an speur le sgrios-niùclach ro-thur
'S mairig bhios a' fuireach am fochair na 'drome'
Ma nì NATO dhith 'base'
'S gun dhìon dhuinn neo còmhnadh
Thuirt, 's a-rithist, theirm i is mairig iad
Iad mallaichidh NATO a rinn dhiubh targaid,
Dè ged a bheireadh iad cosnadh do cheud fear
Dè tha sin, ach an damh bhith gu mharbhadh ga bhiathadh.

Leag Iad am Bom A-Raoir (SR, No 15, 1976 - Northern Lights, td 52; Crann Iris 5, 1978/79; GS, 30 Ògmhìos 1979; Islands at Risk, Keep NATO Out and Hebrides against Dumping, 1980).

Crònan-tàlaidh màthar dha leanabh anns a' bhliadhna 2050 anns a bheil i a' guidhe nach dùisg a leanabh a chaoidh ri linn lèirsgrios boma niùclasach. Nochd an dàn an *Gasaet Steòrnabhaigh* leis an nota: *'S e cuspair òglaidh uamhanach tha seo; a' coimhead clann nan daoine an clàr an aodainn 's a' maoidheadh a thur-sgrios. Carson tha 'n eaglais bodhar, balbh ri aghaidh an uabhais seo? Carson nach eil i a' togail a guth? A rèir aithris nam pàipearan naidheachd 's e beachd fear de mhinistearan na h-Eaglaise Saoire gur e boireannaich a bhith cleachdadh bhriogaisean an cunnart as motha nar latha.*

Chaidh an t-òran a chlàradh le Na Lochies air an t-siathamh clàr aca, *Lewisbound* (1982) agus le Alyth NicCarmaig is Lau air *Dhachaigh/Home: The Murdo Macfarlane Songbook* (2007).

b) Dùthchas, Dualchas is Dòigh-Beatha

Seann Taigh a' Chladaich (TD, td 23)
Cuimhneachain bhlàth' air an t-seann taigh-tughaidh làimh ri Loch Bhràigh na h-Aoidhe san deach Murchadh a thogail mus do rinn an teaghlach imrich gu taigh geal air croit aig 26 Mealabost.

Bhuannaich an dàn a' chiad duais ann an co-fharpais litreachais aig Mòd Ionadail Leòdhais sna seasgadan.

Tobar, Tobar, Sìolaidh! (TD, td 21; DM, td 26; EF, td 126)
Nuair bhiodh aimsir theth ann san t-samhradh, uaireannan bhiodh na tobraichean a' tiormachadh tron latha. Ach bhitheadh beagan uisge annta a-rithist sa mhadainn às aonais teas na grèine rè na h-oidhche. Anns a' mhadainn, ma-tà, bhitheadh còmhstri ann eadar cuid de mhuinntir a' bhaile ach cò a' chiad neach a bhitheadh aig an tobar airson beagan uisge fhaotainn. Uaireannan bhithte a' cur muga air màs tioram na tobrach agus ag ràdh, "Tobar, tobar, sìolaidh, tha nighean an Rìgh ri 'g iarraidh deoch." Bha seo ma b' fhìor airson gu lìonadh an tobar na bu luaithe agus gun sìolaidheadh i an t-uisge. (DM)

Chlàr Calum Ailig Mac a' Mhaoilein an t-òran airson a' chiad chlàr aige *Tàladh nan Cuantan* (2005) agus sheinn e e aig consairt a' comharrachadh obair Mhurchaidh aig Fèis Cheilteach Innse Gall ann an 2007. Chlàr e dreachd eile den òran le Fraser Fifield air a' chlàr *Dhachaigh/Home: The Murdo Macfarlane Songbook.* (2007).

Òran Cladaich (TD, td 25; DM, td 10)
Tha am bàrd a' cuimhneachadh air nuair a bha e na bhalach 's a bhitheadh e a' buain feamainn air a' chladach le corran. Bha e fhèin den bheachd gum buineadh e don ghinealach mu dheireadh ann am Mealabost a bha ga buain leis a' chorran. Bha feamainn dhubh agus feamainn dhearg ann; an tè dhubh ga gearradh leis a' chorran, 's bha a' mhuir a' briseadh na tè deirge nuair a bha i ga cur gu tìr. Bhatar a' sireadh na feamad airson todhar don talamh, 's bha am bàrd ag iarraidh cleachdadh a' chorrain a chumail air chuimhne. (DM)

Bhuannaich Na h-Òganaich farpais nan còmhlan aig Mòd Shruighlea ann an 1971 a' seinn an òrain seo agus *Mhòrag, Leat Shiubhlainn.* Bha e air a' chiad chlàr aca, *The Great Gaelic Sound of Na h-Oganaich* (1973) agus air *Gun Stad* (2009).

Duanag Bleoghain (TD, td 26)
Atharrais air òran bleoghain far a bheil ruitheam na bleoghain anns na faclan.

Bean an Iasgair (TD, td 27)
An-iochdmhorachd na mara air a chur an cèill is a' bhean a' feitheamh a fir nach do thill; tha i a-nise na banntraich is a mac na dhìlleachdan.

Mùirneag (TD, td 30)
Dàn a' dèanamh luaidh air *Mùirneag* SY486, bàta a bha aithnichte ann an Leòdhas agus ann am puirt-sgadain air feadh na dùthcha, agus air a criutha. B' i bàta ann an stoidhle *Zulu*, le dà chrann agus trì siùil, a bh' anns a' *Mhùirneag* agus b' i an tè mu dheireadh am Breatainn le siùil rithe, seach einnsein, a bha ag iasgach sgadain. Chaidh a ceannach ann an 1903 le Alasdair 'Sandy' MacLeòid bhon Chnoc às an Rubha, maraiche ainmeil a bha na shàr iasgair sgadain. Chùm Sandy air ag iasgach suas gu toiseach an Dàrna Cogaidh ann an

1939. Chaidh e gu muir leis a' *Mhùirneag* dìreach aon uair eile, ann an 1945, aig aois 80 bliadhna. Dà bhliadhna an dèidh sin chaidh am bàta a reic aig roup ann an Steòrnabhagh. Cheannaich Donnchadh Dòmhnallach à Bail' Ailein i airson £50 ach, gu fortanach, mus deach a briseadh airson puist feansa a dhèanamh, chaidh aig Seòras MacLeòid ann an Steòrnabhagh air a tomhas agus, air los sin, chaidh dealbhan a dhèanamh dhith le Harold Underhill à Glaschu. Tha modail de *Mùirneag* SY486, stèidhte air na dealbhan sin, a chaidh a thogail le Gordon Williams à Gwent, ri fhaicinn ann am Museum nan Eilean aig Caisteal Leòdhais ann an Steòrnabhagh. Chaochail Sandy MacLeòid ann an 1954. A rèir Mhurchaidh, chaidh a' chiad earrainn den bhàrdachd a sgrìobhadh nuair a bha am bàrd na dhuine òg is chaidh an dàrna earrainn a chur ri chèile an uair a bha an aois air laighe air a' *Mhùirneag* agus air an sgiobair. B' i a' Mhùirneag eile san dàn, a' bheinn as àirde (814 troigh) ann an ceann a tuath Leòdhais agus a tha na deagh chomharradh stiùiridh do mharaichean.

Màl na Mara (TD, td 33; DM, td 6)
San t-òran seo tha am bàrd a' coimeas tèarainteachd an fhir a tha a' toirt a chosnaidh às an fhearann ri cunnartan an fhir a bheir a chosnadh às a' chuan. Tha e a' faicinn na mara a' dleasadh màil ann an riochd beatha luchd-gràidh nan eilean mar thoradh air cuibhreann de bheòshlaint a bhuileachadh orra. (DM).

Chaidh a chlàradh le Na h-Òganaich air *The Great Gaelic Sound of Na h-Oganaich* (1973) agus air *Gun Stad* (2009))

Bròn Machair Mhealaboist (TD, td 95)
B'ann air machair Mhealaboist, fearann air an robh talamh ionaltraidh chroitearan agus raon-goilf Steòrnabhaigh bho thùs, a chaidh Port-adhair Steòrnabhaigh a thogail. Laigh plèana air a' mhachair airson a' chiad uair air 8 Màrt 1934. B' e an Caiptean Ernest Edmund (Ted) Fresson am paidhleat. Chaidh crìoch a chur air raointean-laighe san Lùnastal 1939 ach an uair a thòisich an Dàrna Cogadh ghabh an Riaghaltas thairis am port-adhair agus an talamh ionaltraidh coitcheann a bha mun cuairt air. (Faic litir Mhurchaidh gu *Gasaet Steòrnabhaigh - One Pound Per Acre*.).

Seann Doras an t-Sabhail (GS, 27 Cèitean 1978)

Bhrosnaich an dàn seo Dòmhnall Iain MacDhòmhnaill, Dòmhnall Iain Dhonnchaidh, à Peighinn nan Aoirean an Uibhist a Deas, litir a sgrìobhadh gu *Gasaet Steòrnabhaigh* anns an robh e fhèin a' beachdachadh air ainmean a bha geàrrte air iomadh doras faisg air a dhachaigh fhèin: *Gus bho chionn seachd bliadhna air ais, bha clach chòmhnard an taobh a rathaid air beulaibh an taighe agam fhìn, agus bha na litrichean RMI air an gearradh gu domhain innte le sgathair is òrd. B' e seo an t-ainm aig Ruairidh MacÌosaig (Ruairidh Aonghais ic Ruairidh) a dh'fhàg Peighinn nan Aoirean anns a' bhliadhna 1923 na bhalach òg, cuide ri phàrantan, gus dachaigh ùr a dhèanamh ann an Canada. Chan eil Ruairidh maireann an-diugh agus gu mì-fhortanach chan eil cuimhneachain na cloiche againn air nas motha oir chaidh a bhristeadh suas nuair a chaidh an rathad mòr a dhèanamh às ùr seachd bliadhn' air ais. Tha seann taigh mo sheanar air mullach Cnoc Shnaoiseabhal, agus geàrrte anns a' chloich a tha taobh a-staigh na h-uinneig tha an t-ainm "A. Macintyre" air a ghearradh gu brèagha le sgathair is òrd. B' e seo ainm bràthair mo mhàthar, Aonghas Mac an t-Saoir, a chaidh mar an ceudna null do Chanada, agus a chaochail bho chionn cunntais bhliadhnachan. Ach ged nach eil e fhèin maireann tha an t-ainm ri fhaicinn gu soilleir fhathast. Mar sin, tha bàrdachd Mhurchaidh ic Phàrlain a' freagairt air Uibhist cho math 's a tha i freagairt air Leòdhas agus mo bhuan bheannachd air, airson cho fìreannach do bheatha sluaigh 's a sgrìobh e na rannan bàrdachd ud.*

Bha meas mòr aig Dòmhnall Iain air Murchadh agus rinn e dà dhàn dha; *Fàilte Mhurchaidh ic Phàrlain do dh' Uibhist* agus am marbhrann *Do Mhurchadh MacPhàrlain*. Tha iad a' nochdadh ann an *Chì Mi* (Birlinn, 1998, Acair, 2021), cruinneachadh de bhàrdachd Dhòmhnaill Iain Dhonnchaidh, deasaichte le Bill Innes.

Gille gu Geingealadh (SR, No 15, Dùbhlachd 1976 - Northern Lights td 54; LM 2016)

B' e seo ceàrd a bhiodh againn an uair a bha sinn òg, 's e sin a bhith an cois a' chruinn an uair a bhithte a' treabhadh, agus an uair a bhiodh an fheamainn 's an inneir a' dol na tiùrr mu choltair a' chruinn, dh'fheumadh sinn a bhith a' cumail an coltair glan le forc neo pìos maide neo rud sam bith a chumadh an coltair glan agus bhitheadh sinn a' tionndadh an inneir 's an fheamainn a dheidheadh na thiùrr mun choltair. Bhiodh sinn ga tionndadh a-steach dhan sgrìob, agus b'e sin a bhith a' geingealadh. 'S e sin a tha an duine ann a seo ag iarraidh, càite am faigh e gille gu geingealadh.

Chlàr Dòmhnall is Peigi Barker *Gille gu Geingealadh* ann an 2021 le fonn a chuir iad fhèin ris an òran airson *Fuaran*, pròiseact didsiteach mu òrain Ghàidhlig air a stiùireadh le Fèisean nan Gàidheal.

Cò Shaoileadh An-Uiridh? (CG, LM, 2016)
Chaidh an t-òran a chlàradh le Na h-Òganaich air *Gael Force Three* (1974).

Tha Mise Leam Fhìn (TaD)
Ged is e obair chruaidh a th' aig an t-seann bhean bhochd a' cur a' bhuntàta leatha fhèin is fhiach toradh na h-obrach aig a' cheann thall. Tha an t-òran am measg nan clàraidhean a rinn Murchadh leis an Oll. Gordon W. MacGillFhinnein do Sgoil Eòlais na h-Alba ann an 1956.

Sealgair a' Ghiomaich (GS, 28 Dàmhair 1978)
Dàn a rinneadh an dèidh do dh'eathar giomaich à Àird Thunga a bhith an teis mheadhan droch stoirm.

Balach a' Bhainne (GS, 16 Dùbhlachd 1978)
A' dèanamh luaidh air fear a' bhainne.

An Ceannaich Sibh Iasg? (CG)
Luinneag air baile Steòrnabhaigh le iomradh air cuid de bhùithean a bha uair sa bhaile.

Prais Bheag nan Trì Chasan (Crann, Iris 4, 1977/78)
Buinidh prais bheag nan trì chasan dhan an-dè. Buinidh an gas agus an Raeburn dhan an-diugh 's dhan a-màireach. Tha e duilich dha na bàird a bhith gan sgaradh fhein on dè. Tha iad fiosrach air an-dè ach chan eil air a-màireach. (Agallamh le Dòmhnall Camshron, *Nead an Fhithich*, BBC, 1977).

Moladh an Arain-Coirce (GS, 18 Lùnastal 1973)

Is dòcha gur ann an dèidh dha a bhith san ospadal a sgrìobh e a' bhàrdachd seo is e fhèin feumach air smior na bhodhaig. A rèir luchd-eòlais bha e dèidheil air a bhith a' dèanamh aran-coirce. Mhol am bàrd gun seinnear an t-òran air fonn "*Togaibh i, Togaibh i, Cànan ar Dùthcha*". Chaidh e bho bhith a' moladh an arain-coirce gu moladh poilitigeach airson fèin-riaghladh.

Sgadan (GS, 20 Dàmhair 1973)

Dàn a' caoidh gainnead an sgadain.

Bi Falbh, Mo Chuilein (Crann, Iris 6, 1983/84)

Na sheann aois, is e gun spionnadh na h-òige, tha am bàrd a' cur a choin a-mach mar bhuachaille gus an crodh a threòrachadh dhachaigh. Chaidh a' bhàrdachd a dhèanamh ann an 1979 maille ri '*S e! 'S e! Chan e!* airson farpais sgrìobhaidh. Chan aithne dhomh gun deach fhoillseachadh ach ann an *Crann* a-mhàin. Nota bho Mhurchadh an cois na bàrdachd: *Bho 1900 gu 1914 dh'imrich 111 neach thar a' chuain gu Canada is Aimeireagaidh eadar Mealabost is Bràigh na h-Aoidhe.*

Biodh an Seisean, Biodh a' Chlèir (TD, td 38; DM, td 18; EF, td 122)

Bha Murchadh den bheachd gun robh còir aig bàrd a bhith ri bàrdachd air cùisean ann an coimhearsnachdan far nach robh daoine cho càirdeil ri chèile 's a bu chòir dhaibh a bhith, a cheart cho math ri bhith a' dèanamh rannan air cùisean aotram. San dàn seo bha e a' togail air buaireadh a bha san Eaglais Shaor an Garrabost ann an sgìre an Rubha tràth sna seasgadan. Thàinig fear thuige is thuirt e gum bu chòir dha luinneag a dhèanamh a' moladh nan Rebels. "*Cha dèan*," arsa mise, "*nì mi luinneag, chan ann a' moladh taobh seach taobh, ach nì mi ceòl à fuath.*" (TaD)

Is coma leis a' ghaol càite an tuit e!

Dà Chailleach Liath (CG)

Dì-moladh air mar a bha coitheanalan a' càrnadh maoin air am ministearan seach a bhith a' toirt cuideachaidh do dhaoine bochda a bha da-rìribh feumach air taic. Chaidh a' bhàrdachd a dèanamh an dèidh do Mhurchadh cluinntinn bho charaid gun robh sgiobaidhean de fhireannaich anns an Rubha a' dol a bhuain mònach do mhinistear na h-Eaglaise Saoire agus ministear Eaglais an Aonaidh ann an Garrabost. B' e cleachdadh a bha seo a bh' ann an tòrr sgìrean ann an Leòdhas aig aon àm.

Dùrachd a' Chràbhaiche Leisg (GS, 26 Gearran 1972)
Aon rann mun dòigh sam biodh cuid anns na h-eaglaisean a' ruith nan òrdaighean gun ghuth aca air obair talmhainn.

Mo Mhìle Beannachd aig Nis (GS, 16 Dùbhlachd 1978)
Dàn a' cur fàilte air Co-Chomann Nis, a' chiad cho-chomann a chaidh a stèidheachadh sna h-Eileanan an Iar le taic bho Bhòrd Leasachaidh na Gàidhealtachd. Bha na co-chomainn gu ìre stèidhte air *comharchumann* an Gaeltacht na h-Èireann. Chaidh Co-Chomann Nis a chlàradh san Ògmhios 1978 agus chaidh Seumas MacLeòid fhastadh mar a' chiad mhanadsair san Dùbhlachd 1978.

Thigibh Disathairne (GS, 23 Iuchar 1977)
Dàn a rinneadh a dh'aona ghnothach gus daoine a bhrosnachadh a dhol gu Geamannan Gàidhealach Leòdhais ann an Tunga air 23 Iuchar 1977. B' e Murchadh a dh'fhosgail na geamannan air a' bhliadhna sin.

Is Mise Guth nan Innse Gall (TD, td 98)
Chaidh rann san dàn seo a' moladh *Gasaet Steòrnabhaigh* a chleachdadh leis a' phàipear-naidheachd nan sanasachd ann an irisean.

> *Fosgail mo dhuilleagan is chì*
> *Cunntas air eileanan a' Chuain Sgìth.*
> *Às leth a bheil mi cath 's a' strì*
> *Rè leth-cheud bliadhn';*
> *Ann an cogadh 's ann an sìth*
> *Ma 's greadhnachas neo glaodh cràidh-cridhe.*
> *Sgrìobh mise sìos.*

c) Cànan, Cridhe is Feallsanachd

Cànan nan Gàidheal (*Gairm*, Foghar 1975, Àireamh 92, td 314; GS, 30 Giblean 1977; *Songs of Gaelic Scotland*, Birlinn, 2006, td 312; *An Ubhal as Àirde*, Francis Boutle Publishers, 2019, td 646; *100 Dàn as Fheàrr Leinn*, Luath Press, 2020, Dàn 94).

Òran brosnachaidh airson na Gàidhlig agus, is dòcha, an t-òran as aithnichte an-diugh de dh'òrain Mhurchaidh. Chaidh a dhèanamh do dh'fharpais airson òrain ùra sa Ghàidhlig a bha am BBC a' ruith ann an 1975 ach cha do rinn Murchadh buileach a' chùis air fhaighinn a-steach ann an àm airson ceann-latha na farpais. Sgrìobh e gu Mairead NicLeòid: *I shouldn't have rushed it. The theme is the Gaelic language. I think the words are very good. One of these days you'll be able to hear and judge.* Chaidh an t-òran fhoillseachadh an toiseach ann an Gairm mar an dàn ùr, *Thugainn Thig Cò' Rium gu Siar*. Chuir Murchadh an t-òran gu Mairead le beagan atharrachaidhean sna faclan ann an rann neo dhà. Is e an dreachd sin a th' air fhoillseachadh anns an leabhar seo. Le cead Mhurchaidh, dh'atharraich Mairead an loidhne mu dheireadh den t-sèist bho *Cànan na Fèinn* gu *Cànan a' Ghàidheil* is, mu dheireadh, gu *Cànan nan Gàidheal*. Am measg nan clàraidhean dheth tha iad seo: Na h-Òganaich air *Scot-Free* (1975) agus *Gun Stad* (2009); Catriona Anna Nic a Phì air *Cànan nan Gàidheal* (1993); Iseabail NicAsgaill air *Essentially Ishbel* (2000) agus Tide Lines air *Eye of the Storm* (2020).

Och, Nach Fhaicinn Iad Cruinn (Eilean an Fhraoich, Dùbhlachd 1981)

Murchadh a' caoidh mar a tha a' Ghàidhlig air crìonadh am measg na h-òigridh agus gam brosnachadh gu bhith a' cath às a leth mus tèid i gu tur air chall. Tha e a' miannachadh gum biodh a' Ghàidhlig air bilean sean is òg mar a bha i anns an taigh-chèilidh na òige fhèin.

Freagairt a' Bhàird (GS, 7 Faoilleach 1978)

Chaidh an dàn seo a dhèanamh don Urr. Dòmhnall MacIllÌosa, a bha na mhinistear air coitheanal Eaglais Shaor Chrosboist ann an Leòdhas fad iomadh bliadhna. B' e Modaràtair na h-Eaglaise Saoire ann an 1981. Bha Dòmhnall, neo Doilidh, a rugadh 's a thogadh an Dail bho Dheas, cuideachd na bhàrd agus chaidh cruinneachadh den bhàrdachd aig bràthair a mhàthar, Seòras Moireach, à Dail bho Dheas, fhoillseachadh ann an *Cluaintean Uaine* (Acair, 2020). Bhuannaich an leabhar Duais Ruaraidh MhicThòmais anns na Duaisean Litreachais 2020.

Sgrìobh Murchadh an dàn mar fhreagairt do Dhòmhnall airson na bàrdachd a sgrìobh esan do Mhurchadh, *Freagairt do Litir MhicPhàrlain*, a nochd an *Gasaet Steòrnabhaigh* air 24 Dùbhlachd 1977. Seachdain roimhe sin bha Murchadh air litir a sgrìobhadh chun a' phàipeir mu "Òrain Ùra" is e a' gearan mun dòigh san robh seinneadairan a' cur Gàidhlig agus Beurla còmhla ann an òrain. Chaochail an t-Urramach Dòmhnall MacIllÌosa air a' cheathramh latha den Ògmhios 1982.

An Seann Chù Bochd (TD, td 35)

Iochd a' bhàird ris an t-seann chù a' faighinn làmh an uachdar air a dhìlseachd do àithne athar. Tha cuimhne aig Iseabail NicDhòmhnaill (Bellag an Dotair) à Braigh na h-Aoidhe is Toronto air a' chù agus gun robh daoine a' tighinn gu taigh Mhurchaidh a dh'fhaicinn an t-seann choin a rinneadh ainmeil ri linn na bàrdachd.

Am Fear Teiche (TD, td 39)

Ann an lorg nan nithean a tha ri tachairt san t-saoghal mar an atom-bom, 's an hydrogen bom, truailleadh na mara, nan ainmhidhean, 's na h-àile tha sinn ri 'g òl gach mionaid, agus dòighean oglaidh eile gu chèile a sgrios, tha 'n duine seo ri call a dhòchais gun toir ciall is gliocas is iochd buaidh air dìth-cèille, amaideachd is fuath. Mar sin, tha e ri teiche. 'S e an rian teiche a th' aige a bhith tarraing a phlaide mu cheann 's a' tarraing srann. (TD)

Chaidh an t-òran a chlàradh le Na Lochies air *Slàinte Mhath* (1978).

Linn "Greas Ort" (TD, td 42)

'S ann an lorg cuairt a thoirt a Ghlaschu a rinn Murchadh an t-òran seo. B' fheàrr leis a' bhàrd a bhith a' gabhail cùisean air a shocair air an tuath na bhith am meadhan "greas ort"! Chaidh a chlàradh le Na Siaraich air *The Sound of Na Siaraich* (1974).

Chorra-Ghritheach Dhonn (DM, td 32)

Òran mu fhear sa bhaile mhòr a tha seachd sgìth de dh'ùpraid is de ghleadhraich a' bhaile. Tha e a' faicinn gu bheil sìth anns an aonranas a th' aig a' chorra-ghrithich na h-ionad tàimhe fhèin, agus 's e sin a tha esan a' sireadh. Chaidh a chlàradh le Na h-Òganaich air *Scot-Free* (1975) agus le Ceòlraidh Ghàidhlig Ghlaschu air *Slighe an Airgid/The Silver Way* (2009).

Gràdh is Fuath (CG)

Tha am bàrd ag aithneachadh gu bheil an dà chuid gràdh agus fuath a' cogadh na chridhe fhèin ach tha e misneachail gum bi buaidh aig gràdh. Anns an dàn seo cuideachd, mar anns *An Seann Chù Bochd*, tha Murchadh a' beachdachadh air saor-thoil mhic an duine agus a' ceasnachadh na feallsanachd air ro-òrdanachadh.

Am Mise Fear-Gleidhidh Mo Bhràthar? (GS, 13 Sultain 1980)

Ceist Mhurchaidh: Dè an ùidh a th' againne, aig am bheil am pailteas bidhe, ann an dùthchanan air feadh an t-saoghail far a bheil *a' ghort a' glaodhaich air an staran*?

Freagairt Cain an dèidh murt a bhràthar Abel: *Agus thuirt an Tighearna ri Cain, C' àit' am bheil Abel do bhràthair? Agus thuirt esan, Chan eil fhios agam. Am mise fear-gleidhidh mo bhràthar?* (Genesis IV, 9).

Èiribh Suas a Luchd Mo Ghaoil (CG)

Dàn a' cur an aghaidh deuchainn teachd-a-steach dhaibhsan aig nach robh mòran. Tha mi am beachd gur ann nuair a bha riaghaltas Mairead Thatcher a' toirt cruth-atharrachadh air siostam sochairean na stàite a chaidh a dhèanamh.

An Coithional Albannach (An t-Albannach, 23 Gearran 1979; GS, 24 Gearran 1979; Ossian, Iris 1980)

Air 1 Màrt 1979 chaidh reifreann air Coithional Albannach a chumail. Thug 52% de luchd-bhòtaidh taic dha ach cha robh sin ach 32.9 % dhen t-sluagh gu lèir. Seach gun robh Pàrlamaid air òrdugh-atharrachaidh a chur ris an reachdas, nam b' e is gun robh nas lugha na 40% de shluagh na dùthcha a bhòtadh air a shon nach tachradh a leithid, mar sin, cha do thachair e. Bhiodh fichead bliadhna eile mus deidheadh Pàrlamaid a stèidheachadh an Dùn Èideann. Bhonntaich Murchadh *An Coithional Albannach* air *Òran don Phrionnsa* le Alasdair Mac Mhaighstir Alasdair don Phrionnsa Teàrlach Eideart Stiùbhart.

An Rìgh 's an Sgalag (CG)
Teachdaireachd làidir mu cho-fhaireachdainn do ar co-chreutair ge bith dè an inbhe.

Am Botal 's am Misgear (TD, td 43)
Ged nach robh Murchadh a' seachnadh deoch làidir gu tur rinn e grunnan dhàin rabhaidh mu dheidhinn na dibhe. *Moderation in everything. I'm not a teetotaler but I never got drunk in my life.* (Agallamh le Bill Lucas, *Twelve Noon*, BBC, 1975).

Nuair a Dh'fhàsas Tu Mòr (TD, td 45)
Earail do dh'òganach mu chunnartan deoch-làidir.

Thug Iad a Thung Thu (TD, td 47; DM, td 16; EF, td 124)
'S e Aonghas Caimbeul, a tha an-diugh a' fuireach ann an taigh Mhurchaidh aig 26 Mealabost, "am balachan bàn" a chaidh a thoirt a Thung. B' e co-ogha de Mhurchadh a bh'ann am màthair Aonghais, Màiri Flòraidh (NicLeòid) Chaimbeul, agus rinn i fhèin is an duine, Dòmhnall Caimbeul, imrich le Aonghas is a phiuthar, Joan, à Mealabost a Thung ann an 1960. Bhiodh Murchadh a' dol a chèilidh orra a h-uile seachdain agus bhathas eòlach air a bhith ga fhaicinn a' tighinn air bus Mitchell neo air bhan "Buller" le parsail dhan teaghlach. 'S ann nan dachaigh an Tunga a chaochail Murchadh ann an 1982. Bha e air a bhith a' fuireach còmhla riutha fad sia mìosan an dèidh dha faighinn às an ospadal. Tha mac Aonghais, an t-Urr. Murchadh MacPhàrlain Caimbeul, ministear Eaglais Shaor Bharbhais ann an Leòdhas, air ainmeachadh an dèidh Mhurchaidh. Chaidh an t-òran a dhèanamh ainmeil le Na Lochies air a' chlàr *Lewisbound* (1982). Chaidh a chlàradh cuideachd le Brian Ó hEadhra agus Fiona NicChoinnich air *Dhachaigh/Home: The Murdo Macfarlane Songbook* (2007) agus le Calum Ailig Mac a' Mhaoilein air *Till* (2017).

'S Reul Iùil Dhomh h-Ìomhaigh (TD, td 48)

Dàn do a mhàthair, Hannah NicPhàrlain; tha e follaiseach gun robh gràdh is spèis nach gann aig Murchadh dhi. Chithear an rann seo às an dàn air balla aig Port-adhair Steòrnabhaigh.

> O, dol dhachaigh, dol dhachaigh
> 'S caomh leam bhith ga ràdh
> Oir tha ceòl don a' chluais ann
> Seach fuaim eile, tha.
> A bheil cridhe cho cruaidh ann
> Nach gluaiseadh gun dàil
> Aig ro-bhinnead an fhuaim ud,
> 'Dhachaigh gum mhàth'r'.

Mhòrag, Leat Shiubhlainn (TD, td 53; EF, td 128)

Chaidh an t-òran gaoil aotram seo a sgrìobhadh ann an 1969, a' bhliadhna a chaidh duine chun na gealaich airson a' chiad uair. Bha am bàrd airson 's gum biodh an ceòl ruithteach air inntinn na h-òigridh. Bhuannaich Na h-Òganaich farpais nan còmhlan aig Mòd Shruighlea ann an 1971 ga sheinn cuide ri *Òran Cladaich*. Bha e air a' chiad chlàr aca, *The Great Gaelic Sound of Na h-Oganaich* (1973) agus air *Gun Stad* (2009). Chaidh a chlàradh cuideachd le Iain MacAoidh air *Voice of the Hebrides* (1975) agus le Cairistìona Primrose air *Dhachaigh/Home: The Murdo Macfarlane Songbook* (2007).

Chaidh Mo Mhurchadh gu Muir (TD, td 54; DM, td 14)

Òran a rinneadh bho shealladh tè air an robh Màiri. Bha i fhèin is Murchadh, a leannan, air an àirigh le gach nì a' dol gu math leotha gu aon latha nuair a chaidh am buachaille gu baile Steòrnabhaigh. An sin bha e ri òl 's cha robh Murchadh tuilleadh mar a bha e. A dh'aindeoin a gheallaidhean do Mhàiri, a rèir coltais, cha robh an còrr de ghuth aige oirre agus, aig a' cheann thall, bha fàinne is sìoda Màiri *air nigheanan nan òsdairean*.

Mi Lem Uilinn air Mo Ghlùin (TD, td 56; DM, td 8; EF, td 120)

Bhuannaich an t-òran àlainn seo, air a sheinn le Na h-Òganaich, a' chiad àite aig an Fhéill Pan-Cheilteach an Cill Áirne an Èirinn sa Chèitein, 1972.

Nuair bha 'm bàrd thall thairis thill e car greis ann an 1929. Bha seann sheòladair aige na nàbaidh, seòladair bàta-siùil, 's bha e còrr is ceithir fichead bliadhna; bha mòran sgeulachdan aige. Bha e ag innse don bhàrd gum bitheadh na caileagan an Cluaidh 's am bailtean eile a' leigeil beannachd le an leannanan agus gum bitheadh iad a' seinn dhuan don leannanan 's na bàtaichean a' gluasad air falbh. B' e seo a ghluais am bàrd airson an t-òran seo a dhèanamh. (DM)

Chaidh *Mi Lem Uilinn air Mo Ghlùin* a chlàradh le Na h-Òganaich air *The Great Gaelic Sound of Na h-Oganaich* (1973) agus *Gun Stad* (2009), The Sound of Mull air *The Sound of Mull* (1976), Glasgow Gaelic Musical Assocation air *Òrain is Puirt-a-Beul* (1993) agus le Karen NicMhathain air *The Dreaming Sea* (1996) agus *Dhachaigh/Home: The Murdo Macfarlane Songbook* (2007). Tha an t-òran agus an ceòl air fhoillseachadh cuideachd ann an *Songs of Gaelic Scotland* le Anna Latharna NicIllÌosa (Birlinn, 2005): *It was not uncommon for male Gaelic poets to compose women's love-songs, sometimes to rather artificial effect. But this song utilises unpretentious traditional imagery, and manages to turn it effortlessly into something entirely original and sincere... There is a sustained, spacious, contemplative quality about the melody of Mi Lem Uilinn which is atypical of Gaelic, and makes the song an ideal vehicle for modern instrumental arrangement - as long as the words don't get lost in the process.* (SOGS td 111).

Nuair a dh'èisteas mi ris a' chlàradh a rinn Na h-Òganaich den òran bidh e an còmhnaidh a' cur nam chuimhne mar a stiùir e mi air ais gu ceòl Gàidhlig. Bha meas mòr agam air an òran; bha e àlainn agus sìmplidh. Aig an àm bha e a' faireachdainn cho ùr-nòsach agus tha fhathast. Tha na faclan agus am fonn mar aon. 'S e clàradh mìorbhaileach a th'ann. (Calum Dòmhnallach, An Dàmhair 2020).

Thig Mi Gad Iarraidh (TD, td 58; DM, td 24)

Conaltradh eadar Esan is Ise. Gu mì-fhortanach dhan òigfhear uasal chan eil sìoda, fion na Frainge neo oighreachdan mòra gu bhith nan tàladh do nighean ann an trom ghaol le buachaille bàn. Chaidh an t-òran a chlàradh le Anna Mhoireach air *Dhachaigh/Home: The Murdo Macfarlane Songbook* (2007).

Òran don Bhobaigeadh (TD, td 50)

Nuair a thàinig nòs ùr sna 1920an anns an robh boireannaich a' gearradh an fhuilt ann am 'bob' cha do chòrd am fasan ùr ris a' bhàrd! Rinn Murchadh aithnichte air clàradh a chaidh a dhèanamh san Rubha is e ag aithris an dàin gur ann *"air falbh a chaidh seo a dhèanamh, cha b' ann a seo!"*

'S e! 'S e! Chan e! (Crann, Iris 3, 1976/1977)

Chuir Murchadh an t-òran seo agus fiosrachadh mu dheidhinn ann an litir gu Mairead NicLeòid.

Tha mi a' gabhail cuspair ùr-nodha a bhuineas dìreach dhan dearbh latha 's eil sinn beò. 'S e sin cho duilich 's a tha e dèanamh a-mach an gille 's an nighean o chèile, le briogaisean orra le chèile, 's falt fada air a' ghille 's air a' chailein e geàrrte mu cluasan! Now Mairead I am sending you the words Cò 's Cò? The bodach and cailleach are lifting the peats and see the two youths coming. Hence the argument, 's e! 's e! chan e! I am afraid I have a built-in antipathy to musical plagiarism. I am trying hard to give it a FONN and you are, as usual, at liberty to make any changes you wish. You shall be hearing from me as soon as I manage to give it an air. Chan aithne dhomh gun do chuir am bàrd fonn ris an òran neo gun deach an t-òran a chlàradh a-riamh.

Ainglean a' Ghùn Ghil (GS, 30 Ògmhìos 1973)

Tha coltach gun deach an dàn seo a dhèanamh latha an dèidh dha tighinn dhachaigh à Ospadal Leòdhais a rèir 's mar a sgrìobh e an cois an dàin anns a' phàipear-naidheachd: *Am feadh a bha am bàrd san ospadal dhrùidh air, iochd is bàidh nursaichean, lighichean is luchd-frithealaidh. Rinn e na rannan mar chlàr-spèis uaidhe fhèin is o gach easlainteach a tha fo chomain dhaibh.*

Aithris (Chicago, 1924) (TD, td 100)

Dàn èibhinn mu bhiadh àraid a bh' aig balaich Leòdhasach a bha a' fuireach còmhla san aon taigh ann an Chicago.

An Tè Lìtheach Dhorch (TD, td 60)

Earail do bhalaich òga a bha a' fàgail nan eilean agus a' dol dha na bailtean mòra. Chaidh an dàn a dhèanamh ann an 1924 goirid an dèidh dhan bhàrd a dhol a Chicago.

Bha cliù aig Aonghas Greumach (1812-1896) à Gabhsann ann an Leòdhas airson a chalmachd. Chithear clach mhòr a ghluais Aonghas, a rèir beul-aithris, nuair a bha e mu 40 bliadhna a dh' aois, faisg air oir an rathaid air mòinteach Bharbhais. Tha i aithnichte mar 'Clach Aonghais Greum'.

Deigh Mun Àm-sa Bhliadhn' (TaD)

Luinneag èibhinn a chaidh a dhèanamh ann an Ohio far an robh Murchadh agus caraid Niseach, air an robh Aonghas, ag obair còmhla. Aon mhadainn fhuar gheamhraidh is uinneagan san taigh anns an robh iad a' fuireach reòthte, dh'innis Aonghas sgeulachd do Mhurchadh mu Niseach a chaidh a Steòrnabhagh is e gun lòsan uinneige fhaicinn a-riamh, mas fhìor! Nuair a thill Aonghas dhachaigh feasgar bha Murchadh air an luinneag seo a dhèanamh. Sheinn e an t-òran do Sheumas Ros bho Sgoil Eòlais na h-Alba ann an 1957.

O B' Fheàrr Leam gun Sguireadh (TaD)

Òran èibhinn mu a bhith a dhìth neapraiginn an àm na h-èiginn san eaglais. Chaidh a chlàradh le Sgoil Eòlais na h-Alba ann an 1956 is tha e air ainmeachadh le Tobar an Dualchais mar *O B' Fheàrr Leam gun Sguireadh*. Chaidh earrannan den òran a thoirt dhomh le Donaidh MacIlleathain fon ainm *Feuch Fìorghlan mar Chriostal* ach tha na faclan san leabhar air an togail bho chlàradh a rinnear anns an Rubha sna seachdadan den bhàrd a' seinn an òrain. Nuair a bhàsaich Murchadh ann an 1982 rinn Iain MacArtair a bhuineadh dhan Rubha agus a bha na mhaighstir-sgoile air Bun Sgoil Steòrnabhaigh bho 1969-1978, agus na shàr bhàrd e fhèin, luaidh air a' bhàrd ann an *Gasaet Steòrnabhaigh*.

Bha tàlant seinn aige cuideachd is saoilidh mi nach gabhadh duine a chuid òrain coltach ris fhèin. Cha do dhìochuimhnich mi riamh a' chiad uair a chuala mi e a' seinn aig banais is mi na mo bhalachan. B' e dhà de na h-òrain àbhachdach aige fhèin a ghabh e, 'Deigh mun Àm-sa Bhliadhna' agus 'Òran an Neapaiginn'. Bha e an uairsin air ùr thilleadh às an Talamh Fhuar.

Cat Dubh Oighrig, O (GS, 9 Màrt 1974)
Duanag chloinne mu chat leisg nach robh uabhasach deònach a bhith a' sealg luchagan. Aig a' cheann thall bha ceannach aige air!

An Uiseag (GS, 26 Gearran 1972; *Crann* Iris 2, 1975/76).
Nochd an dàn seo, anns a bheil e a' beachdachadh air dìomhaireachd ceilearadh na h-uiseige, ann an *Crann*, leis an tiotal *Innis Dhuinn Uiseig*! Anns na litrichean aige gu Mairead NicLeòid bha Murchadh gu tric ga h-ainmeachadh mar "uiseag na neòil".

Marbhrann (TD, td 83)
Marbhrann air Raibeart MacBhàtair à Mealabost a chaochail air Latha Nollaige 1932, a' bhliadhna a thill Murchadh dhachaigh à Canada.

Thig am Buachaill' gu Baile (Crann, Iris 2, 1975/76)
Cumha a rinnear do dh'Alasdair Iain MacLeòid, 23 Seiseadair, An Rubha a bhàthadh air 19 Samhain 1973 aig aois 39 bliadhna. Chaillear Alasdair Iain far a' bhàt-iasgaich an *Ivy Rose* mu chòig mìle an earra-dheas air Gob na Creige. Bha a bhràthair, Uilleam, air bòrd cuide ris agus b' e esan a dhearbh an naidheachd dhuilich dham pàrantan, Eilidh is Alasdair MacLeòid, 30 Seiseadair, agus do bhanntrach a bhràthar, Willina. Rinnear an cumha ann an riochd na banntraich. Cha deach dust Alasdair Iain a lorg gu 8 Gearran is chaidh a thìodhlaiceadh air 15 Gearran 1974 ann an Cladh Aignis. Ged a tha am bàrd ag ràdh gur ann san t-Sultain a chaidh Alasdair Iain a chall cha robh e a' ciallachadh a' mhìos mar a tha sinne ga thuigsinn an-diugh; ann an cuid de sgìrean bha Sultain a' ruith bho dheireadh na Dàmhair gu meadhan na Samhna.

Anna Sheumais (GS, 11 Faoilleach 1977)
Marbhrann do dh'Anna NicChoinnich, Anna Sheumais Dhòmhnaill Iain, às an Àird san Rubha a chaochail ann an 1976. Bha fileantachd cànain aig Anna an Gàidhlig, am Beurla, am Fraingis agus an Tamil. Dh'ionnsaich i Tamil is i ag obair na miseanaraidh do dh'Eaglais na h-Alba sna h-Innseachan. Chuir i seachad mòran bhliadhnachan na neach-teagaisg ciùil ann an Leòdhas 's na Hearadh agus an Uibhist.

Thog Mairead NicLèoid tòrr òrain bho Anna, piuthar a màthar, mòran dhiubh a nochd san leabhar *Amhrain Anna Sheumais* ann an 1973. Rugadh Anna agus Murchadh san aon bhliadhna agus bha iad nan caraidean fad am beatha.

Sgrìobh Murchadh aig bonn na bàrdachd an *Gasaet Steòrnabhaigh*: *Nuair a tha ar cànan a' cruaidh chath le claidheamh is sgiath, is i le druim ris a' bhalla, am bheil Gàidheil dol a dh'fhantainn nan tàmh? Am bheil iad dol a sheasamh dìomhain le làmhan nam pòcaidean? Tha eagal orm gur e sin a ta ri tachairt. Mo Nàire! Mo Nàire!*

Mo Sheumas (GS, 28 Giblean 1979)

Marbhrann a rinnear do Sheumas Dòmhnallach. B' i a bhanntrach, Cleamag, a dh'iarr air Murchadh bàrdachd a dhèanamh do Sheumas an dèidh a bhàis. Chaidh Cleamag Stiùbhart a togail an Geàrrloch agus thàinig i a Leòdhas aig aois bliadhna thar fhichead. Bha i a' fuireach son greis ann am Mealabost agus chuir Murchadh eòlas oirre fhèin agus air Seumas. *Anns a' choimhearsnachd againne a phòs Cleamag. Tha cuimhne agam nuair a phòs i….'s e teantaichean a bh' aca an uair ud…bha sinne a' coimhead orra mar gum buineadh iad dhan bhaile. An dàimh a bha eadarainn, tha e follaiseach dhomhsa an-diugh air an t-sràid ann an Steòrnabhagh nuair a thachras duine aca rium, seadh duine air fhàgail dhen ghinealach ud, tha e follaiseach dhomh gu bheil dàimh nan làithean a bha an siud, mura bheil e nas treise na bha e, chan eil e càil nas laige na bha e. Nis tha seo fada ro linn a' phailteis,mar a chanas iad sa Bheurla "the affluent age" agus cha robh sinn fhèin neo iad fhèin uabhasach pailt le stuth… bhiodh iadsan tighinn timcheall is iad a' dèanamh pheilichean tiona, mugaichean, lampachan dubh is bhiodh iad ga reic…bha sinn sa sgoil còmhla cuideachd agus bha na Dòmhnallaich dhuinne, do mhuinntir Mhealaboist is Bhraigh na h-Aoidh, dìreach nam pairt dhan bhaile. B' e Seumas am pìobaire a bh' againn, agus 's iomadh sradag - cha robh teàrr air an rathad an uair ud ann - 's iomadh sradag le brògan mòra tacaideach a chuir sinn às an rathad ann an lorg pìobaireachd Sheumais.* (Agallamh le Iain MacIlleMhìcheil, *Air Chèilidh air Cleamag*, BBC, 28 Faoilleach, 1982).

Chuir an seinneadair Leòdhasach Màiri Nic a' Ghobhain fonn ri *Mo Sheumas* ach cha deach a chlàradh a-riamh.

Aonghas Caimbeul am Bàrd (GS,13 Màrt 1982)
Cumha do dh'Aonghas Caimbeul, Am Puilean, (1903-1982) à Suaineabost, Nis, ann an Leòdhas. Bha Aonghas na phrìosanach-cogaidh fad còig bliadhna aig àm an Dàrna Cogaidh. Dh'fhoillsich e eachdraidh a bheatha san t-sàr leabhar *Suathadh ri Iomadh Rubha* (Gairm, 1973), a chaidh a dheasachadh le Iain Moireach, agus nochd cruinneachadh de a bhàrdachd ann am *Moll is Cruithneachd* (Gairm, 1972). San Dàmhair 1972 bha Aonghas agus Murchadh am measg nam bàrd Èireannach is Albannach a bh' aig cèilidh an Taigh-Òsta Rìoghail ann an Steòrnabhagh, pàirt de chuairt a chaidh a chur air dòigh le Comhairle Ealain na h-Alba. Sgrìobh Aonghas an dàn brosnachaidh, *Fàilte a' Phuilein air na Bàird* (GS, 25 Samhain 1972). B' iad na bàird Èireannach, Micheál Davitt, Art Ó Maolfabhail agus Seán Ó Coisdealbha. Còmhla riutha bha luchd-ciùil Tomás Ó Canainn agus Aonghas Macleòid agus an seinneadair Dolina NicIllInnein. Tha e coltach gur e an cumha seo don Phuilean a' bhàrdachd mu dheireadh a rinn Murchadh.

Turas a dh'Èirinn (CG)
Chaidh Murchadh a dh'Èirinn airson a' chiad uair ann an 1974 mar phàirt de chuairt a chuir Comhdháil Náisiúnta na Gaeilge agus Comhairle Ealain na h-Alba air dòigh. Chòrd Èirinn ris gu mòr agus chaidh fàilte chridheil a chur air anns gach àite san do thadhail e, gu h-àraidh am Baile Mhúirne ann an Gaeltachd Mhúscraí. Sgrìobh e a' bhàrdachd seo an dèidh dha tilleadh a dh'Alba.

Tìm (Gairm 109, An Geamhradh 1979-1980, td 69)
Chaidh earranan den dàn aithris leis an sgrìobhaiche Caoimhin MacNèill thairis air ceòl a chruthaich Paul Mounsey airson fosgladh oifigeil An Lanntair ann an Steòrnabhagh. Nochd *Tìm(e)* air a' chlàr *Tha Na Làithean a' Dol Seachad* a' comharrachadh an fhosglaidh ann an 2005.

Chunnaic Mi Uam a' Bheinn (GS, 20 Sultain 1975; AN LEABHAR MÒR (The Great Book of Gaelic), Canongate Books, 2002, td 220)
Òran tiamhaidh mu òige is mu sheann aois.

Air dhomh a bhith a' siubhal air a' phlèan nuair a sheall mi a-mach air an uinneig 's ann a chunnaic mi dìreach shìos fodham làraich seann àirighean a' bhail' againn agus anns na linntean a dh'fhalbh aig bonn Beannaibh Bharbhais. Air an astar seo cuideachd, bha sprèidh chaorach a' bhaile againn a' gabhail. An-diugh chan eil caora, cù neo duine a bhuineas do Mhealabost a' dol chun nam beannaibh. Bha latha eile aig fear na mònach. (GS).

B' e na Beannaibh: Beinn Bharbhais, Beinn Mholach, Beinn Bhearnach is Beinn a' Sgridhe. Chuir Murchadh fios gu Seonaidh 'Beag' Mac a' Mhaoilein gun robh e airson is gun seinneadh Na Lochies an t-òran. Nochd e air a' chlàr aca *Slàinte Mhath* (1978).

8

CIAD LOIDHNICHEAN NAN DÀN IS ÒRAN

Cogadh, Eilthireachd is Cianalas

Naoi Ceud Deug 's a Ceithir Deug: Nuair bhiodh òganaich cruinn. 3
Socair Ort, a Dhòmhnaill, Seall!: Socair ort, a Dhòmhnaill, seall. 9
Gnè a' Chogaidh: 'S e do ghnè, a chogaidh, bhith sgrios. 13
Chan Fhada gu Madainn: Chan fhada gu madainn, chan fhada, chan fhada. 19
Raoir Reubadh an Iolaire: 'S binn sheinn i a' chailin. 23
Mar a Chailleadh an Iolaire: Nach truagh, nach truagh a-riamha. 27
Thig E A-Nochd: Thig e a-nochd neo an ath oidhch'. 47
Moladh Leòdhais: Tha, mo thruaighe, na fhàsach, tìr àillidh mu thuath. 53
Comann Mo Ghaoil: Comann mo ghaoil. 57
'S Fhada Leam an Oidhche Gheamhraidh: 'S fhada leam an oidhche gheamhraidh. 65
Latha na Dròbh: Air chòmhnard Mhanitòba. 69
An Còmhnard: Ged is torrach tha do chluain. 75
Fhir-turais gu Tìr nam Beanntan: Fhir-turais gu tìr nam beanntan. 77
An Deis Odhar: Hitler gheall an *Lebensraum*. 81
'S Lugh' Orm na 'n Donas: Dh'fhalbh sinn dhan a' chogadh. 85
Dunkirk: Cha do chaidil a-raoir mi. 89
Bruadar Cogadh na Caillich: "Tha na Gearmailtich sa bhàgh." 95
Stad an Saoghal 's Mise Tighinn Dheth!: Stad an saoghal! 99
Leag Iad am Bom A-Raoir: Ba bà mo leanabh, ba bà, ba bà. 105

Dùthchas, Dualchas is Dòigh-Beatha

Seann Taigh a' Chladaich: Leag, leag iad thu sheann taigh. 111
Tobar, Tobar Sìolaidh!: Le mo chearcall 's mo chuman. 117
Oran Cladaich: Greas, thugainn don tràigh. 121
Duanag Bleoghain: Crodh nan cas-fhionn. 125
Bean an Iasgair: 'S mairg tha strì riut, a chuain. 127
Mùirneag: Dà Mhùirneag tha 'n Leòdhas. 133
Màl na Mara: A' ghaoth ged a chual' thu. 139
Bròn Machair Mhealaboist: Amhairc ormsa fo thùrsa. 143
Seann Doras an t-Sabhail: Uaireigin sgian lùthaidh. 151
Gille gu Geingealadh: Tha mo chrann an ceann m' iomair. 157

Cò Shaoileadh An-Uiridh?: O bheir mi mo leannan.	161
Tha Mise Leam Fhìn: Tha mise leam fhìn gu sgìth ri cur a' bhuntàt'.	163
Sealgair a' Ghiomaich: 'S e a bhith a' sealg an fhèidh as fhasa.	165
Balach a' Bhainne: Nach smaoinich sibh fhèin air balach a' bhainne.	169
An Ceannaich Sibh Iasg?: Bha mi an Lunnainn.	173
Prais Bheag nan Trì Chasan: B' àill leam gun robh beul gu aithris.	175
Moladh an Arain-coirce: Ithibh e, ithibh e, an t-aran coirce brìoghmhor.	179
Sgadan: Sgadan chan fhaigh sinn.	183
Bi Falbh, Mo Chuilein: Bi falbh, mo chuilein.	187
Biodh an Seisean, Biodh a' Chlèir: 'S coma, 's coma, 's coma leam.	191
Dà Chailleach Liath: Bu choma leam a-riamh, a' Chrìosdalachd bhreòite seo.	193
Dùrachd a' Chràbhaiche Leisg: Nam faighinn mo dhùrachd.	193
Mo Mhìle Beannachd aig Nis: Ach thàinig dà latha.	195
Thigibh Disathairne: Thigibh Disathairne.	199
Is Mise Guth nan Innse Gall: Is mise guth nan Innse Gall.	203

Cànan, Cridhe is Feallsanachd

Cànan nan Gàidheal: Cha b' e 'n sneachda 's an reothadh o thuath.	209
Och, Nach Fhaicinn Iad Cruinn: Och, nach fhaicinn iad cruinn.	213
Freagairt a' Bhàird: B' fheàrr gun robh dusan dhed sheòrs'.	217
An Seann Chù Bochd: An-dè thuirt m' athair riumsa.	221
Am Fear Teiche: Nuair bhios an-iochd an àite truais.	227
Linn "Greas Ort": O, tha trèana Chaoil cho mall.	231
Chorra-Ghritheach Dhonn: 'S e àm na gealaich.	233
Gràdh is Fuath: Chunnaic Gràdh duine ga bhàthadh.	235
Am Mise Fear-Gleidhidh mo Bhràthar?: An uair a dh'itheas sinn ar sàth.	239
Èiribh Suas a Luchd mo Ghaoil: Èiribh suas a luchd mo ghaoil.	241
An Cothional Albannach: Hi ri ri.	243
An Rìgh 's an Sgalag: An rìgh rugadh gun nì 's gun eadar-dhealachadh.	245
Am Botal 's am Misgear: Saighdear buadhach nam blàr.	247
Nuair a Dh'fhàsas Tu Mòr: Suidh, a rùin, air mo ghlùin.	251
Thug Iad a Thung Thu: Gu dè ged dh'èireadh a' ghrian.	255
'S Reul Iùil Dhomh h-Ìomhaigh: Ged a chuala mi chuthag.	259
Mhòrag, Leat Shiubhlainn: Cha leig mo luaidh-sa leas rosgan fuadain.	263

Chaidh Mo Mhurchadh gu Muir: Chaidh mo Mhurchadh gu muir. 265
Mi Lem Uilinn air Mo Ghlùin: Mi le m' uilinn air mo ghlùin. 269
Thig Mi Gad Iarraidh: Thig mi gad iarraidh, gad iarraidh, gad iarraidh. 273
Òran don Bhobaigeadh: Is earail dhuibh, o ìneagan. 277
'S e! 'S e! Chan e!: An cuala sibh an trod a bh' againn a' bhòn-dè? 285
Ainglean a' Ghùin Ghil: Air a' chnoc air am b' àbhaist na gobhair. 287
Aithris (Chicago 1924): Cha di-mhol mis an còcaire. 291
An Tè Lìtheach Dhorch: 'S ann an Chicago, Stàit Illinois. 299
Deigh mun Àm-sa Bhliadhn': Thàinig duine à Nis a Steòrnabhagh. 303
O, B' Fheàrr Leam gun Sguireadh: On chuala tu chuinnlein. 307
Cat Dubh Oighrig, O: Ghoideadh e an t-ugh às a' chliabh. 311
An Uiseag: O, uiseig, innis, an ann do bhrìgh. 315
Marbhrann (Raibeart MacBhatair): Tha 'n ceòl air a thasgadh. 317
Thig am Buachaill' Gu Baile: Thig am buachaill' gu baile. 323
Anna Sheumais: Thuit darag sa choill mu thuath. 327
Mo Sheumas: O shaoghail, chaochlaidich bhrais. 331
Aonghas Caimbeul am Bàrd: Fhuaireadh leam naidheachd o thuath. 335
Turas a dh'Eirinn: O Dùn nan Gall an iar-thuath. 339
Tìm: Bliadhn' eile a' dol na cèis. 341
Chunnaic Mi Uam a' Bheinn: Chunnaic mi uam a' bheinn. 345